Dr. John Coleman

LE GUERRE PER IL PETROLIO
STORIA DELLE GUERRE PETROLIFERE AMERICANE

L'imperialismo americano è un prodotto fatale dell'evoluzione economica. È inutile cercare di persuadere i nostri vicini del nord a non essere imperialisti, non possono fare a meno di esserlo, per quanto possano avere buone intenzioni...

El Universal, Città del Messico, ottobre 1927

OMNIA VERITAS®

John Coleman

John Coleman è un autore britannico ed ex membro dei servizi segreti. Coleman ha prodotto diverse analisi del Club di Roma, della Fondazione Giorgio Cini, della Forbes Global 2000, del Colloquio interreligioso per la pace, dell'Istituto Tavistock, della Nobiltà Nera e di altre organizzazioni vicine al tema del Nuovo Ordine Mondiale.

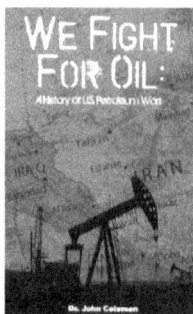

LE GUERRE PER IL PETROLIO
STORIA DELLE GUERRE PETROLIFERE AMERICANE

WE FIGHT FOR OIL
A History of US Petroleum Wars

Tradotto dall'inglese e pubblicato da Omnia Veritas Limited

© Omnia Veritas Ltd - 2022

ⓔMNIA VERITAS®

www.omnia-veritas.com

La storia delle guerre per il petrolio negli Stati Uniti è un lavoro in corso, iniziato quando il presidente Wilson sbarcò le truppe statunitensi a Tampico. Gli storici del futuro dovranno forse colmare le lacune. La storia del coinvolgimento degli Stati Uniti in Persia (oggi Iran) e Mesopotamia (oggi Iraq) è incentrata sulla ricerca e sul controllo del petrolio come risorsa naturale indispensabile. Alla luce di ciò, il lettore può giungere alla conclusione che le informazioni provenienti da fonti statunitensi (e britanniche) devono essere prese con un granello di sale.

La diplomazia del petrolio è governata da considerazioni commerciali ed eventualmente militari. Così, ogni presidente degli Stati Uniti da Woodrow Wilson in poi ha formulato la politica estera americana tenendo conto degli interessi petroliferi. Il Presidente McKinley dichiarò che "l'isolamento non è più possibile" e il Presidente Wilson fece eco a questo sentimento affermando: "Siamo partecipi, che ci piaccia o no, della vita del mondo. Gli interessi di tutte le nazioni sono anche i nostri. Siamo partner di altri".

Pertanto, questo libro tocca o dovrebbe toccare ogni americano, perché il potere internazionale moderno è economico, così come tutte le guerre hanno un'origine economica. Ricordatelo la prossima volta che i vostri figli e figlie saranno chiamati a combattere per il Paese. Se l'Iraq non contenesse enormi risorse petrolifere, gli Stati Uniti sarebbero oggi impantanati in quel Paese? La paura di una carenza di petrolio a livello nazionale sembra essere la forza trainante in gioco. La lotta americana per le risorse estere è diventata il fattore principale degli affari internazionali. Queste sono le questioni esaminate in questo libro, che dovrebbe essere letto da ogni americano interessato al futuro del proprio Paese.

CAPITOLO 1

La ricerca del petrolio da parte dell'industria petrolifera

Abbiamo certamente bisogno di una guida chiara, concisa e di facile comprensione per l'annoso "conflitto" con le nazioni del greggio. Il 16 aprile 1855, Benjamin Stillman dell'Università di Yale e George Bissell offrirono il "rock oil" agli investitori dopo aver ricevuto segnalazioni di un fango denso, nero e viscoso in alcune aree di Titusville, in Pennsylvania. La Russia aveva precedentemente menzionato risultati simili a Baku. Bissell ordinò immediatamente a Edwin ("Colonnello") Drake di trivellare il petrolio a Titusville.

Nessuno aveva bisogno del "fango", tranne John D. Rockefeller che era l'unico proprietario della società commerciale di Cleveland che vendeva il prodotto. In seguito si unì a un socio, Henry Flagler, in una società di prodotti che lo vendeva come olio per lampade e lo confezionava in un altro modo, come cura per il cancro. L'azienda è cresciuta rapidamente fino a raggiungere un valore di 450.000 dollari, una somma astronomica per l'epoca. In realtà, furono John D. Rockefeller e la sua Standard Oil, in tutte le sue miriadi di varianti, a diventare una minaccia, non solo negli Stati Uniti, ma in tutto il mondo. La Standard Oil assorbì o distrusse gran parte della concorrenza a Cleveland, Ohio, e poi nel resto del nord-est degli Stati Uniti.

Rockefeller si guadagnò il soprannome di "mercante di luce", in parte perché il suo prodotto chiamato "Brite" accendeva le lampade in tutte le case americane, ma anche come riferimento furbo alla sua appartenenza alla società più segreta del mondo,

gli Illuminati, che comprendeva la cosiddetta "élite" mondiale.
Il 27 agosto 1859, Drake trovò del petrolio nel suo sito di
perforazione. Sostenuta dai finanziamenti di Kuhn Loeb e del
gigante bancario francese Paribas, controllato da Rothschild, la
Standard Oil (1870-1911) possedeva o controllava il 95% di tutte
le raffinerie di petrolio in America nel 1870, anno di fondazione
della Standard Oil, e nel 1879 possedeva e controllava il 90%
della capacità di raffinazione americana.

Nel 1863, John D. Rockefeller incontrò un chimico di nome
Samuel Andrews che aveva inventato una scorciatoia per
raffinare la paraffina. Andrews divenne socio e in seguito si unì
a Flagler in una società chiamata Rockefeller, Andrews &
Flagler.

Nel 1906, il governo degli Stati Uniti cercò di smantellare la
Standard Oil Trust di Rockefeller, che deteneva il monopolio sul
bene strategico del petrolio. L'opinione pubblica la vedeva come
un'impresa nefasta e ci furono attacchi legali da parte di uno
Stato e una rivelazione di Ida Tarbell nel 1904 (*The History of
Standard Oil*). Il Senato chiese l'assistenza del Dipartimento di
Giustizia degli Stati Uniti e nel 1909 fu intentata una causa
presso la corte federale sostenendo che Standard aveva adottato
i seguenti metodi che equivalevano a pratiche monopolistiche:

> Sconti, preferenze e altre pratiche discriminatorie a favore
> dell'associazione ferroviaria, restrizione e monopolizzazione
> attraverso il controllo delle condutture, pratiche sleali contro
> le condutture concorrenti, contratti con i concorrenti in
> restrizione del commercio, metodi di concorrenza, come la
> riduzione dei prezzi locali nei punti, se necessario per
> sopprimere la concorrenza, la gestione di false compagnie
> indipendenti e il pagamento di sconti sul petrolio per lo
> stesso scopo.

Il 5 maggio 1911, la Corte Suprema ordinò lo scioglimento del
monopolio della Standard Oil Trust. I giudici hanno detto:

> Sette uomini e una macchina aziendale hanno cospirato
> contro i loro concittadini. Per la sicurezza della Repubblica,
> decretiamo ora che questa pericolosa cospirazione deve

terminare prima del 15 novembre.

L'esposizione della piovra in mezzo a loro da parte del racconto di Ida Tarbell su John D., pubblicato nel 1904 in 24 numeri del *McClures Magazine*, aveva allarmato troppe persone e sembrava finalmente che un'azione risoluta contro il Rockefeller Trust stesse per avere luogo. Ma ahimè, questa era solo un'illusione. Imperterrito da un'inezia come un decreto della Corte Suprema contro di lui, Rockefeller si limitò a dividere il gigante in società separate, mantenendo una maggioranza del 25% in ciascuna di esse. Questa divisione in realtà arricchì Rockefeller, soprattutto dopo che William Burton di Standard sviluppò un processo di cracking termico che aumentò la resa della benzina dal petrolio greggio.

Lo Stato corporativo aveva raggiunto il punto in cui il fascismo corporativo sarebbe stato l'organo di controllo di tutte le principali decisioni di politica estera, anche la più importante di tutte, la guerra e la pace. Il Messico è stato il primo a sentire la sferza dell'imperialismo statunitense subito dopo la scoperta, nel 1910, di grandi giacimenti di petrolio lungo la costa del Golfo, con epicentro a Vera Cruz e Tampico.

Tutto è iniziato quando il presidente Wilson, agendo per gli interessi della Standard Oil, ha inviato truppe a Vera Cruz con il più futile dei pretesti. Gli Stati Uniti non intendevano conquistare il Messico, ma assicurarsi che il petrolio messicano rimanesse sotto il controllo delle compagnie statunitensi.

Fomentando una rivoluzione dopo l'altra, gli Stati Uniti mantengono il Messico in uno stato di agitazione mentre gli interessi di Standard e British saccheggiano impunemente il suo petrolio. John D. aveva ancora una volta fatto il filo a coloro che temevano la sua "pericolosa cospirazione".

Gli interessi britannici furono rilevati da Lord Cowdrey (Weetman Pearson), il cui fortuito scalo ritardato a Laredo nel 1901 gli permise di ottenere il petrolio messicano attraverso la Mexican Eagle Petroleum Ltd, da lui fondata nel 1910. Dopo la prima "rivoluzione" messicana, Weetman Pearson vendette tutte le sue partecipazioni petrolifere in Messico alla Royal Dutch

Shell, una multinazionale di origine anglo-olandese. Shell era destinata a diventare una "super major" del petrolio.

La guerra in Europa diede al Messico una tregua e permise al presidente Carranza, regolarmente eletto, di redigere una costituzione nazionale approvata nel 1917. Contrariamente alle affermazioni degli sciacalli dei media americani, il generale Venustiano Carranza non era un rivoluzionario selvaggio, ma un uomo colto e istruito proveniente da una famiglia benestante. Fu legislatore e vicegovernatore dello Stato e, a detta di tutti, un vero patriota del Messico. Il punto nero per Standard e i baroni del petrolio è il paragrafo 27, che conferisce alla nazione "la proprietà diretta di tutti i minerali, del petrolio e di tutti gli idrocarburi, solidi, liquidi o gassosi". Ora l'unico modo per gli stranieri di fare affari in Messico era quello di firmare un accordo per rispettare e obbedire completamente alla legge messicana. Per aver sfidato gli Stati Uniti (Rockefeller), Carranza fu assassinato nel 1920.

Seguì una campagna di disinformazione calunniosa che raggiunse i massimi livelli di depravazione, allo scopo di strappare il controllo del petrolio messicano ai suoi legittimi proprietari. Ma quando ciò fallì, tutte le principali compagnie petrolifere occidentali boicottarono il petrolio messicano per i successivi 40 anni.

Il Comitato dei 300[1] entrò in gioco quando i Rothschild francesi (Alphonse e Edmond) e la società svedese Nobel rivolsero la loro attenzione alla Russia nel 1870, creando una società petrolifera chiamata Far East Trading Company. Ma i fratelli Nobel avevano battuto tutti i concorrenti per il petrolio a Baku, dove si erano stabiliti. Ludwig Nobel era soprannominato "il re del petrolio di Baku".

La Casa britannica di Windsor e la Casa olandese di Huis Oranje (Casa d'Orange) unirono le forze per entrare nel business e nel

---

[1] Cfr. *The Hierarchy of Conspirators, A History of the Committee of 300*, John Coleman, Omnia Veritas Ltd, www.omnia-veritas.com.

1903 stipularono un accordo con Shell Oil per formare la Asiatic Petroleum Company. Gli sforzi per allentare le tensioni nei giacimenti petroliferi di Baku tra Standard Oil, Rothschild-Nobel e alcune piccole compagnie russe non hanno avuto successo.

La Royal Dutch Shell Petroleum Company fu creata per sfruttare il petrolio a Sumatra, in Indonesia e in altre zone dell'Estremo Oriente. La loro appartenenza ai "300" ha aperto tutte le porte.

Il "Comitato dei 300" affidò l'attività quotidiana a Marcus Samuel di Hill Samuel e nel 1897-1898 il cercatore d'oro e trivellatore Mark Abrahams, assunto da Marcus Samuel, trovò il petrolio nel Borneo. La banca d'affari londinese e la sua società commerciale affiliata, Samuel Montague, unirono le forze con Edmond e Alphonse Rothschild e fondarono la Asiatic Petroleum Company. I Rothschild non sono rimasti e hanno venduto le loro azioni alla Royal Dutch Shell. Nel 1892, Shell ha spedito il petrolio grezzo dai mari del sud alle raffinerie europee attraverso il Canale di Suez.

Non c'è dubbio che la Royal Dutch Shell del "Comitato dei 300" sia una delle più antiche e più grandi compagnie petrolifere che operano oggi nel mondo. Il suo fatturato nel 2005 è stato di 306,73 miliardi di dollari. La defunta Regina Giuliana dei Paesi Bassi, Lord Victor Rothschild, il Principe Nasi d'Africa Sir Ernest Oppenheimer, i Samuels di Londra e la Casa di Windsor sono i maggiori azionisti di Royal Dutch Shell. Alla morte di Giuliana, le sue quote furono trasferite alla Casa d'Orange (Paesi Bassi).

Il resoconto storico dell'industria petrolifera ci porta attraverso i colpi di scena della "diplomazia" (bugie, false promesse, ricatti, doppi giochi, pressioni politiche, prepotenze e furti ingiusti) della terra e del petrolio iracheni, ambiti da tutte le nazioni, ma soprattutto da una Gran Bretagna imperialista, La Gran Bretagna, industrializzata e priva di petrolio, si è intromessa negli affari interni dell'Iraq e dell'Iran per quasi un secolo, seducendo, convincendo ed estraendo concessioni, una dopo l'altra, sulla base di promesse non mantenute e sotto la minaccia di un pugno di ferro nascosto in un guanto di velluto.

Con la scoperta di ricchi giacimenti di greggio in Iraq e in Iran, negli ultimi 95 anni è proseguito un prolungato stato di conflitto con gli Stati Uniti e i due Paesi.

CAPITOLO 2

Una visione di navi da guerra alimentate a petrolio Sir Edward Grey fomenta la Prima Guerra Mondiale

Poco prima della Prima Guerra Mondiale, la reazione a catena che scatenò l'interesse per il petrolio fu innescata dal rapporto di un ufficiale della marina britannica, il capitano Fisher, che sostenne che il futuro della marina era rappresentato dalle navi da guerra alimentate a petrolio. In seguito divenne Lord Fisher, il primo Lord dell'Ammiragliato, abbastanza astuto da vedere le possibilità offerte dal denso liquido nero scoperto nel 1882 a Titusville, in Pennsylvania, e a Baku, in Russia. John D. Rockefeller ne vide il potenziale come nuovo combustibile per le lampade a olio e lo chiamò "Brite".[2] Per sfruttare questa nuova scoperta costituì la Standard Oil Company.

Nel 1904, il capitano Fisher voleva che la Marina britannica passasse dalle navi da guerra gallesi a carbone a quelle a petrolio. La sua idea non era nuova, molto probabilmente ispirata dal fatto che dal 1870 le navi russe nel Mar Caspio bruciavano "fanghi di petrolio" chiamati "olio combustibile". Questo sviluppo era stato notato anche dal barone Julius de Reuter (il patriarca di Reuter's News Service)[3]. Nel 1872, de Reuter ottenne una concessione cinquantennale per l'esplorazione e la trivellazione di petrolio in

---

[2] "Brillante", Ndt.

[3] La famosa agenzia di stampa Reuters.

Iran. Chiamò la sua società Anglo-Persian Company e nel 1914, su consiglio dell'ammiraglio Fisher, fu ribattezzata British Petroleum Company (BP).

Il controllo dei mari era vitale per la Gran Bretagna per garantire le sue lunghe rotte commerciali e l'ammiraglio Fisher pregò i Lord dell'Ammiragliato di dotare le navi da guerra britanniche di motori a petrolio, che secondo lui avrebbero dato loro un notevole vantaggio sulla potenza navale tedesca. Nel 1870, la Germania minacciava di soppiantare la supremazia commerciale britannica. I leader britannici, come Sir Edward Grey, lo considerarono un "crimine" che avrebbe portato alla guerra. Il capitano Fisher ha sottolineato che ci vorrebbe molto meno tempo rispetto alle 4-9 ore che impiegano le navi a carbone per raggiungere la piena potenza; le navi a olio combustibile potrebbero ottenere la stessa disponibilità in 30 minuti e raggiungere la piena potenza in soli 5 minuti. Il problema principale è che la Gran Bretagna non ha riserve note di petrolio grezzo. Dovrebbe importare il suo petrolio dagli Stati Uniti e dalla Russia, il che non è un problema in tempo di pace, ma in tempo di guerra potrebbe essere più pericoloso.

Più tardi (1912), Churchill, che succedette a Fisher come Primo Ministro, disse:

"... se ne avessimo bisogno (del petrolio), dovremmo trasportarlo via mare in tempo di pace e di guerra da Paesi lontani".

Ciononostante, Fisher perseguì il suo sogno, sottolineando che mentre 500 uomini avrebbero impiegato cinque giorni per "carburare" una nave da guerra, l'uso del petrolio avrebbe richiesto solo 12 ore per 12 uomini per portare a termine il compito. Inoltre, l'autonomia di una nave da guerra alimentata a petrolio sarebbe fino a cinque volte superiore a quella di una nave alimentata a carbone. Ma i Lord dell'Ammiragliato consideravano Fisher un semplice sognatore, fino a quando nel 1904 Fisher fu riconosciuto e promosso a Primo Lord dell'Ammiragliato dopo che i servizi segreti britannici (MI6) inviarono note al governo sottolineando l'importanza del nuovo greggio. Fisher fu autorizzato a formare e dirigere una Commissione reale nel 1912 e a formare un comitato per studiare e formulare raccomandazioni su come la Gran Bretagna potesse garantire al meglio il suo futuro fabbisogno di petrolio.

Lord Palmerston rese noto il suo punto di vista: le intenzioni di lunga data della Gran Bretagna nei confronti dei Paesi con risorse di petrolio grezzo si sarebbero basate su un nuovo credo: non avevamo più principi permanenti, ma interessi permanenti che perseguivamo escludendo tutti gli altri. Un atteggiamento che sarà pienamente sostenuto da Winston Churchill, che aggiunge:

> "Dobbiamo diventare i proprietari, o almeno i controllori alla fonte di almeno una parte del petrolio di cui abbiamo bisogno. "

Jackie Fisher, che presiedeva la Commissione reale, era salito da umili origini fino a diventare Primo Lord dell'Ammiragliato. Nacque nel 1841 a Ceylon e fu battezzato John Arbuthnot Fisher. Si arruolò nella Royal Navy nel 1854 e si concentrò sugli sviluppi tecnici. È generalmente considerato uno dei più grandi ammiragli della Royal Navy, tanto astuto da supervisionare la costruzione della super corazzata "Dreadnaught". Fisher è visto come un uomo di grande statura, con un atteggiamento di superiorità che non piace ai suoi colleghi. Il Comitato Fisher raccomanda all'MI6 di assumere un ruolo di primo piano in Russia e nei Balcani, e così Sydney Riley (Sigmund Georgjevich Rosenblum), uno dei suoi agenti di punta, viene inviato a Baku per assicurare alla Gran Bretagna importanti contratti petroliferi. Riley fu anche incaricato di negoziare con un australiano di origine britannica poco conosciuto di nome William D'Arcy Cox, che sembrava avere sotto contratto una quota significativa delle risorse minerarie della Persia. William Knox D'Arcy (11 dicembre 1849 - 1 maggio 1917) nacque a Newton Abbott, una piccola città inglese. Il padre era un avvocato e nel 1866 la famiglia emigrò in Australia, stabilendosi a Rockhampton, nel Queensland. La famiglia D'Arcy era direttamente imparentata con Lord D'Arcy of Knayth, il Presidente della Corte Suprema e Governatore in capo dell'Irlanda nel XIV secolo.

William iniziò la sua carriera entrando nello studio legale del padre, ma si dedicò alla speculazione fondiaria. Ha collaborato con una società che ha avuto la fortuna di trovare l'oro. La partnership finanziò la scoperta dell'oro aprendo una miniera chiamata Mount Morgan Gold Mining Company. William Cox accumulò una notevole fortuna prima di tornare in Inghilterra nel 1889. Nel 1900 decise di unirsi a Wolff, Kitabgi e Cotte e di recarsi in Persia per cercare il petrolio. Nel 1901 iniziò i negoziati con lo Scià dell'Iran, Reza Khan Pahlavi.

D'Arcy ottenne un "firman" (contratto) dallo Scià che gli dava

"pieni poteri di sondare, trivellare e trivellare a piacimento sul suolo persiano, per cui tutti i prodotti petroliferi secondari ricercati, senza eccezioni, rimarranno di sua proprietà".

Una squadra di perforazione guidata da George B. Reynolds fu inviato in Persia e D'Arcy iniziò le sue ricerche. Viene costituita una società, con D'Arcy che contribuisce con 500.000 dollari di tasca propria.

In cambio, D'Arcy pagava annualmente allo scià Reza Khan Pahlevi la somma di 20.000 dollari più una royalty del 16%. Ma le cose non andarono bene e nel 1904 D'Arcy fu costretto a rivolgersi alla Burmah Oil Company che mise a disposizione 100.000 dollari per consentire la prosecuzione delle trivellazioni. Nel 1907, senza successo, la perforazione fu spostata alla Masjid-I-Sulaiman, dove iniziò nel 1908. In aprile, mentre l'impresa stava per crollare, fu scoperto del petrolio a 11.800 piedi, la prima scoperta che avrebbe reso la Persia (Iran) il più grande Paese produttore di petrolio al mondo. Nel 1909, un oleodotto collegò il campo petrolifero a una raffineria costruita ad Abadan. William Knox D'Arcy mise a segno un colpo che scosse la Standard Oil fino alle sue fondamenta.

Con grande insistenza, Reilly trovò e incontrò D'Arcy, proprio mentre stava per firmare un contratto con il governo francese organizzato dai Rothschild di Parigi. Con qualsiasi mezzo (ed erano considerevoli), Reilly in qualche modo convinse D'Arcy a firmare un contratto con il governo britannico (a nome della Casa di Windsor) proprio mentre D'Arcy stava per firmare con i francesi.

Nel 1909 fu costituita una società, la Anglo-Persian Oil Company, i cui principali azionisti erano la Casa di Windsor, la Casa di Orange e il Barone di Reuter, con D'Arcy come direttore. Il contratto britannico fu un colpo da maestro di Reilly, che gli valse una posizione di particolare autorità al momento del lancio della rivoluzione bolscevica. Fu incaricato di ottenere dal governo bolscevico contratti per minerali e metalli strategici. Prima di questo evento epocale (1902), il geologo della Regina Vittoria aveva certificato l'esistenza di vasti giacimenti di petrolio in Mesopotamia (ribattezzata Iraq dal mandato britannico), che faceva parte dell'Impero turco ottomano dal 1534.

La Regina Vittoria giocò la carta della "diplomazia delle cannoniere" posizionando navi da guerra britanniche sul fondo del canale Shaat al Arab durante il regno del corrotto Mubarak al-Sabah, che era salito al potere uccidendo i suoi due fratellastri nel 1896, e informò la Turchia che il territorio (in seguito chiamato Kuwait) era ora un protettorato britannico.

Il passo successivo per assicurare l'area al governo britannico fu la firma da parte dello sceicco al Sabah di un accordo con il "Governo Imperiale Inglese" per la concessione del petrolio. L'accordo è stato consolidato da un "contratto di locazione in perpetuo". A ciò seguì un secondo accordo firmato con lo sceicco al-Sabah, secondo il quale "nessuna persona diversa da quelle nominate dal governo britannico" avrebbe ricevuto una concessione. Sembra che la fornitura di petrolio alla Marina britannica sia ora garantita. In tutto questo si dimenticava il fatto indiscutibile che la terra chiamata "Kuwait" apparteneva all'Iraq, come negli ultimi quattrocento anni, e che il "confine" settentrionale del Kuwait passava attraverso i più ricchi giacimenti di petrolio del mondo di allora, il giacimento di Rumaila, che apparteneva all'Iraq.

In questo modo, un'ingente quantità di petrolio fu piratata dall'antica nazione della Mesopotamia, che divenne Iraq quando gli inglesi coniarono il nome per il loro nuovo mandato dopo la

Prima Guerra Mondiale. La Marina tedesca non disponeva quindi di un modo conosciuto per approvvigionarsi di petrolio per alimentare le sue navi da guerra, la cui conversione era iniziata nel 1909 prima delle navi da guerra britanniche "Dreadnaught" alimentate a petrolio. I piani dell'ammiraglio Fisher per la conversione della Marina britannica non erano più i sogni di un sognatore e le prime navi della nuova classe "Dreadnaught" furono commissionate da Winston Churchill, che succedette a Fisher come Primo Lord.

Nel 1911, Churchill esortò il suo governo a riconoscere che una forte presenza nel Golfo Persico era essenziale se la Marina britannica voleva continuare a "dominare i mari". Nel 1912, il Parlamento britannico istituì una Commissione reale sul petrolio e sul motore a petrolio, presieduta da Lord Fisher. Si riconobbe che il petrolio avrebbe giocato un ruolo decisivo nella guerra a venire. Questo fu l'inizio di una condotta perfida, nota anche come "diplomazia del petrolio", che sarebbe continuata fino ad oggi. Allo stesso tempo, la Gran Bretagna si prefiggeva di ottenere petrolio per la sua marina e per raggiungere questo obiettivo entrò nei giacimenti petroliferi del Messico e del Medio Oriente. La politica petrolifera imperiale della Gran Bretagna è stata descritta in un promemoria segreto scritto da Sir Arthur Hirtzel:

> "Quello che vogliamo mettere in piedi, quello che avremmo dovuto creare all'epoca, è un'amministrazione con istituzioni arabe che possiamo tranquillamente lasciare al loro posto mentre tiriamo i fili da soli; qualcosa che non costerà molto e che il governo laburista può ingoiare in conformità con i suoi principi, ma sotto il quale i nostri interessi economici e politici saranno garantiti.
>
> Se i francesi resteranno in Siria, dobbiamo evitare di dare loro la scusa di creare un protettorato. Se se ne vanno, o se appariamo reazionari in Mesopotamia, c'è sempre il rischio che il re Faisal incoraggi gli americani a prendere il controllo di entrambi i paesi... "

Questa subdola politica imperiale ha contagiato gli Stati Uniti, che se ne sono fatti carico con grande alacrità. Non possono esserci molte persone con una reale conoscenza dell'imbroglio in Afghanistan e in Iraq che non sappiano che la sola e unica ragione della presenza delle forze armate statunitensi in questi due Paesi è il Santo Graal del petrolio e di altri idrocarburi. In condizioni di massima segretezza, il governo britannico acquistò una quota di maggioranza della Anglo-Persian Oil Company, anche se all'epoca era prossima al fallimento a causa dello scarso successo nella ricerca di petrolio in Iran. Oggi l'azienda si chiama British Petroleum (BP) ed è una delle società di punta del Comitato dei 300.

Allarmato dalla crescente prodezza industriale e dall'espansione del commercio internazionale della Germania, il 14 aprile 1914 Re Giorgio, succeduto alla Regina Vittoria, si recò a Parigi per una visita del tutto insolita, accompagnato dal suo Ministro degli Esteri, Sir Edward Grey. Figlio del tenente colonnello George Grey, Sir Edward aveva studiato al Balliol College di Oxford ed era stato nominato Ministro degli Esteri da William Gladstone nel 1892. Lo scopo della missione era quello di convincere la Francia a unirsi all'Inghilterra in un'alleanza militare segreta contro la Germania e l'Austria.

Il Re non disse al governo francese che il suo Paese era in bancarotta, altrimenti non sarebbe stata conclusa alcuna alleanza a seguito di questa visita. In realtà, lo stato di bancarotta è stato registrato in un memorandum del Tesoro britannico al Cancelliere Lloyd George, datato 12 maggio 1914, che espone il fatto in termini chiari.

(Grey fece della difesa della Francia dall'espansione commerciale tedesca l'obiettivo principale della politica estera britannica. Il fatto che le promesse alla Francia venissero negoziate in segreto causò molta preoccupazione tra i membri del Parlamento dell'opposizione, tra cui Charles Trevelyn, che si dimise con rabbia, George Cadbury, E.D. Morel e Ramsay McDonald. I loro dubbi si rivelarono fondati quando, alla vigilia della Prima guerra mondiale, Grey disse al Parlamento che non aveva "altra scelta se non quella di adempiere agli obblighi della

Gran Bretagna nei confronti della Francia" partecipando alla guerra della Francia contro la Germania. Questa è stata la "diplomazia dell'inganno"[4] nella sua forma più orrenda e la causa diretta della Prima guerra mondiale, con i suoi orrendi massacri, le enormi perdite di vite umane e la distruzione di beni. La storia potrebbe un giorno dimostrare che, senza Edward Grey, la Prima Guerra Mondiale non ci sarebbe stata. Il peccato imperdonabile dell'espansione commerciale tedesca e il suo desiderio di creare un proprio sistema commerciale e un proprio meccanismo di scambio dovevano essere arginati, almeno secondo Lord Grey.

Il patto franco-britannico, basato sulla politica estera del solo Sir Edward Grey e concluso in segreto, gettò le basi per la Prima guerra mondiale, la più sanguinosa mai conosciuta. Il 28 luglio 1914, appena tre mesi dopo la firma dell'accordo militare franco-britannico, l'arciduca Francesco Ferdinando d'Austria fu assassinato a Sarajevo. La politica di Grey prevedeva che la Germania fosse praticamente annientata e che la Gran Bretagna ottenesse le risorse naturali necessarie per raggiungere l'obiettivo di un nuovo ordine mondiale. La necessità di assicurarsi le forniture di petrolio fin dall'inizio era una parte essenziale del piano, l'unico dettaglio che spicca in tutti i documenti di Sir Edward.

Nell'agosto del 1914, l'Europa fu inghiottita dalle fiamme della Prima Guerra Mondiale, la guerra più brutale e terribile del nostro tempo, con decine di milioni di vittime che sfidano la comprensione umana. L'assassinio dell'arciduca Ferdinando mentre era in visita a Sarajevo, in Serbia, fu il secondo uso palese di molte "situazioni inventate" che dovevano essere messe in atto per provocare guerre, e non fu la "incivile" Germania, ma la "civile" Gran Bretagna, e in seguito gli Stati Uniti, a essere gli autori e i pianificatori di questa terribile strategia. Per tutta la prima guerra mondiale, il petrolio avrebbe giocato un ruolo

---

[4] Si veda *Diplomacy by Lying - An Account of the Treachery of the Governments of England and the United States*, John Coleman, Omnia Veritas Ltd, www.omnia-veritas.com.

chiave nel perseguimento dell'imperialismo britannico, iniziato con le guerre dell'oppio in Cina e proseguito con la guerra anglo-boera (1899-1903). Nel 1917 non c'era quasi nazione industrializzata che non fosse pienamente consapevole dell'importanza del petrolio e si ricorda l'appello urgente del presidente Clemenceau a Wilson di inviare "petrolio" in Francia:

La sicurezza degli Alleati è in bilico. Se gli Alleati non vogliono perdere la guerra, al momento della grande offensiva tedesca non devono lasciare che la Francia rimanga senza il carburante necessario come il sangue per le battaglie di domani.

Il 6 settembre 1914 i giornali londinesi riportano la notizia dell'entrata in servizio dell'armata di taxi parigini del generale francese Joseph Gallieni per il trasporto delle truppe al fronte. Senza la "benzina" per l'armata motorizzata di taxi e autobus da lui requisita, la Francia sarebbe stata sconfitta entro pochi mesi dall'inizio delle ostilità. A questo punto della storia, cominciamo a capire perché Re Giorgio ed Edward Grey firmarono un patto con la Francia.

Questo per dare alla Gran Bretagna la scusa indiretta di "venire in aiuto della Francia" per attaccare la Germania. John D. rispose prontamente all'appello di Clemenceau per il "petrolio" e inviò ampi rifornimenti americani alle forze francesi in un momento in cui la Germania era tagliata fuori dalla sua vecchia fonte rumena, che era stata completamente distrutta nel 1916 dal colonnello "Empire" Jack Norton per evitare che Baku cadesse in mano tedesca. Come disse Lord Curzon, il ministro degli Esteri britannico, in un discorso alla cena della vittoria il 21 novembre 1918, dieci giorni dopo la firma dell'armistizio:

Gli Alleati furono portati alla vittoria da una marea di petrolio. Senza petrolio, come avrebbero potuto garantire la mobilità della flotta, il trasporto delle truppe o la fabbricazione di esplosivi?

Come avrebbero presto scoperto le nazioni che detenevano petrolio sotto la superficie del loro suolo, il petrolio non sarebbe più stato un bene, ma una maledizione grazie alle rapaci potenze imperiali. All'insaputa del mondo, la Società delle Nazioni è stata un veicolo poco visibile per l'accaparramento massiccio di terre, e una delle sue prime vittime è stata la Palestina. La Russia non doveva essere un partner, un fatto che fu scoperto nel novembre 1917, quando i bolscevichi trovarono una cache di documenti segreti che mostravano che la Gran Bretagna e gli Stati Uniti avevano formalizzato un piano per tagliare l'Impero Ottomano e dividerlo tra loro e alcune selezionate potenze "alleate". L'accordo segreto era stato stipulato nel febbraio 1916, in piena guerra, di cui l'esercito russo era la principale vittima.

La condotta infida della Gran Bretagna imperiale e degli Stati Uniti è continuata fino al 2006, quando gli Stati Uniti, guidati da un presidente del cosiddetto Partito Repubblicano conservatore, G.W. Bush, hanno affermato che lui, e solo lui, poteva ordinare un "primo attacco" contro una nazione che non aveva fatto alcun danno agli Stati Uniti, in totale e deliberata disobbedienza alle leggi americane, alla Costituzione e alla "legge delle nazioni" di Vattel, nonché a tutte le Convenzioni di Ginevra e ai Protocolli di Norimberga. Questo libro è un resoconto dell'aggressione imperiale sottilmente mascherata di due delle nazioni più potenti, gli Stati Uniti e la Gran Bretagna, aiutati e sostenuti da complici, che hanno scavato negli abissi della depravazione e dell'inganno per raggiungere il ricco premio del petrolio. "La verità è più strana della finzione" e l'imperialismo petrolifero statunitense, che si è radicato nella politica ufficiale nel 1917, è stato all'altezza di questo principio. Harold Ickes era il coordinatore del petrolio per la difesa nazionale nel dicembre 1942, quando il Dipartimento di Stato pubblicò quanto segue:

> "Crediamo fermamente che lo sviluppo delle risorse petrolifere dell'Arabia Saudita debba essere considerato alla luce dell'interesse nazionale complessivo. "

È stata la prima volta che la sicurezza nazionale degli Stati Uniti è stata legata a una nazione straniera lontana dalle sue coste. Ha segnato un importante passo avanti nelle azioni imperialiste statunitensi, passando da uno Stato passivo a uno attivo. L'Iraq conferma la validità di questa premessa. Gli Stati Uniti hanno iniziato a svolgere lo stesso ruolo nel petrolio iracheno che la

Gran Bretagna ha svolto nel secolo scorso. Negli ultimi novantacinque anni abbiamo visto la Gran Bretagna e i suoi alleati imperialisti non esitare ad abbassarsi alla più elementare depravazione per assicurarsi l'ambito e sospirato primo premio petrolifero.

La storia della Gran Bretagna è il racconto di una nazione ricca e potente che cospira per derubare le nazioni più piccole, più povere e più deboli, ed è una lettura molto dolorosa. Sembra sempre più una ripetizione della guerra britannica contro i boeri del 1899. All'epoca, il conflitto riguardava il rifiuto della nazione boera di consegnare il proprio oro. Oggi il "conflitto" riguarda il rifiuto dell'Iraq di consegnare il suo "oro nero".

Lo sviluppo petrolifero dell'Iraq si è sviluppato in un contesto di situazioni inventate, accordi segreti, inganni, interferenze politiche e poi l'ultima "diplomazia" di tutte, la canna del fucile. Scritto dal mio punto di vista di economista e storico qualificato, agente sul campo, e supportato da 25 anni di ricerche, questo libro confonde i grossolani propagandisti che hanno sostenuto i baroni del petrolio. Vi assicuro che il "conflitto" con l'Iraq apparirà molto diverso una volta letto questo libro informativo, basato su archivi storici segreti non accessibili al pubblico, sulle carte private e personali dei ricchi e sul famigerato resoconto delle guerre di aggressione imperialiste degli Stati Uniti per assicurarsi le forniture di greggio.

Una cosa che impareremo rapidamente è che negli ultimi 100 anni gli Stati Uniti hanno seguito una politica di aggressione contro tutte le nazioni che hanno il petrolio come risorsa naturale, con intensi sforzi per indebolirle attraverso l'instabilità e atti di interferenza diretta nei loro affari interni, come è accaduto nel caso del Messico, in totale contraddizione con il diritto internazionale e la Costituzione degli Stati Uniti. L'industria petrolifera ha dettato la politica estera degli Stati Uniti, con un costo per il popolo americano di miliardi e miliardi di dollari, fin dall'intervento dei marines americani a Tampico per ordine del presidente Wilson.

Questa politica ha ricevuto di recente una sorprendente conferma che il mondo è andato ben oltre la "cospirazione" per diventare una "cospirazione aperta". A metà del 2006, l'autore John Perkins ha pubblicato un libro sorprendente intitolato *Confessioni di un sicario economico*,[5] che conferma molto di ciò che avevo già scritto in dettaglio fin dal 1971, su come gli Stati Uniti agiscono per far cadere i governi che non gradiscono e che non si adeguano alle loro richieste. Cito dal libro di Perkins:

> Negli ultimi 30-40 anni, noi sicari dell'economia abbiamo effettivamente creato il primo vero impero mondiale (gli Stati Uniti), e lo abbiamo fatto principalmente attraverso l'economia, con l'esercito come ultima risorsa.

Quindi è stato fatto in modo piuttosto segreto. La maggior parte degli americani non ha idea del fatto che abbiamo creato questo impero e, in effetti, in tutto il mondo è stato fatto in modo molto silenzioso, a differenza dei vecchi imperi, dove l'esercito entrava in scena con una vendetta; era ovvio. Quindi penso che il significato, il fatto che oltre l'80% della popolazione del Sud America abbia recentemente votato per un presidente antiamericano e ciò che sta accadendo all'Organizzazione Mondiale del Commercio, e anche. In effetti, lo sciopero dei trasporti qui a New York dimostra che la gente sta iniziando a capire che la classe media e le classi più basse di tutto il mondo sono terribilmente, terribilmente sfruttate da quella che io chiamo l'aristocrazia aziendale, che gestisce davvero questo impero, gli Stati Uniti.

Perkins spiega poi cosa significa essere un sicario economico:

> Quello che abbiamo fatto... usiamo molte tecniche, ma probabilmente la più comune è che andiamo in un paese che ha risorse che le nostre aziende bramano, come il petrolio, e organizziamo un enorme prestito a quel paese attraverso un'organizzazione come la Banca Mondiale o una delle sue sorelle, ma quasi tutto il denaro va alle aziende americane, non al paese stesso. Aziende come Bechtel e Haliburton,

---

[5] Cfr. *Confessioni di un assassino finanziario*, John Perkins, ARIANNA, 2016.

General Motors, General Electric, questo tipo di organizzazioni, costruiscono enormi progetti infrastrutturali in questo Paese: centrali elettriche, autostrade, porti, parchi industriali e tutto ciò che serve ai ricchi e non raggiunge mai i poveri. In realtà, i poveri soffrono perché i prestiti devono essere ripagati, e sono prestiti enormi, e ripagare questi prestiti significa che i poveri non avranno accesso all'istruzione, alla sanità e ad altri servizi sociali, e il Paese si ritrova con un debito enorme, tutto di proposito.

Torniamo, noi sicari economici, in questo Paese e diciamo loro: "Sentite, ci dovete un sacco di soldi. Non potete pagare i vostri debiti, quindi dateci una libbra di carne. Vendete alle nostre compagnie petrolifere il vostro petrolio a basso costo o votate con noi nella prossima votazione dell'ONU o inviate truppe a sostegno delle nostre truppe in qualche luogo del mondo, come l'Iraq". In questo modo siamo riusciti a costruire un impero globale con pochissime persone a conoscenza di ciò che abbiamo fatto.

Nello spiegare il funzionamento e l'utilizzo del sistema, Perkins ha rivelato di essere stato reclutato per la prima volta dalla National Security Agency (NSA).

Ma Perkins fu respinto con la motivazione che aveva "una serie di debolezze nel mio carattere" e così fu mandato a lavorare per un'azienda privata, iniziando con Charles T. Main, una grande società di consulenza di Boston, dove iniziò come economista con venti persone. Main, una grande società di consulenza di Boston, dove ha iniziato come economista con circa 20 persone.

Il mio lavoro consisteva nel convincere questi Paesi ad assumere prestiti così consistenti, nel convincere le banche a concedere i prestiti, nell'impostare le transazioni in modo che il denaro andasse alle aziende americane. Il Paese si ritrovava con un debito enorme, e allora io andavo con uno dei miei uomini e dicevo: "Senti, lo sai che ci devi questi soldi". Non è possibile pagare i debiti. Dateci questa libbra di carne".

L'altra cosa che facciamo, e che sta accadendo in Sud America in questo momento, è che non appena viene eletto

JOHN COLEMAN

uno di questi presidenti antiamericani, come Evo Morales (della Bolivia), uno di noi va a dire: "Ehi, congratulazioni, signor Presidente. Ora che lei è presidente, voglio dirle che posso rendere lei e la sua famiglia molto ricchi. Abbiamo diverse centinaia di milioni di dollari in tasca se si gioca a modo nostro. Se decidete di non farlo, in questa tasca ho una pistola con un proiettile con il vostro nome, nel caso decidiate di mantenere le vostre promesse elettorali e di buttarci fuori".

Posso far guadagnare a quest'uomo molti soldi, a lui e alla sua famiglia, attraverso contratti, con vari mezzi quasi legali. Se non lo accetta, gli succederà la stessa cosa che è successa a Jamie Roldos in Ecuador, o a Omar Torrijos a Panama e ad Allende in Cile, e abbiamo cercato di farlo con Chavez in Venezuela e ci stiamo ancora provando. Invieremo persone per rovesciarlo, come abbiamo fatto di recente con il Presidente dell'Ecuador.

Negli anni Settanta, Torrijos fece molto rumore e notizia in tutto il mondo per aver chiesto la restituzione del Canale di Panama ai panamensi. Sono stato mandato a Panama per convincerlo a giocare a modo nostro. Mi invitò in un piccolo bungalow fuori Panama City e mi disse: "Senti, io conosco questo gioco e se lo gioco a modo tuo diventerò molto ricco, ma questo non è importante per me". L'importante è che io aiuti i miei poveri". Torrijos non era un angelo, ma si impegnava molto per i suoi poveri. Quindi ha detto: "Puoi giocare a modo mio o puoi lasciare questo Paese".

Ho parlato con i miei capi e abbiamo deciso che dovevo restare. Ma sapevo che tutto il mondo stava osservando Torrijos a causa della questione del Canale di Panama e che se non avesse cambiato idea, probabilmente sarebbero arrivati gli sciacalli. Non solo perderemmo Panama, ma lui darebbe un esempio che altri potrebbero seguire. Ero quindi molto preoccupato. Mi piaceva Torrijos, e uno dei motivi per cui volevo farlo salire a bordo non era solo perché era il mio lavoro, ma perché volevo vederlo sopravvivere, e siccome non ha giocato, è stato ucciso.

L'aereo si è schiantato in un incendio e in seguito non ci sono stati dubbi sul fatto che gli fosse stato consegnato un registratore quando è salito sull'aereo e che contenesse una bomba. Conosco le persone che hanno condotto l'indagine in seguito, ed è abbastanza ben documentata in molti luoghi, e sono stato personalmente al corrente di ciò che è accaduto. La nostra linea ufficiale era che, ovviamente, non era quello che era successo. L'aereo ha semplicemente colpito una montagna. Ma non c'erano dubbi e ci aspettavamo che accadesse.

Abbiamo cercato di farlo anche con Saddam Hussein. Quando non ha collaborato, i sicari economici hanno cercato di farlo rinsavire. Abbiamo cercato di assassinarlo. Ma questa era la cosa interessante, perché aveva una sicurezza piuttosto fedele, e in più aveva un sacco di sosia, e quello che non vuoi è essere la guardia del corpo di un sosia, e pensi che sia il Presidente e prendi un sacco di soldi per assassinarlo e assassini il sosia, Perché se lo fai, la tua vita e quella della tua famiglia non valgono molto, quindi non potevamo arrivare a Saddam Hussein e per questo abbiamo mandato l'esercito.

Saddam Hussein è stato al soldo degli Stati Uniti per molti anni - ma noi volevamo un accordo definitivo, simile a quello stipulato con l'Arabia Saudita. Volevamo che Saddam si allineasse davvero al nostro sistema, e lui si è rifiutato di farlo. Ha accettato i nostri aerei da combattimento, i nostri carri armati e le nostre fabbriche chimiche che usava per produrre armi chimiche... Ha accettato tutto questo, ma non si è allineato al nostro sistema in modo che potessimo portare enormi organizzazioni di sviluppo per ricostruire il suo Paese, come hanno fatto i sauditi a immagine dell'Occidente. E questo è ciò che abbiamo cercato di convincere a fare e anche a garantire che avrebbe sempre cambiato il petrolio in dollari americani, anziché in euro, e che avrebbe mantenuto il prezzo del petrolio entro limiti per noi accettabili. Non si è attenuto a queste richieste. Se lo avesse fatto, sarebbe ancora presidente.

Perkins spiega molto su come funziona l'"impero", ma credo di aver dato a voi, lettori, abbastanza per convincervi di come coloro che perseguono la politica imperialista statunitense trattano i Paesi stranieri. Un altro esempio emblematico rivelato da Perkins è il Piano Marshall. Dopo la fine della Seconda guerra mondiale, è stato attuato il Piano Marshall, apparentemente per accelerare la ripresa dell'Europa, in particolare della Germania. Ciò che è meno noto è che la maggior parte dei finanziamenti del Piano Marshall, miliardi di dollari, andarono a società americane per acquistare e assicurare agli Stati Uniti forniture di petrolio che non avevano nulla a che fare con la ripresa tedesca. I registri del Dipartimento di Stato mostrano che ben il 10% dei fondi del Piano Marshall è andato alla Standard Oil of New Jersey (EXXON) Soon-Vacuum (Mobil), Standard Oil of California, (Chevron) Texaco e Gulf Oil.

È stato detto loro di dispiegarsi in Ecuador, Venezuela, Baku, Perù, Iraq, Iran e Filippine, tutti Paesi che erano stati aggrediti dagli Stati Uniti imperialisti. All'indomani della Seconda guerra mondiale, in India è nato un movimento anticoloniale che si è diffuso in tutto il mondo, quando le nazioni hanno deciso che non avrebbero più tollerato l'accaparramento delle loro risorse naturali per le quali venivano pagate una miseria. Ma questo movimento non è riuscito a fermare la marcia del fascismo aziendale, che è proseguita quasi senza sosta.

Ora, nel 2008, stiamo assistendo all'assalto all'Iraq, all'Iran e alla regione del Mar Caspio - parte di una guerra imperiale per ottenere il controllo totale delle risorse di greggio. Abbiamo sentito i falsi appelli di George Bush, a cui ha fatto eco il sicofante Blair, secondo cui l'Iran è una minaccia per la pace mondiale, quando un recente sondaggio su larga scala dell'Unione Europea ha dimostrato che gli europei vedono il Presidente Bush e gli Stati Uniti come la vera minaccia alla pace mondiale. Ecco quindi un'altra serie di politici che trasmettono i loro falsi messaggi via etere. Negli ultimi diciassette anni (dal 1991), quando l'ex presidente Bush ha condotto la nazione in una guerra imperialista, incostituzionale e illegale contro l'Iraq e non è riuscito a prendere il controllo del secondo produttore di petrolio al mondo, il popolo degli Stati Uniti è stato sottoposto a una costante propaganda contro l'Iraq. Questo ci ricorda quanto disse il leader bolscevico Bakunin nel 1814, quando mise in guardia dal tipo di propaganda oltraggiosa rivolta al popolo americano dai baroni rapinatori dell'industria petrolifera:

Mentire con la diplomazia. La diplomazia non ha altre missioni. Quando uno Stato vuole dichiarare guerra a un altro Stato, inizia con l'emettere un manifesto rivolto non solo ai propri sudditi, ma anche al mondo intero.

In questo manifesto dichiara che il diritto e la giustizia sono dalla sua parte e si sforza di dimostrare che è mossa solo dall'amore per la pace e l'umanità e che, pervasa da sentimenti generosi e pacifici, ha a lungo sofferto in silenzio finché la crescente iniquità del suo nemico l'ha costretta a deporre la spada. Allo stesso tempo, giura che, disdegnando ogni conquista materiale e non cercando di aumentare il territorio, porrà fine a questa guerra non appena sarà ristabilita la giustizia. E i suoi antagonisti rispondono con un manifesto simile, in cui ovviamente il diritto, la giustizia, l'umanità e tutti i sentimenti generosi sono dalla sua parte.

Questi manifesti, reciprocamente opposti, sono scritti con la stessa eloquenza, respirano la stessa giusta indignazione, e l'uno è sincero come l'altro, cioè sono entrambi spudorati nelle loro bugie, e solo gli sciocchi si lasciano ingannare da esse. Le persone ragionevoli, tutte quelle che hanno una certa esperienza politica, non si preoccupano nemmeno di leggere questi manifesti.

Una delle bugie più grandi e più spesso ripetute nel manifesto della giunta petrolifera Bush-Cheney è che l'Iraq ha "gasato il suo stesso popolo". Questa affermazione, ripetuta più volte da Blair, si riferisce alla gassazione degli abitanti di un villaggio curdo. Si è scoperto che i razzi contenenti gas nervino che hanno colpito il villaggio sono stati lanciati dall'Iran, cosa che l'Office of Naval Intelligence (ONI) ha poi confermato, sottolineando che il tipo di gas tossico utilizzato (gas nervino somalo addensato) non proveniva dall'arsenale iracheno.

Ma questo non ha impedito che la menzogna venisse ripetuta più e più volte, per convincere il popolo degli Stati Uniti che la guerra della giunta petrolifera di Cheney contro l'Iraq fosse una "guerra giusta invece di una ricerca imperialista del controllo del petrolio iracheno". Quanto segue è tratto dal *World In Review Insider Report* dell'aprile 1991, volume n. I:

> La verità è che i governi americano e britannico hanno tradito i curdi. Dopo i palestinesi, sono i curdi ad aver visto le promesse più solenni di impegni non mantenuti da Londra e Washington. Fino a poco tempo fa, il popolo americano non aveva idea di chi fosse il popolo curdo o di dove vivesse. Come la nazione irachena, i curdi erano una nazione sconosciuta agli americani.

Nel 1991 è seguita la guerra imperiale contro l'Iraq, che ha portato al genocidio della nazione irachena e alla devastazione del suo territorio. All'indomani di questa guerra, il governo britannico, che ha una lunga storia di repressione dei curdi, promise a Bush di riarmare i guerriglieri curdi per usarli come mercenari americani per rovesciare il presidente Hussein. Ma il complotto è stato eseguito prematuramente ed è fallito, portando Bush a prendere frettolosamente le distanze dalla sua amministrazione dai curdi traditi. Una breve storia del popolo curdo può aiutare a mettere le cose nella giusta prospettiva. Situato nell'angolo nord-occidentale dell'Iraq (e si noti che si tratta di IRAQ), il Kurdistan è sempre stato l'unico Stato semi-autonomo della regione.

Nel 1900, a seguito di un ampio intervento britannico negli affari della Turchia e della Persia, la Gran Bretagna assunse il controllo di vaste aree della regione, che furono fissate da un trattato firmato nel 1907. La Persia non era soddisfatta di questo accordo e inviò una delegazione alla Conferenza di pace di Parigi, tenutasi a Versailles, per chiedere l'abrogazione del trattato del 1907 che assegnava agli inglesi la Transcaspia, il Merv, Khiva, Derbent, Erivan e il Kurdistan, ma gli inglesi riuscirono a bloccare la richiesta di abrogazione. Nel 1919, gli inglesi invasero Baghdad. Nel 1922, i britannici conclusero un accordo militare con l'Iraq. Nel giugno dello stesso anno, i curdi si ribellarono e combatterono le forze britanniche per un anno intero. Gli inglesi usarono pesanti bombardamenti aerei e gas velenosi per reprimere la ribellione. Un rapporto al Primo Ministro britannico affermava che il gasamento aveva avuto un effetto "salutare".

CAPITOLO 3

La Gran Bretagna guadagna potere sul petrolio persiano Bush spinge per la guerra in Medio Oriente

I l petrolio è stato scoperto in Iran nel 1908, nel giacimento di Masji-i-Suleman. Questo evento avrebbe cambiato completamente il destino del Medio Oriente, nello stesso modo in cui la scoperta dell'oro in Sudafrica avrebbe condannato la nazione boera. Altri giacimenti di petrolio sono stati scoperti nella provincia di Mosul (distretto dell'Iraq) e a Bassora. Gli inglesi inviarono esperti di petrolio travestiti da archeologi della Palestine Exploration Society per spiare i giacimenti in via di sviluppo. Le spie arrivarono a Mosul e contribuirono a fondare la Turkish Petroleum Company nel 1912, che fu riconosciuta in una riunione del Foreign Office a Londra nel marzo 1914, alla quale parteciparono delegati britannici e tedeschi e rappresentanti di banche tedesche e olandesi. Sebbene sembrasse una società a partecipazione turca, in realtà la Turchia non ne faceva parte.

Con lo scoppio della guerra, Churchill dichiarò che il petrolio era di fondamentale importanza per la Gran Bretagna. Questa affermazione fu rafforzata da una nota di Sir Maurice Hankey, Segretario del Gabinetto di Guerra britannico, indirizzata ad Arthur Balfour, in cui si dichiarava che il controllo del petrolio iraniano e iracheno era un "obiettivo bellico britannico primario". L'esercito britannico invase l'Iraq nel 1915 per raggiungere questo "primario obiettivo bellico britannico", indipendentemente dalla sovranità irachena, impadronendosi della città petrolifera di Bassora, della capitale Baghdad e di Mosul nel 1917. Ma le forze britanniche rimasero impantanate e dovettero essere salvate da un corpo di spedizione dell'esercito indiano. Il 9 agosto 1919, Sir Percy Cox firmò l'Accordo anglo-persiano, che dava alla Gran Bretagna una grande influenza sul petrolio persiano. In seguito, il Majlis (Assemblea) ha rifiutato di ratificare l'accordo. Nel febbraio 1920, Reza Khan e 3000 cosacchi marciano su Teheran. Reza Khan abbandonò il trattato di unificazione e a dicembre firmò un trattato di amicizia con la Turchia.

Nessuno dei gruppi minoritari (compresi i curdi) è rappresentato o consultato dalla Persia o dalla Turchia, e mai dalla Gran Bretagna. Di conseguenza, i curdi si sentirono traditi e iniziarono una lunga serie di rivolte. Da quanto detto, è chiaro che il "problema" curdo è iniziato decenni prima dell'avvento del presidente iracheno Hussein. Il Primo Ministro britannico Blair, che ha ripetutamente detto al mondo che "Saddam sta gasando il suo stesso popolo", non ha convenientemente detto nulla sul ruolo provato della Royal Air Force nel gasare i civili curdi. Il Tavistock Institute è bravo a distorcere i fatti della storia ed è riuscito a nascondere questo atto agli inglesi e agli americani che hanno continuato a combattere per il petrolio, così come hanno nascosto i campi di concentramento che ospitavano le donne e i bambini boeri, che morivano come mosche, a causa della determinazione del governo britannico a rubare l'oro che era di proprietà della nazione boera.

In Iraq, l'obiettivo del governo britannico era chiaro: usare i curdi per destabilizzare l'intera regione in modo da portare le vaste regioni petrolifere sotto il suo totale dominio. La Gran Bretagna non era soddisfatta della forza delle concessioni petrolifere concesse a D'Arcy nel 1901. L'intento era anche quello di indebolire il governo iracheno, che era stato pienamente riconosciuto come Stato indipendente dalla Persia l'11 agosto 1929.

Il petrolio era l'obiettivo degli imperialisti britannici e americani. Gli inglesi e il loro alleato americano avrebbero dovuto adottare lo slogan "Combattiamo per il petrolio" e se fossero stati onesti lo avrebbero fatto. Invece, Lord Curzon ha dichiarato senza mezzi termini che la politica del governo di Sua Maestà nei confronti di Mosul non riguardava il petrolio, ma si basava sul sacro obbligo di adempiere al dovere di proteggere il popolo curdo! Alla luce dell'inquietante coinvolgimento della Gran Bretagna nei combattimenti per il petrolio a Mosul, le parole di Lord Curzon erano il massimo del cinismo.

I britannici hanno usato i curdi in modo spudorato e spietato nel 1921 e nel 1991 per servire i loro interessi, proprio come avevano fatto nel 1899 per ottenere la cosiddetta "franchigia degli stranieri" nelle repubbliche boere del Sudafrica, quando il controllo dell'oro boero era la loro principale preoccupazione. Oggi, nel 2008, l'unica differenza è che gli inglesi sono più armati degli Stati Uniti. Gli Stati Uniti hanno assunto il mantello dell'imperialismo britannico.

Alla Conferenza di Losanna (novembre 1922-febbraio 1923), i turchi accettarono di rispettare i diritti delle minoranze, compresi i curdi, ma non lo fecero mai. L'editoriale del *New York Journal of Commerce* del luglio 1923 recitava:

> Losanna è stata tutto ciò che una conferenza internazionale non dovrebbe essere. È stato il sacrificio di tutte le questioni umane e umanitarie alla convenienza.

Il Trattato di Losanna, che scaturì dalla conferenza, è passato alla storia come un trattato che ha cambiato il corso degli eventi e ha gettato le basi per il XX secolo. La serie di trattati di pace conclusi alla fine della Prima guerra mondiale e la creazione della Società delle Nazioni miravano apparentemente a portare la "libertà" nel mondo, ma lungi dal portare la libertà, portarono una nuova ondata di imperialismo e la morte dell'Impero Ottomano. Il Trattato di Losanna fu firmato il 24 luglio 1823 ed entrò in vigore il 6 agosto 1924 dopo essere stato ratificato da Gran Bretagna, Italia, Francia e Turchia.

Il *New York Times* ha pubblicato un editoriale sulla conferenza:

> Mosul e la libertà danno a tutti noi una possibilità nella corsa

al petrolio che è stata oggetto di tutti i negoziati. Ma gli Stati Uniti potrebbero essere meglio occupati oggi che curare gli interessi dei re del petrolio. In pubblico possiamo parlare di pace e civiltà, ma in privato parliamo di petrolio, perché sono in gioco i territori in cui si troveranno i futuri concessionari, che stanno cercando di assicurarsi i propri diritti.

Sebbene non fosse evidente durante la conferenza, ciò che stava accadendo dietro le quinte era una costante lotta per le posizioni delle principali compagnie petrolifere per ottenere un punto d'appoggio nelle aree inesplorate dell'Iraq in cui era nota l'esistenza di grandi vilayet (un grande giacimento di petrolio). Una di queste aree, lunga 150 miglia, si trovava a nord di Kirkuk, in Iraq, su un territorio occupato dai curdi. Nell'ottobre del 1927, i trivellatori di Baba Gurgur trovarono il petrolio e un enorme zampillo incontrollato inondò di petrolio i terreni circostanti per nove giorni, mentre un denso pennacchio di gas fluttuava nell'aria. Il giacimento di Kirkuk, con riserve di 2150 milioni di tonnellate di greggio, è stato all'altezza delle aspettative, sia per l'entità dell'enorme scoperta sia per il danno che ha arrecato all'intero Medio Oriente a causa dell'intransigente avidità delle compagnie petrolifere britanniche e americane, che si fa sentire ancora oggi. La sorprendente scoperta di "Dad" Joiner nel Texas orientale tre anni dopo (ottobre 1930), pur essendo una scoperta importante, fu ampiamente minimizzata perché le compagnie petrolifere erano fortemente investite nel petrolio del Medio Oriente e non volevano che si sviluppassero i giacimenti americani. Il "Gigante Nero" di Papa Joiner fu venduto al magnate del petrolio H.L. Hunt (1889-1974) in circostanze molto dubbie.

Dopo un'elezione indecisa nel maggio 1930, i curdi videro la loro occasione e si rivoltarono contro il nuovo governo turco guidato dal loro leader, Ali Fehti Bey. La rivolta ebbe luogo nelle vicinanze del Monte Ararat e fu brutalmente e sanguinosamente repressa dalle forze britanniche.

Il 10 giugno 1961, il governo iracheno raccolse la nuova sfida del leader curdo al-Barzani, sostenuto da Stati Uniti e Gran Bretagna, e i curdi si trovarono nuovamente sotto attacco.

Nell'aprile del 1965, hanno ripreso le armi contro il governo iracheno. Hanno chiesto "un'area chiaramente definita e un esercito curdo". Nel marzo 1966 scoppiarono nuovi combattimenti che durarono tre mesi. Un grande contingente di forze britanniche prese parte all'azione. La ribellione è terminata quando l'Iraq ha promesso di concedere ai curdi l'autonomia regionale, promessa che non è mai stata pienamente mantenuta.

Nel marzo 1969, i curdi ribelli ripresero le armi, dando vita ai più pesanti combattimenti del periodo. Fu messo in atto un piano d'azione segreto che utilizzava i curdi e per un certo periodo sembrò che il desiderio del Presidente Bush di rovesciare il Presidente Hussein si stesse realizzando. Potrei aggiungere che, in base all'accordo di cessate il fuoco (che gli iracheni hanno firmato, ma gli Stati Uniti no), all'esercito iracheno è stato vietato di far volare i jet da combattimento sul proprio territorio. In spregio ai termini del cessate il fuoco, gli aerei statunitensi hanno attaccato e abbattuto due volte gli aerei iracheni per impedire loro di attaccare i guerriglieri curdi. Mentre l'amministrazione Bush sosteneva di agire nell'interesse dei curdi, il vero obiettivo era il petrolio sotto le sabbie di Mosul. L'amministrazione Bush ha effettivamente agito sotto la bandiera imperialista del "Combattiamo per il petrolio", anche se con altri pretesti, poiché il vero obiettivo della Guerra del Golfo era quello di ottenere il controllo delle enormi riserve petrolifere dell'Iraq. Tutto il resto può essere considerato pura filosofia alla Immanuel Kant.

I curdi hanno ricevuto il maggior numero di attacchi da parte di elicotteri iracheni. Hanno resistito per un po'. Dopo aver sperimentato uno di questi incidenti durante la guerra tra Iraq e Iran, i curdi si sono disgregati e sono fuggiti. Il panico cieco li ha portati a fuggire verso i confini iraniani e turchi. I peggiori timori del Primo Ministro Ozul si sono avverati. Dopo aver permesso l'ingresso di un piccolo numero di rifugiati, la Turchia ha chiuso le frontiere ai curdi indesiderati. Ozul ha quindi proposto all'Europa occidentale di accettarne la maggioranza, ma il suggerimento è stato respinto. I curdi sono stati lasciati in una sorta di terra di nessuno e sono stati presi nel fuoco incrociato della guerra Iran-Iraq. Circa 50 curdi sono stati uccisi da armi chimiche, in particolare dal gas nervino Somane addensato, che l'Iraq non possedeva, ma gli iraniani certamente sì.

Poiché tutte le vittime curde dell'attacco sono state uccise da un particolare gas nervino, è più che probabile che l'esercito iraniano sia responsabile della loro morte. Dall'inizio dell'operazione sotto copertura organizzata da Bush contro l'Iraq di April Glaspie, il numero di curdi uccisi da armi chimiche è passato da 50 a 50.000.

Così come gli inglesi usarono spudoratamente i curdi per raggiungere i propri scopi, altrettanto spudoratamente l'amministrazione Bush li sta usando per fomentare l'odio verso l'Iraq, sperando così di trasformare l'intero Medio Oriente in un pantano di Paesi destabilizzati. In tutto questo, è facile perdere di vista l'obiettivo di Bush, che è quello di avanzare sotto la bandiera imperialista del "Combattiamo per il petrolio". Questo è di nuovo il Messico.

Questo rapporto, scritto e pubblicato nel 1991, si è rivelato corretto, ma eccoci di nuovo qui con la famiglia Bush che fa precipitare il mondo in un'altra guerra contro l'Iraq con la stessa "promessa" di uno "Stato palestinese giusto" che Blair, con l'approvazione di G.W. Bush, sta facendo penzolare sul mondo arabo. Gli americani che hanno sostenuto ciecamente il genocidio contro l'Iraq nel 1991 stanno scoprendo che la loro fede cieca era totalmente fuori luogo. Stanno scoprendo che la Guerra del Golfo è solo l'inizio, non la fine, di un dramma che non ha fine. Seminando i semi della guerra contro l'Iraq, il Presidente Bush ha anche seminato i semi di future guerre nella regione, che potrebbero plausibilmente concludersi con una guerra di 30 anni.

Gli obiettivi del presidente Bush e dei suoi collaboratori erano chiarissimi: distruggere la nazione irachena attraverso uno strangolamento economico che avrebbe portato alla peste, alle malattie e alla carestia. Ma non ha funzionato, così il genocidio contro l'Iraq ha preso la forma dell'invasione americana. Quello a cui assistiamo oggi è solo una pausa, un preludio delle cose che verranno.

L'Iraq diventerà un secondo Vietnam. Milioni di persone sono destinate a morire per mano dell'amministrazione Bush sotto la bandiera "Combattiamo per il petrolio". Giordania, Siria, Libano e Libia seguiranno la scia della distruzione della nazione irachena, combattuta per una giusta causa: "Combattiamo per il petrolio". La Siria sarà la prima a cadere. Gli amici degli Stati Uniti scopriranno che il modo più rapido per perdere la propria sovranità è diventare alleati degli Stati Uniti. L'Egitto deve ancora imparare questa lezione, che arriverà presto.

Anche se "leggete le mie labbra" Bush si è affannato a negarlo, lo stazionamento di truppe statunitensi in Arabia Saudita su base permanente è effettivamente l'obiettivo. Tale accordo è già in vigore da cinque anni. Gli Stati Uniti manterranno una forza permanente di 150.000 soldati in Arabia Saudita. Quale sarà il loro ruolo? Attaccare qualsiasi nazione musulmana che si discosti dalla retta via. In breve, gli Stati Uniti diventeranno la nuova "Legione straniera" in Medio Oriente, un obiettivo imperialista per controllare tutto il petrolio del Medio Oriente. I due Paesi produttori di petrolio, Algeria e Libia, sono già stati conquistati dagli imperialisti statunitensi e britannici. La seconda invasione dell'Iraq da parte delle forze militari statunitensi è avvenuta nel 2003. L'Iran è praticamente sotto assedio. Una cosa di cui possiamo essere certi è che un George Bush "più buono e gentile" non sarà soddisfatto finché tutto il petrolio del Medio Oriente non sarà sotto il controllo imperiale degli Stati Uniti. La colpa della situazione dei curdi è stata attribuita al presidente Saddam Hussein. Visto il destino dei fratelli Diem, del generale Somoza, di Ferdinando Marcos, di Torrijos, di Noriega e dello Scià dell'Iran, sarebbe assolutamente fuori luogo per l'amministrazione Bush non invadere l'Iraq per la seconda volta. La stampa aveva già demolito la credibilità dell'ex ambasciatore americano in Iraq, spiegando che April Glaspie non sarebbe stata all'altezza del compito se fosse stata sottoposta a un controinterrogatorio davvero approfondito da parte di un pubblico ministero competente. Ora la conferma dell'operazione di sting arriva da un'altra fonte. Dennis Kloske, un alto funzionario del Dipartimento del Commercio, ha testimoniato davanti a una sottocommissione della Camera l'8 aprile 1991 che fino all'invasione del Kuwait l'amministrazione Bush si era fatta in quattro per fornire all'Iraq "alta tecnologia".

Kloske ha accusato il Dipartimento di Stato di aver ignorato i suoi avvertimenti e le sue raccomandazioni per fermare il flusso di tecnologia statunitense verso l'Iraq. Né il Dipartimento del Commercio né il Dipartimento di Stato lo hanno ascoltato, ha dichiarato Kloske alla Commissione Affari Esteri della Camera. Per il suo disturbo, Kloske è stato licenziato da un George Bush "più buono e gentile". Nel caso dell'Iraq, "la verità non verrà fuori" e non verrà mai fatta emergere. Che cos'è questa verità? Stiamo combattendo una guerra imperialista per il possesso del petrolio iracheno.

Ecco perché Bush e suo figlio hanno mantenuto il ritmo dell'aggressione all'Iraq. Se l'Iraq non avesse petrolio, le nostre relazioni con esso sarebbero dolci. Gli Stati Uniti imperiali non avrebbero nulla da invidiare all'Iraq o all'Iran. Non violeremmo il diritto internazionale e la Costituzione degli Stati Uniti, come abbiamo fatto migliaia di volte dal 1991. La famiglia Bush ha condotto una campagna di violento abuso della Costituzione alla ricerca di petrolio.

Quando Bush lasciò l'incarico dopo essere sfuggito ai tentativi di impeachment del rappresentante Henry Gonzalez, ispirò il figlio George a seguire le sue orme e a perseguire quello che avrebbe dovuto essere il motto di famiglia: "Combattiamo per il petrolio". Con un gioco di prestigio, la Corte Suprema degli Stati Uniti ha eletto G.W. Bush estromettendo Al Gore dalle elezioni. Si trattava di una sorprendente violazione della Costituzione degli Stati Uniti, poiché le elezioni sono statali e non sono soggette alla giurisdizione federale, ma non ha causato una crisi costituzionale. Appena insediatosi, Bush ha ripreso il ritornello anti-Hussein fino a farlo diventare un tamburo d'odio; la lotta per il petrolio è stata lanciata con una certa violenza! Bush jr. ha goduto di un sostegno più ampio di quello del padre, non da parte del popolo americano, più di 160 milioni di persone che non hanno votato affatto o hanno votato contro di lui, ma da parte di personaggi cosiddetti "conservatori" abilmente mascherati che sono stati in grado di ingannare definitivamente l'opinione pubblica americana con la loro falsa sincerità. Il leader di questo notevole colpo di propaganda era un certo Irving Kristol. Quest'uomo è diventato il portabandiera di una nuova serie di attacchi all'Iraq, in quanto rappresentante principale di Richard Murdoch, il magnate dei media che inganna costantemente il popolo americano.

Murdoch, Kristol, Perle e Wolfowitz sapevano come lavorare sui canali, per ottenere il sostegno della giunta petrolifera Bush/Cheney. Definirsi un "neo-conservatore" è stato un colpo da maestro. Gli americani amano le etichette. Murdoch ha messo i soldi per finanziare un giornale chiamato *The Weekly Standard*. Questa pubblicazione è una facciata per gli interessi petroliferi Rothschild-Rockefeller, in cui il desiderio di accaparrarsi il petrolio iracheno è onnipresente. Non c'è niente di meglio della sete di petrolio per far scorrere il sangue. Kristol si è ora unito agli imperialisti statunitensi, pur proponendosi come "conservatore".

La "banda dei quattro" miliardari ha rapidamente ingranato la marcia per promuovere una presidenza imperiale. Gli Stati Uniti stavano per passare da una Repubblica a un Impero, guidato da un Imperatore. La transizione, resa possibile dal "big bang" dell'11 settembre, è stata straordinariamente rapida. Nel giro di una notte, la Costituzione è stata calpestata e relegata a un posto di nessuna importanza. La "banda dei quattro" maggiormente responsabile della caduta della Costituzione americana proveniva dalle file dei trotzkisti, di cui faceva parte William Buckley.

Sorvegliato dalla CIA, Kristol senior, comunista da sempre, iniziò a penetrare nei ranghi conservatori e a metà degli anni Cinquanta, sotto la guida del "conservatore" William Buckley, aveva preso il controllo di quasi tutte le istituzioni conservatrici. I trotzkisti erano pronti per il loro colpo di stato incruento e la loro grande occasione è arrivata quando Richard Perle e Paul Wolfowitz hanno ottenuto posizioni vitali nella cerchia ristretta di Bush. La scena era ormai pronta per la grande spinta, la grande offensiva nel dramma in corso per il controllo del petrolio mondiale. Scavando più a fondo nel background "conservatore" di William Kristol, abbiamo scoperto quanto segue: L'ex Segretario di Stato Henry Kissinger è stato associato a Kristol e alle sue case editrici, *National Affairs* e *The National Interest*. In seguito è stata realizzata una terza pubblicazione, intitolata *L'interesse pubblico*. Da dove provengono i finanziamenti per queste "riviste"? È stato fornito dalla Lynde and Harry Bradley Foundation e sembra che questa ricca fondazione abbia finanziato anche l'American Enterprise Institute di Kristol, un'altra organizzazione "conservatrice".

Altri "conservatori" in gioco con Kristol erano William Bennett, Jack Kemp e Vin Weber, tutti repubblicani nominalmente "conservatori", anche se possiamo essere certi che uomini come i grandi Daniel Webster e Henry Clay avrebbero fatto ben poco di questa affermazione. Purtroppo, oggi non abbiamo uomini del calibro di Clay e Webster in politica. Kristol e i suoi uomini consideravano il loro compito come la distruzione dell'Iraq. Questo era il loro obiettivo e, nel desiderio di renderlo chiaro al pubblico americano, hanno arruolato alla loro causa alcuni dei cosiddetti "televangelisti" più fanatici. Uno di loro è andato recentemente in televisione, affermando che "l'anticristo è vivo e vegeto in Germania, Francia e Russia". Con leader come questa persona, non c'è da stupirsi che tanti cristiani americani siano completamente confusi.

Con l'avvento dell'11 settembre, era giunto il momento per Kristol, Perle, Wolfowitz, Cheney e Rumsfeld. Ora avevano la causa célèbre, il "big bang", la "Pearl Harbor" di cui avevano bisogno per galvanizzare i loro piani in azione. Forse non sapremo mai tutta la verità sull'11 settembre, ma una cosa è certa: i nostri controllori rimpiangono il giorno in cui hanno permesso l'accesso pubblico a Internet. Mentre Pearl Harbor è rimasta segreta per quasi tre decenni, in assenza di qualsiasi mezzo di informazione tranne i media controllati, si stanno già svolgendo serie discussioni sull'11 settembre e si stanno sollevando molti dubbi sull'affermazione del governo di non aver avuto alcun preavviso di ciò che sarebbe accaduto. Ora ci sono dubbi aperti e crescenti su questa affermazione. David Broder, editorialista del *Washington Post*, ha titolato il suo articolo del 17 marzo: "L'11 settembre ha cambiato tutto per Bush". Questo titolo è molto profondo, perché ha portato Bush da un piccolo uomo tranquillo a un uomo pieno di improvvisa fiducia fino al punto di essere autoritario. In una parola, l'11 settembre ha "trasformato" George Bush. Ecco una parte di ciò che ha scritto Broder:

> La strada per arrivare a quel momento di decisione sull'Iraq è stata lunga, ma l'inevitabilità della destinazione era chiara. Quando gli storici avranno accesso ai promemoria e ai diari degli addetti ai lavori dell'amministrazione Bush, scopriranno che il Presidente Bush aveva messo gli occhi sulla rimozione di Saddam Hussein dal potere poco dopo gli attacchi terroristici dell'11 settembre, se non prima. Tutto ciò che il presidente ha detto pubblicamente, tutto ciò che il vicepresidente Cheney ha ripetuto nelle sue interviste televisive domenicali - conferma che gli attacchi al World Trade Center e al Pentagono dovevano giustificare la determinazione di Bush a disarmare qualsiasi leader che potesse plausibilmente collaborare a un attacco simile o peggiore. E per lui disarmare significa chiaramente togliere il potere al potenziale aggressore. La scorsa primavera, il Presidente ha annunciato e la sua nuova squadra di sicurezza ha rapidamente amplificato una nuova dottrina che ha sostituito la politica di contenimento della Guerra Fredda con una nuova politica di prelazione.

Il discorso di Bush a West Point e il successivo Libro Bianco dichiararono che gli Stati Uniti e i loro alleati avrebbero agito con forza contro qualsiasi nazione o forza che avesse assemblato armi di distruzione di massa in grado di minacciare la sicurezza degli Stati Uniti - e non avrebbero atteso passivamente che l'attacco avesse luogo. Ben presto fu chiaro che l'Iraq era stato scelto come banco di prova della nuova dottrina.

Ci chiediamo perché? Se l'Iraq non avesse avuto petrolio, sarebbe stato così importante "disarmare" la nazione? Il caso contro la Corea del Nord era molto più forte.

La Corea del Nord ha ammesso apertamente di possedere armi nucleari, ma non è ancora stata toccata da Stati Uniti e Gran Bretagna perché, come la logica suggerirebbe, non ha petrolio! Allora, di cosa si tratta in Iraq? Si tratta di "disarmare" l'Iraq o di impadronirsi dei suoi ricchi giacimenti di petrolio? Ci permettiamo di suggerire che il 90% del mondo opterebbe per quest'ultima ipotesi come la vera ragione per cui la Gran Bretagna e gli Stati Uniti volevano schiacciare l'Iraq.

In seguito, il Presidente ha utilizzato le eccezionali decisioni delle Nazioni Unite per convincere la maggior parte dei membri del Congresso ad approvare la dottrina della prelazione come politica statunitense e ad applicarla all'Iraq. Una volta appoggiato dal Congresso, riuscì a convincere il Consiglio di Sicurezza delle Nazioni Unite a lanciare un ultimatum unanime a Saddam Hussein: disarmare o essere disarmati.

Cosa c'è di male?

Il problema è che l'intero sistema è incostituzionale al 100%, eppure Bush è riuscito a farla franca perché il popolo americano non conosce la sua Costituzione, per non parlare dei suoi rappresentanti alla Camera e al Senato.

Non c'è mai stato un Congresso degli Stati Uniti così tristemente ignorante della Costituzione. Pertanto, Bush è stato in grado di bluffare per entrare in guerra senza una dichiarazione formale, che è un reato passibile di impeachment. Quello che sappiamo è che la prospettiva incombente di una guerra preventiva contro l'Iraq ha danneggiato le relazioni dell'America con gran parte del mondo, aprendo spaccature con i principali partner commerciali come Germania, Francia e Cina. Il fatto è che Bush ha rotto molte porcellane prima di sparare il primo colpo. È impossibile valutare o giudicare gli effetti secondari sui paesi vicini, Canada, Messico e Medio Oriente.

Arriviamo così a una delle peggiori traversie della giustizia che abbiano mai colpito questa nazione: avremmo attaccato l'Iraq senza una giusta causa.

La Costituzione statunitense stabilisce che gli Stati Uniti non possono entrare in guerra contro una nazione a meno che questa non abbia commesso atti di belligeranza verificabili contro gli Stati Uniti. Nemmeno Perle e Wolfowitz potevano affermare che l'Iraq avesse commesso atti di belligeranza contro gli Stati Uniti. Non c'era alcuna ragione costituzionale per un "attacco preventivo". È stato un atto illegale e incostituzionale che non trova spazio nella politica di una nazione la cui Costituzione è la legge suprema del Paese.

CAPITOLO 4

L'imperialismo britannico e la diplomazia di forza degli Stati Uniti

Come sono passati gli Stati Uniti dall'eredità lasciata dai Padri Fondatori e dalla generazione successiva all'attuale convinzione anticostituzionale di poter attaccare qualsiasi nazione percepita come una minaccia? È successo che gli Stati Uniti si sono trasformati in una potenza imperialista alla ricerca di petrolio. Gli angloamericani si intromettono negli affari esteri delle nazioni. Potremmo chiamare questa lotta "diplomazia del petrolio" perché si intreccia con questioni commerciali e militari. Non sempre vengono rivelati, perché a volte è preferibile la segretezza. L'economia moderna si basa sul potere. La nazione che controlla il petrolio dominerà il mondo. Questa è la politica imperialista adottata dal governo statunitense.

La separazione politica dall'eredità di saggezza lasciata dai Padri fondatori dell'America è stata violata dalla guerra ispano-americana. "L'isolamento", come lo chiamavano coloro che cercavano di internazionalizzare l'America, "non è più possibile", strombazzò McKinley, un ritornello a cui fece eco Woodrow Wilson:

> Che ci piaccia o no, partecipiamo alla vita del mondo. Gli interessi di tutte le nazioni sono anche i nostri. Siamo partner di altri. Ciò che riguarda le nazioni dell'Europa e dell'Asia è anche affar nostro.

L'adozione del socialismo internazionale fu l'inizio della fine dell'America dei Padri fondatori. Questo portò al "libero scambio" e alla rimozione da parte di Wilson delle barriere commerciali che avevano reso gli Stati Uniti una grande nazione.

Wilson ignorò completamente l'avvertimento di George Washington, secondo il quale gli Stati Uniti non avrebbero dovuto farsi coinvolgere e invischiare in intrighi stranieri. Ma, scatenando guerre imperiali per il petrolio, ciò si rivelerebbe impossibile. Nessuna nazione può sfidare le richieste imperialiste di Washington e vivere, come sta scoprendo l'Iraq. I popoli del mondo disprezzano ampiamente ciò che l'America è diventata sotto la famiglia Bush, padre e figlio. Hanno alienato l'intero mondo musulmano aggrappandosi avidamente al petrolio.

Il contrammiraglio Plunkett osservò nel gennaio 1928:

> La pena per l'efficienza commerciale e industriale è inevitabilmente la guerra; se leggo bene la storia, questo Paese è più vicino alla guerra che mai, perché la sua posizione commerciale ci mette ora in competizione con altre grandi nazioni commerciali. Se si sostituisce la parola "olio" dove necessario, si comincia a capire il quadro.

Come disse il primo ministro francese Clemenceau:

> Il petrolio è necessario come il sangue nelle battaglie di domani.

Henri Berringer, diplomatico francese e vice di Clemenceau, scrisse un memorandum che vale la pena citare:

> Colui che possiede il petrolio possiederà il mondo, perché dominerà i mari per mezzo di oli pesanti, l'aria per mezzo di oli ultra raffinati e la terra per mezzo di benzina e oli illuminanti. Inoltre, egli dominerà sui suoi simili in senso economico, grazie alle fantastiche ricchezze che ricaverà dal petrolio, quella meravigliosa sostanza più ricercata e più preziosa dell'oro stesso.

Il Presidente McKinley ha detto:

> L'isolamento non è più possibile né auspicabile.

Il Presidente Wilson ha detto:

Partecipiamo, volenti o nolenti, alla vita del mondo.

Parlano da veri imperialisti, soprattutto se si ricorda che all'epoca gli Stati Uniti avevano meno del 12% delle riserve mondiali di petrolio. Circa il 70% era in Paesi la cui debolezza invitava le grandi potenze a invadere il terreno economico e politico. Ai tempi di Wilson, questo valeva per il Medio Oriente, il bacino dei Caraibi e del Golfo del Messico e la Russia. Le nazioni con grandi giacimenti di petrolio hanno difeso le loro risorse approvando leggi che concedevano diritti sul sottosuolo alla popolazione e ai governi e adottando barriere restrittive, regolamenti e alte tariffe di royalty. Le grandi potenze imperiali, Gran Bretagna e Stati Uniti, definirono questa autodifesa "sfida" ed esercitarono pressioni diplomatiche per abbattere queste barriere. E quando questo è fallito, sono tornati all'intervento armato.

Tenetelo a mente e pensate a queste parole la prossima volta che sentirete Bush e Cheney strombazzare quanto fosse necessario "disarmare Saddam" e allora cominceremo a capire che siamo in Iraq per il suo petrolio. L'11 settembre era una situazione artificiale, così come Pearl Harbor, e le "armi di distruzione di massa" erano solo un depistaggio trascinato lungo la pista del petrolio.

Lord Curzon, dopo la terribile tragedia della Prima Guerra Mondiale, ha detto la verità quando ha affermato:

Gli Alleati si avviarono alla vittoria sull'onda del petrolio.

Tutte le altre ragioni addotte da Bush sono sempre meno valide se si guarda ai problemi. Come ho detto, circa il 70% del petrolio mondiale si trova in Paesi economicamente e nazionalmente deboli. Con la loro stessa debolezza, invitano gli Stati Uniti e il Regno Unito a interferire nei loro affari nazionali. L'esempio dell'Iraq è sotto gli occhi di tutti; il Venezuela è appena sopravvissuto a un assalto degli Stati Uniti che hanno agito per interposta persona. Tutte le nazioni con discrete riserve di petrolio sono ora minacciate dall'imperialismo statunitense e britannico e cadranno, una dopo l'altra.

L'autodifesa di queste nazioni per proteggere i loro popoli e preservare le loro proprietà dalla morsa rapace dei magnati del petrolio americani e britannici viene descritta come "intransigenza" o "vendicativa", a cui si risponde prima con la "pressione diplomatica" e poi con la forza delle armi. La famiglia Bush ha seguito questa dubbia strada e abbiamo visto la sua politica culminare in un brutale attacco all'Iraq, una nazione grande la metà della California.

La Gran Bretagna e gli Stati Uniti hanno già preso il controllo della maggior parte delle riserve petrolifere mondiali. Ciò che non sono in grado di conquistare con la diplomazia, lo conquisteranno attraverso massicce ondate di bombardieri, missili da crociera e razzi, man mano che verrà abbandonata la finzione e la pretesa di essere nazioni buone e cristiane. La lotta in corso oggi nel mondo contrappone le nazioni con poco o nessun petrolio all'"unica superpotenza" del mondo, o meglio all'"imperialismo", gli Stati Uniti. La Russia sta lottando per mantenere il suo posto nel mondo del petrolio, mentre la Gran Bretagna e gli Stati Uniti stanno cercando di rovesciarla. Pertanto, la lotta per il petrolio sfocerà in una grande battaglia catastrofica tra Stati Uniti e Russia, e quel giorno non è così lontano. Nel prossimo futuro, i figli e le figlie dell'America saranno chiamati a combattere per il petrolio in una guerra mondiale totale.

Il Dipartimento di Stato americano generalmente asseconda le richieste delle grandi compagnie petrolifere. Ciò è supportato da una politica petrolifera aggressiva da parte degli Stati Uniti, come dichiarato da A.C. Bedford, presidente della Standard Oil of New Jersey nel 1923. A causa di questa politica fissa, i consoli americani all'estero seguono sempre la linea del petrolio quando si tratta di questioni di politica estera. Nel 1923, la Federal Trade Commission ha sostenuto questa politica ufficiale del governo statunitense. Tutte le ambasciate e le missioni diplomatiche statunitensi ricevettero la seguente nota il 16 agosto 1919:

> *Signori, l'importanza vitale di garantire adeguate forniture di petrolio minerale, sia per il fabbisogno presente che per quello futuro degli Stati Uniti, è stata portata con forza*

all'attenzione del Dipartimento (il Dipartimento di Stato). I cittadini di vari Paesi e le concessioni per i diritti di sfruttamento del petrolio minerale vengono perseguiti in modo aggressivo nello sviluppo di campi di esplorazione collaudati in nuove aree in molte parti del mondo. È auspicabile avere le informazioni più complete e aggiornate su queste attività, siano esse condotte da cittadini statunitensi o da altri.

Charles Evans Hughes testimoniò davanti al Congresso degli Stati Uniti e al Coolidge Oil Board:

"... La politica estera dell'amministrazione, espressa nella frase "porta aperta" e perseguita con coerenza dal Dipartimento di Stato, ha promosso in modo intelligente i nostri interessi americani all'estero e salvaguardato in modo appropriato i bisogni del nostro popolo. "

La lotta per il petrolio in Medio Oriente iniziò seriamente con l'arrivo di un australiano di nome William K. D'Arcy e dell'americano Ammiraglio Colby Mitchell Chester (1844-1932). D'Arcy e l'americano, l'ammiraglio Colby Mitchell Chester (1844-1932). Nel 1901, D'Arcy ottenne dallo Scià di Persia una concessione che copriva cinque sesti dell'Impero Persiano per un periodo di 60 anni. D'Arcy pagò 20.000 dollari in contanti e accettò di pagare una royalty del 16% su tutto il petrolio prodotto. L'ammiraglio Chester non ottenne nulla e D'Arcy tornò a Londra per organizzare la Compagnia Anglo-Persiana. Tornò in Medio Oriente per cercare di conquistare il giacimento petrolifero di Mosul, in Persia. Nel 1912 fu creata la Turkish Petroleum Company, composta dalla britannico-olandese Shell Oil e dalla Deutsche Bank di Berlino, per lo sfruttamento di Mosul.

Sir Henri Deterding (noto come il "Napoleone" dell'industria petrolifera) della Royal Dutch Shell Company è stato uno dei principali protagonisti degli intrighi che circondano le nazioni proprietarie di petrolio. Il governo britannico fu attivo nella persona di E.G. Prettyman, Civil Lord, che si assicurò che il capitale britannico tenesse la linea della Turkish Petroleum Company, che D'Arcy minacciava di vendere ai francesi. Nel

1913, Deterding dichiarò alla Camera dei Lord di controllare il petrolio in Romania, Russia, California, Trinidad e Messico. Secondo Deterding, stava comprimendo la Persia, una regione praticamente intatta, di dimensioni immense e ricca di petrolio.

Sir Thomas Browning ha dichiarato ai Lord che la Royal Dutch Shell era molto più aggressiva nel settore petrolifero rispetto alla Standard Oil Trust of America. Deterding aveva il controllo esclusivo dell'organizzazione più potente al mondo per la produzione di una fonte di energia. Ad entrare nella battaglia per il petrolio fu Winston Churchill, allora Primo Lord dell'Ammiragliato e reduce dall'esperienza della guerra boera. Churchill disse alla Camera dei Lord che riteneva che... avremmo dovuto diventare i proprietari, o comunque i controllori alla fonte, di almeno una parte delle forniture naturali di petrolio di cui abbiamo bisogno.

CAPITOLO 5

Nuova dottrina: Messico sotto pressione

L e politiche imperialiste statunitensi erano entrate in una nuova fase, una fase di "attacco preventivo", per usare la terminologia di Bush. Il governo britannico era impegnato a mettere le mani sul petrolio di Mosul, nell'attuale Iraq settentrionale. Gli inglesi stanno acquistando un quarto delle azioni della Turkish Petroleum Company, mentre tedeschi e turchi detengono le altre quote.

Nel giro di tre mesi, grazie alla "diplomazia dell'inganno", gli inglesi controllarono i tre quarti delle azioni e i turchi furono completamente estromessi dalla loro società. I curdi, che possedevano le terre petrolifere sopra Mosul, non hanno ricevuto un solo centesimo. Anche la Turchia, che controllava il territorio intorno a Mosul, è stata lasciata al freddo.

Quello era solo l'inizio. Il governo britannico acquistò quindi la quota di maggioranza di Anglo Persian per 12 milioni di dollari, con una durata di 48 anni. Ben presto fu chiaro che non solo il petrolio vinceva le guerre, ma che le guerre venivano combattute a causa del petrolio.

Se si guarda alla storia della Prima Guerra Mondiale, questo è chiaro, come Clemenceau riconoscerà in seguito. Le guerre non sono finite con la Prima Guerra Mondiale. Al contrario, la Gran Bretagna e gli Stati Uniti perseguirono una politica imperialista aggressiva contro la Persia (Iraq) e la Turchia nel tentativo di minare la presa degli elementi nazionalisti. Nel maggio 1920, il Dipartimento di Stato emise una nota che indicava che la Gran Bretagna si stava tranquillamente preparando a impadronirsi di tutti i giacimenti petroliferi di Mosul. La politica petrolifera continuò a fare notizia negli Stati Uniti, con il presidente Harding che dichiarò in un discorso:

"Dopo l'agricoltura e i trasporti, l'industria petrolifera è diventata il complemento più importante della nostra civiltà e del nostro benessere. "

L'amministrazione Wilson si trovò invischiata in una lotta per il controllo del petrolio in Messico dopo l'annuncio della scoperta di grandi riserve petrolifere nel Golfo del Messico. Quando i messicani mostrarono segni di resistenza allo sfruttamento, vennero inviate a Tampico navi da guerra statunitensi. Wilson ha detto

"... l'unica intenzione degli Stati Uniti è quella di preservare la democrazia in Messico. "

Gli Stati Uniti sono impegnati anche in altri settori, negoziando con la Gran Bretagna per una quota della Turkish Petroleum Company, con i giacimenti petroliferi di Mosul come premio prestigioso. La Turchia viene estromessa completamente dalla propria azienda. Ma l'attenzione degli Stati Uniti era rivolta soprattutto ai giacimenti messicani, che Edward Doheny si era assicurato all'Hacienda del Tulillo grazie all'amico presidente Diaz. Doheny ottenne presto altri campi, tra cui Potrero Del Llano e Cerro Azul. Ma Diaz superò Doheny e permise a Weetman (Lord Cowdrey) di entrare nella scena petrolifera messicana.

La lotta per il petrolio portò a disordini tra gli "alleati" quando gli Stati Uniti decisero di rovesciare il presidente Diaz, al potere da 35 anni.

Come di consueto in questi casi, sono state inviate operazioni di intelligence e "sicari" economici statunitensi per creare problemi nelle file di Diaz. Gli Stati Uniti hanno provocato direttamente il rovesciamento di Diaz, come confermato da una testimonianza davanti al Comitato per le Relazioni Estere degli Stati Uniti.

Lawrence Converse, un ufficiale americano, ha testimoniato:

Lo stesso signor Madero mi disse che non appena i ribelli avessero dato una buona dimostrazione di forza, alcuni grandi banchieri di El Paso erano pronti ad anticiparlo - credo che la somma fosse di 100.000 dollari; e questi stessi uomini (il governatore Gonzalez e il segretario di Stato Hernandez) mi dissero anche che gli interessi della Standard Oil li stavano sostenendo e avevano acquistato obbligazioni dal governo provvisorio del Messico. Dissero che gli interessi della Standard Oil li stavano sostenendo nella loro rivoluzione.

La Standard Oil avrebbe ricevuto un alto tasso di interesse e c'era un accordo provvisorio per una concessione petrolifera negli Stati del Messico meridionale. Madero fu deposto e giustiziato e il generale Huerta prese il potere. Quando il presidente Wilson salì al potere, si oppose apertamente a Huerta, affermando che gli Stati Uniti non potevano... avere alcuna simpatia per coloro che cercavano di impadronirsi del potere del governo per promuovere i propri interessi o ambizioni personali. Contemporaneamente, Wilson concesse il riconoscimento a un governo rivoluzionario in Perù.

Gli interessi petroliferi, nella persona di Albert Fall, cominciarono a chiedere agli Stati Uniti di inviare forze armate in Messico per "proteggere" gli interessi americani e "aiutare a ristabilire l'ordine e a mantenere la pace in questo sfortunato Paese e a mettere le funzioni amministrative nelle mani di cittadini messicani capaci e patriottici". Quando Wilson salì al potere, lo espose al Congresso in questo modo:

> L'attuale situazione in Messico è incompatibile con l'adempimento degli obblighi internazionali del Messico, con lo sviluppo civile del Messico stesso e con il mantenimento di condizioni politiche ed economiche tollerabili in America Centrale.

Wilson si stava ora preparando a un intervento armato con la motivazione che gli americani erano "minacciati" in Messico. Questo era il tipo di ritornello che avremmo sentito in seguito da George Bush nelle sue infinite lamentele sul Presidente Hussein e, come per Wilson, avevano il suono dell'insincerità.

Il popolo americano, così facilmente ingannato dal fatto che si trattava di una tragedia nazionale e storica, si convinse che il Messico fosse una "minaccia" per loro, cosa che spianò la strada a Wilson per inviare una lettera ai consoli americani in Messico con la direttiva di avvertire

> "le autorità che qualsiasi intimidazione o maltrattamento nei confronti degli americani potrebbe sollevare la questione dell'intervento".

Qui abbiamo un chiaro caso di un presidente imperiale degli Stati Uniti che cerca una scusa per interferire negli affari interni del Messico, comportamento che è stato ripetuto dalla famiglia imperiale Bush, padre e figlio che cercavano una scusa per accaparrarsi il petrolio dell'Iraq e hanno trovato la scusa inconsistente che l'Iraq aveva "armi di distruzione di massa". Con la consapevolezza di aver ingannato il popolo americano facendogli credere che i suoi cittadini venivano maltrattati in Messico e che un "orribile dittatore era al potere e doveva essere rimosso" (sentite il ritornello "Saddam Hussein"?), Wilson si fece più audace:

> Sono convinto che sia mio dovere immediato chiedere la rimozione di Huerta dal governo messicano e che il governo degli Stati Uniti debba ora utilizzare i mezzi necessari per ottenere questo risultato.

Echi di "Saddam deve ritirarsi o lo faranno le forze armate statunitensi", che il Presidente continuava a sbandierare come se avesse il diritto di comportarsi come un brigante e un bandito, più di quanto lo avesse Wilson. Sia Wilson che Bush se la sono cavata con una brutale aggressione contro lo Stato sovrano del Messico e dell'Iraq, rispettivamente, perché il popolo americano non conosce la propria Costituzione. Nessuno ha sfidato l'amministrazione Bush in tribunale a produrre prove della Costituzione degli Stati Uniti per dimostrare da dove provenisse improvvisamente questo incredibile potere?

Da dove viene questo sorprendente potere, solitamente riservato agli imperatori, sui loro imperi? Di certo non deriva dalla Costituzione americana o dal diritto internazionale. È passata sotto l'egida dell'imperialismo e, a quanto pare, marciando al ritmo di questa bandiera, è diventato legale per gli Stati Uniti interferire negli affari sovrani di uno Stato sovrano!

Finché il popolo americano non conoscerà la propria Costituzione, i tiranni potranno farla franca interferendo negli affari sovrani di Stati sovrani (come il Messico e l'Iraq), e finché la conoscenza della Costituzione non sostituirà l'ignoranza, continueremo a vedere la politica estera americana creare scompiglio nel mondo. Poiché il popolo americano non conosce la propria Costituzione, non ha più una Costituzione. Il popolo americano ha permesso a Wilson di farla franca con nuovi atti di imperialismo in Messico e alle amministrazioni Bush di devastare l'Iraq dopo che i loro piani di assassinare Hussein non poterono essere portati a termine.

Nel novembre 1912, Wilson diede il seguente ordine sorprendente, perché i suoi comandanti militari avrebbero dovuto conoscere a memoria la Costituzione e quindi sapere che ciò che stava ordinando era incostituzionale e che avrebbero dovuto disobbedire agli ordini.

Tagliategli le simpatie e gli aiuti stranieri e il credito nazionale, sia morale che materiale, e costringetelo a uscire... Se il generale Huerta non si ritirerà con la forza delle armi, gli Stati Uniti avranno il dovere di usare mezzi meno pacifici per rimuoverlo.

Wilson era ormai incoraggiato e continuò sulla strada della tirannia imperiale, interferendo con lo stato sovrano del Messico, minacciando il suo leader e il suo popolo e, peggio ancora, dichiarando che era "dovere" degli Stati Uniti cacciare il leader eletto se non si fosse dimesso! Neanche Cesare, nella sua maestà imperiale, ha mai parlato così.

Ancora oggi, a distanza di tanti anni, l'audacia di Wilson suscita stupore. E quale fu la risposta del popolo americano alle minacce di Wilson? Esattamente nulla! In realtà, il popolo americano, con il suo silenzio, ha incoraggiato Wilson a fare la cosa giusta e a violare la Costituzione. Improvvisamente, sotto una bandiera imperiale, gli Stati Uniti si arrogarono il diritto di pacificare il

Messico. In risposta alla proposta britannica di permettere a Huerta di dimettersi, il segretario Bryan scrisse un'altra sorprendente missiva:

> Il Presidente intende sbarazzarsi di Huerta fornendo aiuti statunitensi ai leader dei ribelli. Le prospettive di pace, sicurezza della proprietà e rapido pagamento degli obblighi esteri sono più promettenti se il Messico viene lasciato alle forze che ora vi combattono. Egli (Wilson) intende quindi rimuovere quasi immediatamente il divieto di esportazione di armi e munizioni dagli Stati Uniti.

Ciò è avvenuto subito dopo che Huerta era stato rieletto con elezioni pacifiche ed eque. Decenni dopo, il popolo americano si sarebbe ancora una volta messo da parte e avrebbe permesso al suo governo di infliggere una devastazione politica imperiale in Iraq e in Afghanistan, sostenendo che tutto ciò era legale secondo la Costituzione degli Stati Uniti. La realtà è che Bush, padre e figlio, avrebbero dovuto essere sottoposti a impeachment, rimossi dall'incarico e processati per tradimento. Eppure sembra che questo non accadrà mai e che il popolo americano meriti di perdere la propria Costituzione, perché ha dato il proprio consenso ai leader dell'industria petrolifera di calpestarla senza nemmeno un mormorio di protesta.

Non c'è da stupirsi che la nazione sia nei guai quando permettiamo a un cosiddetto "comandante in capo", che non è stato chiamato in servizio, di guidare questa nazione in una guerra che non ha il diritto di combattere, perché il Congresso non ha dichiarato la guerra, di rimanere in carica e di causare il criminale spreco di vite umane e di miliardi di dollari del nostro tesoro nazionale. Ci meritiamo qualsiasi cosa per la nostra spaventosa negligenza nei confronti della Costituzione.

La prospettiva di un'ingerenza statunitense in Messico allarmò molto Cile, Argentina e Brasile, che decisero di intervenire per aiutare il Messico con un'offerta di conciliazione. Quando questi tre Paesi si mossero con un'offerta di conciliazione, Wilson cercò di bloccare la conferenza Argentina-Brasile-Cile quando si riunì alle Cascate del Niagara. Come la famiglia Bush nel 1991 e nel 2002, Wilson non voleva la pace; voleva espellere Huerta con la violenza per aver ostacolato coloro che avanzavano sotto la bandiera dell'imperialismo petrolifero. Wilson mostrò la sua vera natura e il suo disprezzo per la Costituzione americana intervenendo direttamente in Messico e sabotando gli sforzi per una soluzione pacifica.

Wilson isolò il governo Huerta attraverso macchinazioni finanziarie e un blocco di armi e munizioni per le sue forze governative. Allo stesso tempo, rifornì i leader dei ribelli, Carranza e Villa, di armi e denaro. Inventò l'incidente della bandiera a Tampico come scusa per l'occupazione di Vera Cruz. Quando il generale Huerta si scusò per l'incidente della bandiera, Wilson, da falso gentiluomo di Princeton qual era e traditore fino al midollo, si rifiutò di accettarlo.

In questa condotta deplorevole, vediamo atti e azioni simili nel modo in cui la famiglia Bush trattò Saddam Hussein. In entrambi i casi, il generale Huerta e il presidente Hussein, vediamo i petrolieri muoversi nell'oscurità come scarafaggi, rifiutandosi di pagare le tasse in Messico e aiutando Carranza in ogni occasione. Il popolo americano non poté mai sapere quale presidente imperiale fosse Wilson, e pagò il prezzo della sua ignoranza quando, in violazione del Dick Act, mandò i suoi figli nell'esercito nazionale a morire sui campi di battaglia della Francia, nonostante il suo procuratore generale Wickersham gli avesse ripetutamente detto che non aveva l'autorità costituzionale di inviare le forze militari nazionali a combattere fuori dagli Stati Uniti. Poiché il popolo americano si è permesso di non essere protetto, i suoi figli sono ancora una volta sui campi di battaglia al di fuori degli Stati Uniti, in violazione della Costituzione, e ancora una volta il popolo americano permette ai violatori, la famiglia Bush, di calpestare la Costituzione e di sfuggire alle conseguenze della loro violenza, il tutto per una ricerca imperiale di petrolio che è proprietà nazionale di altre nazioni.

Davanti alla Commissione per le Relazioni Estere del Senato nel 1919, Doheny si vantò del fatto che tutte le compagnie petrolifere statunitensi erano state coinvolte nell'eliminazione di Huerta, proprio come più tardi tutti i dirigenti delle compagnie petrolifere sarebbero stati coinvolti nell'indebolimento dello Scià dell'Iran e nella sua rimozione dal potere. La lotta per il petrolio è continuata, l'esercito imperiale statunitense ha marciato sotto la bandiera delle compagnie petrolifere, mentre queste cantavano il loro inno di guerra:

> "Soldati cristiani avanti, marciando come in guerra, con la bandiera dell'industria petrolifera, andando avanti".

Negli uffici della Standard Oil ci furono molte notti di champagne per la cacciata di Huerta. Ma i dirigenti del settore petrolifero hanno commesso un errore di calcolo. Carranza cercò di far passare la rivoluzione come una cosa del popolo e rinnegò le concessioni petrolifere che aveva dato alle compagnie petrolifere statunitensi. Quando il generale Obregon salì al potere, tutto il Messico fu messo in subbuglio dalle macchinazioni della lobby petrolifera statunitense, pienamente sostenuta dal Dipartimento di Stato e dal Segretario di Stato Hughes.

Hughes sostenne che l'azione di Wilson di inviare truppe statunitensi e due navi da guerra a Tampico era "moralmente giustificata". Si trattava di parole vuote, che non si trovano nella Costituzione degli Stati Uniti, destinate a impressionare un mondo profondamente preoccupato per l'interferenza imperialista degli Stati Uniti negli affari interni del proprio vicino. In una dichiarazione al Comitato nazionale repubblicano nel 1924, Hughes mantenne il suo tono "morale":

> La rivolta di Huerta non è stata una rivoluzione con le aspirazioni di un popolo oppresso. Si trattava di uno sforzo per impadronirsi della presidenza: significava il sovvertimento di tutte le procedure costituzionali e ordinate. Il rifiuto di aiutare il governo costituito avrebbe gettato la nostra influenza morale dalla parte di coloro che sfidavano la pace e l'ordine in Messico...

Anni dopo, nel 1991 e nel 2006, avremmo sentito lo stesso ritornello dalla famiglia Bush, padre e figlio, secondo cui i loro attacchi all'Iraq erano "morali".

In realtà, non c'era nulla di "morale": si trattava semplicemente di un'aperta aggressione imperialista contro una nazione più piccola e più debole per perseguire gli interessi petroliferi; Hughes e Wilson non stavano combattendo per la moralità - stavano marciando sotto la bandiera dell'imperialismo petrolifero. I petrolieri statunitensi continuarono a interferire in Messico per tutta l'amministrazione Coolidge e un corrispondente del *New York World* scrisse un articolo dal Messico che riassumeva la situazione:

> È un fatto imperiale, ad esempio, che nel recente passato l'associazione personale dei funzionari degli Stati Uniti non era con il governo presso il quale erano accreditati, ma con quella classe di messicani, tra i quali c'erano le persone ricche, colte e talvolta affascinanti che finanziano e provocano la ribellione. Non è meno noto che molti degli avvocati e dei rappresentanti delle compagnie petrolifere non si sono limitati a far valere le loro rivendicazioni in base al diritto internazionale, ma hanno apertamente e persistentemente usato tutta l'influenza che possedevano per minare il governo messicano.

Questo famigerato comportamento si è esteso al Venezuela, all'Iraq e all'Iran, dove è stato fatto ogni sforzo da parte degli agenti statunitensi, dei petrolieri e dei loro alleati della CIA, per rovesciare i governi di queste nazioni e sostituirli con regimi fantoccio favorevoli a coloro che operano sotto la bandiera dell'imperialismo petrolifero. Questo comportamento bellicoso è continuato per oltre 90 anni, fino ad oggi, quando abbiamo visto i responsabili quasi riuscire a rovesciare il leader eletto del Venezuela, a rovesciare lo Scià dell'Iran e ora a impegnarsi in una guerra totale in Iraq per prendere il controllo di Mosul e di altri giacimenti petroliferi iracheni a lungo ricercati. Le tendenze imperialiste di coloro che detengono un potere sfrenato e operano dietro le quinte a Washington sono state ben esposte da *El Universal*, il quotidiano di Città del Messico:

> L'imperialismo americano è un prodotto fatale dell'evoluzione economica. È inutile cercare di convincere i

nostri vicini del Nord a non essere imperialisti; non possono fare a meno di esserlo, per quanto ben intenzionati.

Studiamo le leggi naturali dell'imperialismo economico, nella speranza di trovare un metodo con cui, invece di opporci ciecamente, possiamo mitigare le sue azioni e volgerle a nostro vantaggio.

CAPITOLO 6

Il petrolio, non le armi di distruzione di massa, scatena l'invasione dell'Iraq

Non si può più negare che l'imperialismo fatale stia ormai dilagando in tutti gli Stati Uniti, dopo aver avuto carta bianca dalla famiglia Bush e dai suoi sostenitori, Richard Cheney, Kristol, Perle, Wolfowitz e i fondamentalisti cristiani. Questo imperialismo strisciante di Bush non finirà con l'Iraq, quando avremo sommerso quella nazione, ma continuerà fino a quando gli imperialisti di Bush, in totale spregio della Costituzione statunitense, avranno sommerso tutte le nazioni produttrici di petrolio del Medio Oriente ed espropriato gli arabi del loro patrimonio di risorse naturali.

E nel frattempo le nazioni del Medio Oriente vengono derubate alla cieca. Prendiamo l'accordo anglo-persiano acquistato per 12 milioni di dollari. Winston Churchill disse che la Gran Bretagna guadagnò 250 milioni di dollari da questo accordo tra il 1921 e il 1925. Il fatto è che l'avidità dei baroni del petrolio di mettere le mani sui giacimenti di Mosul in Iraq è stata la causa della prima guerra mondiale.

L'empio pasticcio del Medio Oriente è stato causato direttamente dall'interferenza dei petrolieri britannici e dell'imperialismo statunitense. L'infido accordo Sykes-Picot non portò altro che discordia e spargimento di sangue in Palestina, che continua ancora oggi.

È strano leggere la storia di questo periodo e rendersi conto che ciò che passava per politica nazionale all'epoca (1912-1930) non era altro che sporca politica del petrolio. È davvero sconvolgente leggere la storia di questo periodo, per il quale milioni di vite sono state inutilmente sacrificate da entrambe le parti in lotta. Dopo che i britannici sconfissero i turchi nel 1916 (in gran parte grazie agli arabi di Lawrence d'Arabia, in cambio della promessa di concedere loro la Palestina, mai mantenuta), l'accordo Sykes-Picot offrì sostegno alle rivendicazioni francesi sulla Siria e su Mosul in cambio dell'aiuto francese in Medio Oriente. L'offensiva britannica contro Baghdad ebbe successo nella primavera del 1917. Ma il crollo degli alleati russi zaristi impedì agli inglesi di raggiungere Mosul.

L'armistizio ha eliminato l'esercito turco-tedesco che difendeva Mosul. Non si trattava altro che di manovre e contromanovre da parte delle nazioni occidentali, soprattutto Gran Bretagna e Stati Uniti, per assicurarsi gli ambiti giacimenti petroliferi di Mosul. Le nazioni della regione non sono state nemmeno consultate. È stata la diplomazia imperiale della lotta per il petrolio al suo massimo splendore.

Per calmare il tumulto causato dalle rapaci compagnie petrolifere, nel novembre 1922 si tenne una conferenza a Losanna, in Svizzera, ma prima di questo evento le truppe britanniche si spinsero verso Mosul, mentre il Segretario di Stato Hughes dichiarò che gli Stati Uniti non avrebbero riconosciuto la rivendicazione britannica su Mosul, in quanto non valida. Gli inglesi pensavano di avere Mosul "in tasca" grazie all'occupazione e il corrispondente del *London Times* non poteva nascondere la sua gioia:

> Noi britannici abbiamo la soddisfazione di sapere che tre enormi giacimenti vicini tra loro, in grado di soddisfare il fabbisogno petrolifero dell'Impero per molti anni, sono quasi interamente gestiti da una società britannica. I geologi della Turkish Petroleum hanno confermato l'esistenza di tre grandi giacimenti nella concessione di Mosul. Il campo nord-orientale va da Hammama Ali attraverso Kirkuk e Tuz Kharmati fino a Kind-I-shrin. Una seconda si estende a sud di Mosul da Khaiyara a Jebej Oniki Imam passando per Kifri. Un altro bacino inizia sud-ovest di Mosul e si estende verso Baghdad lungo il fiume Tigri fino al passo di Fet Haha e a

Mandali.

Fu per accaparrarsi questo ricco trofeo che George Bush senior attaccò l'Iraq nel 1991 dopo aver "fallito nel rimettere Hussein in carreggiata", per parafrasare John Perkins. Possiamo ignorare la retorica politica sul popolo iracheno che vive sotto un dittatore. Possiamo dimenticare i pii luoghi comuni sul contributo della democrazia in Iraq. Possiamo dimenticare le menzogne che sono uscite dalla Casa Bianca nel 1991 e dimenticare le menzogne che sono uscite dalla bocca della giunta petrolifera nel 2008. Ciò che possiamo cogliere è la solida evidenza che ciò che i magnati del petrolio stanno facendo oggi in Iraq, e ciò che stanno facendo dal 1914, è solo una continuazione della loro ricerca imperialista del petrolio. Questa ricerca imperiale del petrolio non è mai stata così apertamente esposta come con l'attacco con missili da crociera su Baghdad il 20 marzo 2003. In violazione di tutti i principi del diritto internazionale e senza uno straccio di autorità da parte della Costituzione degli Stati Uniti, per non parlare del fatto che l'ONU non ha dato alla giunta petrolifera Bush-Cheney il via libera per attaccare l'Iraq, è iniziato il bombardamento di Baghdad.

I pii luoghi comuni di George Bush Jr. possono tranquillamente essere gettati nella pattumiera della storia, perché la famiglia imperiale Bush non rappresenta il popolo americano. G.W. Bush è stato eletto al potere dalla Corte Suprema degli Stati Uniti. È giusto dire che se la Corte Suprema non avesse eletto George Bush, oggi non ci sarebbe nessuna guerra del petrolio, perché è noto che Al Gore aveva apertamente dichiarato che se avesse vinto le elezioni, non ci sarebbe stato alcun attacco all'Iraq e che il popolo americano non sarebbe stato costretto a pagare prezzi esorbitanti per la benzina alla pompa.

Ciò che segue dovrebbe mostrare quanto poco gli imperialisti e i loro antecedenti si preoccupino del popolo, quanto vuote siano suonate le parole di George Bush Jr. quando ha dichiarato il suo amore per il popolo iracheno, incarnato dal desiderio di sbarazzarsi di "Saddam" che lo opprimeva. Il contesto di questo resoconto della saga delle guerre del petrolio è che gli Stati Uniti hanno spietatamente rifiutato i diritti degli armeni su Mosul e si sono comportati come se l'oltre un milione di armeni non contasse nulla.

Vahan Cardashian, l'avvocato della delegazione della Repubblica d'Armenia, ha cercato di mettere in evidenza questa svista dei diritti degli armeni in una richiesta di un'audizione e di un'indagine del Senato. Nella lettera del 14 marzo 1928 al senatore Borah, egli dichiarò che se la Commissione per le Relazioni Estere non avesse dato seguito alla sua richiesta, avrebbe chiesto al Presidente Coolidge di portare la controversia armeno-americana al Tribunale dell'Aia per un giudizio. La lettera di Cardashian al senatore Borah recita come segue

> *Accuso due membri del Gabinetto del Presidente di aver mercanteggiato sul caso armeno alla Conferenza di Losanna e di aver cospirato per influenzare l'espulsione di quasi un milione di armeni dalle loro case ancestrali.*
>
> *Accuso questi uomini e i loro complici in questo oltraggio di aver usato e di usare il Dipartimento di Stato come uno strumento disponibile per portare avanti il loro nefasto piano, e che il Dipartimento di Stato, nel tentativo di coprire le tracce di coloro che hanno dettato la sua politica a questo proposito, ha fatto ricorso a travisamenti, intrighi e persino al terrorismo, e ha inondato il Paese con una propaganda irresponsabile e spudorata.*
>
> *In queste circostanze, qual è il motivo e l'obiettivo della politica turca del Dipartimento di Stato? Noi diciamo che si tratta di petrolio. Un'amministrazione che ha rinunciato ai legittimi diritti americani e poi ha avuto l'impudenza di riempire l'aria con banalità, insinuazioni selvagge e bugie per distogliere l'attenzione dalla sua politica disonorevole; un'amministrazione che ha deliberatamente calpestato la Costituzione degli Stati Uniti nella sua condotta delle relazioni estere - un'amministrazione del genere, accuso, non esiterebbe, e non ha esitato, a svendere il popolo armeno e le sue case per il petrolio, nell'interesse di un gruppo privilegiato.*

Se, per qualsiasi motivo, la Commissione per le Relazioni Estere del Senato non è in grado e non vuole affrontare i torti inflitti a un popolo coraggioso, chiederò al Presidente degli Stati Uniti di portare la questione tra l'amministrazione e l'Armenia alla Corte permanente di arbitrato dell'Aia per una decisione.

Sembra che se le accuse mosse dall'avvocato Vahan Cardashian fossero riformulate oggi, e i nomi del regime della giunta petrolifera statunitense fossero sostituiti da quelli di Cheney, Bush, Rumsfeld, Blair e altri, e gli "armeni" fossero sostituiti da "Iraq" e "popolo iracheno", avremmo un'accusa perfetta da presentare alla Corte internazionale dell'Aia e fare pressione su queste persone, che si nascondono dietro la maschera della falsa "correttezza", per promuovere effettivamente la loro acquisizione imperiale del petrolio dell'Iraq. Dovremmo innanzitutto presentare una petizione al Presidente del Senato e al Presidente della Camera dei Rappresentanti con una specifica proposta di legge che accusi i membri della giunta petrolifera di tradimento, chiedendo alla Camera di metterli sotto impeachment e al Senato di dichiararli colpevoli e costringerli a lasciare il loro incarico. Dovremmo quindi presentare una petizione per far processare questi uomini nei tribunali della terra, come prevede la Costituzione degli Stati Uniti.

E se questi appelli e petizioni cadranno nel vuoto, dovremo presentare una denuncia alla Corte Mondiale dell'Aia e chiedere che i membri della giunta petrolifera imperialista siano consegnati alla giustizia. Niente di meno, e niente di meno impedirà a questa giunta petrolifera di continuare a scorrazzare nel mondo, perché, come sempre, ignora tutte le nazioni sotto la bandiera dell'industria petrolifera.

Nel 1991 il rappresentante Henry Gonzalez tentò di mettere sotto accusa G. W. H. Bush, ma fu soffocato da politici di entrambi i partiti che non avevano alcun riguardo per la Costituzione degli Stati Uniti. Non c'è dubbio che una risoluzione simile presentata contro George W. Bush incontrerebbe lo stesso destino, poiché i politici di Camera e Senato di oggi hanno ancora meno rispetto per la Costituzione di quelli che c'erano nel 1991. Se la risoluzione si scontra con l'indifferenza o la postura politica, il popolo ha la possibilità di rivolgersi alla Corte internazionale di giustizia dell'Aia. Che almeno si faccia un passo avanti nella direzione di riportare la Costituzione al suo giusto posto, e che la giunta petrolifera non continui a calpestarla.

Gli imperialisti in lotta per il petrolio non hanno limitato i loro sforzi all'Iraq, all'Iran e al Messico. Si sono diffusi in tutto il mondo e hanno persino violato i diritti sovrani del popolo russo, per non parlare dell'intervento in Venezuela. Uno degli incidenti più straordinari è avvenuto in Siberia, di cui si è scritto poco.

Nel 1918, il Giappone tentò di occupare la costa siberiana. Wilson cercò di impedirlo con la diplomazia, ma quando questa non funzionò, inviò un esercito americano in Siberia senza l'approvazione del Congresso, non tanto per aiutare la Russia, quanto per impedire al Giappone di impadronirsi dei preziosi giacimenti di petrolio e carbone di Sakhalin, perché Wilson li voleva per la Sinclair Oil, la compagnia americana. La Russia guardava con favore a Sinclair, ritenendo che gli americani avessero "le mani pulite". Ma coloro che operano sotto la bandiera imperiale dell'industria petrolifera non stanno giocando pulito. Giocano brutti scherzi, come sono soliti fare.

Mentre i russi favorivano la Sinclair Oil, alle loro spalle l'eterogeneo gruppo di magnati del petrolio tramava e si opponeva al controllo russo del Caucaso e dei suoi preziosi giacimenti. Era la stessa storia del Messico. Gli Stati Uniti sostengono segretamente i gruppi georgiani dissidenti nella convinzione che, se avranno successo, otterranno le ambite concessioni petrolifere. Gli Stati Uniti erano desiderosi di controllare i giacimenti petroliferi di Grosni-Baku, ma Mosca represse la ribellione e catturò i documenti che provavano l'interferenza degli Stati Uniti in Grosni-Baku.

Gli imperialisti si rivolsero quindi al Congresso e cercarono di ottenere il riconoscimento di una "Repubblica nazionale della Georgia" il cui governo era in esilio a Parigi. Ma il Dipartimento di Stato, in combutta con i bolscevichi, si oppose a questo progetto, che andò a monte. Imperterriti, i Rockefeller-Standard ottennero concessioni per l'acquisto di petrolio russo a prezzi bassi e la Anglo-American Oil Company acquistò 250.000 tonnellate di petrolio da Baku. Improvvisamente, la lobby antibolscevica dei petrolieri Rockefeller smise di denigrare la Russia e iniziò a lodarla. Rockefeller cercò quindi di stipulare contratti sempre più grandi con i fornitori di petrolio russi e nel 1927 ne acquistò 500.000 tonnellate.

Le cose iniziarono ad andare molto bene tra Rockefeller e i bolscevichi, nonostante le storie dell'orrore provenienti dal regime controllato dai comunisti. Nel giugno 1927, la Standard Oil ordinò altre 360.000 tonnellate di petrolio e la Vacuum-Standard firmò un contratto da 12 milioni di dollari all'anno con i bolscevichi.

Le storie dell'orrore della giunta imperialista del petrolio (Bush, Cheney e Rumsfeld) su Saddam Hussein (la bestia) hanno posto le basi per un attacco senza precedenti all'Iraq, un cosiddetto "attacco preventivo", che ha violato ogni principio della Costituzione statunitense e calpestato il diritto internazionale.

Eppure sono stati molto felici di fare affari con le bestie bolsceviche, il cui curriculum di brutali omicidi e soppressione delle libertà in Russia supera di centomila volte quello che Saddam Hussein ha fatto al suo popolo. L'amministrazione Bush osa parlare in termini altisonanti della "moralità" che è dalla sua parte, e poi i predicatori televisivi cristiani fondamentalisti dicono alla nazione che questa malvagia giunta imperiale del petrolio sta combattendo una "guerra giusta".

La rivista britannica *The Outlook* ha riassunto la situazione del commercio petrolifero con i bolscevichi, e l'opinione espressa si adatterebbe perfettamente alla giunta petrolifera di Bush, Cheney e Rumsfeld se cambiassimo l'arco temporale dal 1928 al 2003:

Le autorità britanniche e americane considerano legittimo il commercio con il petrolio russo... Il semplice fatto è che le diverse aziende hanno cercato di farsi gli occhi dolci a vicenda.

I sordidi intrighi e la competizione sono già abbastanza sinistri;

i tentativi di spiegarli in termini di moralità ed etica sono pura ipocrisia. È indecente e disgustoso.

Veniamo ora alla "moralità" della giunta petrolifera imperiale di Bush e Cheney alla guida degli Stati Uniti. Hanno attaccato l'Iraq, senza un solo straccio, una sola traccia di autorità dalla Costituzione degli Stati Uniti e dal diritto internazionale, e hanno sganciato migliaia di bombe e fatto piovere missili da crociera sulla città aperta e indifesa di Baghdad, in violazione del diritto internazionale, e sperano fiduciosamente di sfuggire alla punizione e al giudizio dei protocolli di Norimberga.

Inoltre, la giunta imperialista ha raccolto enormi profitti dalla "ricostruzione" dell'Iraq dopo averlo bombardato. Le società del vicepresidente della giunta petrolifera Richard Cheney, Haliburton e Bechtel, si sono aggiudicate un lucroso contratto da 6 miliardi di dollari molto prima dell'inizio delle "ostilità". Se il popolo americano accetta questo, allora si merita il destino che lo attende.

Per il suo coraggio, Bechtel è stato segretamente insignito del CBE (Commander of British Empire) dalla Regina Elisabetta II. Il successo dell'enorme macchina propagandistica ha impedito qualsiasi discussione ragionevole da parte del popolo americano che, come abbiamo detto all'inizio dell'attacco, ha sostenuto la guerra della giunta petrolifera contro l'Iraq con un margine del 75%. Di conseguenza, la verità sul barbaro attacco del 20 marzo 2003 è nella mente di relativamente poche persone.

George Orwell avrebbe capito la giunta petrolifera e la sua marcia imperiale sull'Iraq. Nato nel 1903, il maestro tecnico addestrato alle arti della propaganda e della diplomazia dell'inganno, non avrebbe esitato ad affrontare la giunta petrolifera Bush-Cheney-Rumsfeld. Ma purtroppo per l'America, Orwell morì nel 1950 lasciando al mondo una profonda comprensione di come funzionano le cose con il suo libro "1984". Vale la pena di citare la sintesi scritta da Paul Foot e pubblicata il 1° gennaio 2003:

> Quest'anno, sospetto, sarà per molti di noi l'anno di George Orwell. Nato nel 1903 e morto nel 1950, ha continuato a

dominare la scena letteraria britannica. Nell'anno del centenario, ci sarà sicuramente una divertente riproposizione dei dibattiti di sinistra tra i suoi sostenitori, di cui faccio parte, e i suoi detrattori, che ricordano i bei tempi del compagno Stalin.

CAPITOLO 7

Passaggio alla barbarie

Iniziamo l'anno di Orwell ricordando che questa famosa satira, "1984", prevedeva un mondo orribile diviso in tre blocchi di potere, che cambiavano continuamente schieramento per continuare a combattersi.

I governi di questi tre Paesi mantengono la fedeltà dei loro cittadini sostenendo che c'è sempre stata una sola guerra, un solo nemico. Il Partito ha affermato che l'Oceania non è mai stata alleata con l'Eurasia. Lui, Winston Smith, sapeva che l'Oceania si era alleata con l'Eurasia solo quattro anni prima. Ma dove esisteva questa conoscenza? Solo nella propria coscienza. Tutto ciò che serviva era una serie infinita di vittorie sulla propria memoria. Reality check, come lo chiamano loro: Novlanguage; "doublethink".

Abbiamo questo "doppio pensiero" sull'Iraq ed esiste in luoghi diversi dalle nostre menti. C'è il record di Margaret Thatcher in Oceania (Stati Uniti e Gran Bretagna) e il suo infido complotto per far entrare gli Stati Uniti in guerra con l'Iraq nel 1991. E poi c'è il doppio linguaggio di April Glaspie, che ha condotto il presidente Saddam Hussein in questa trappola, un'altra tappa della lunga strada disseminata di tentativi degli imperialisti statunitensi di espropriare l'Iraq del suo petrolio.

Il popolo americano, con il suo silenzio nel 1991 e di nuovo nel 2008, ha avallato gli atti imperialisti di barbarie e distruzione di massa senza un mormorio di protesta. Il popolo americano ha prestato poca attenzione alla deliberata distruzione della Costituzione da parte delle successive amministrazioni Bush e non ha sollevato un mormorio di protesta. Perché la Germania dovrebbe essere tenuta a rispettare la dottrina della "responsabilità collettiva" e gli Stati Uniti no, dopo le loro azioni in Iraq? Dov'è la responsabilità collettiva per i crimini di guerra commessi contro l'Iraq su ordine di George Bush, Margaret Thatcher e dei loro colleghi imperialisti? Per dodici anni, negli archivi britannici e americani sono rimasti inediti documenti che raccontano come l'"Oceania" abbia ingannato e mentito all'Iraq. Margaret Thatcher, prima di denunciare Hussein, spese oltre 1,5 miliardi di dollari per dotare l'Iraq di "armi di distruzione di massa". Questo perché l'"Oceania" aveva formato un blocco con l'Iraq e Hussein era il figlio dagli occhi blu del regime dell'Oceania. Durante la massiccia inchiesta Scott tenutasi in Gran Bretagna nel 1996, sono trapelati alcuni dettagli di questa enorme doppiezza.

Negli anni '80, il governo Thatcher aveva fornito all'Iraq la maggior parte delle attrezzature militari che dovevano essere "vietate" per legge. I carri armati Chieftain sono stati contrabbandati in Giordania, da dove sono stati spediti a Baghdad. I regolamenti sulle macchine utensili sono stati "allentati" per consentire ai produttori di armi iracheni di entrare in attività. I crediti per l'acquisto di attrezzature militari sono stati mascherati da esigenze di "sviluppo civile".

Negli anni '80, l'"audace strategia", descritta nei documenti di Whitehall, di garantire prestiti al dittatore iracheno in bancarotta fu approvata dalla stessa signora Thatcher, dal suo ministro degli Esteri Douglas Hurd e dal suo ministro del Commercio e dell'Industria Nicholas Ridley. Questi, a loro volta, esercitavano forti pressioni sui funzionari dell'Arms Sales Department di Whitehall - l'organizzazione per la vendita delle esportazioni di armi - che avevano stretti legami con le aziende produttrici di armi. Le garanzie irachene erano troppo rischiose per essere vere proposte commerciali. Sono stati concessi in base alla seconda sezione di una disposizione speciale che sostiene di essere "nell'interesse nazionale".

Le garanzie avrebbero dovuto riguardare solo progetti civili. Ma una società, la RACAL, che sotto Sir Ernie Harrison dava regolarmente 80.000 dollari all'anno ai Tories, ha poi ricevuto una "indennità di difesa" assicurativa speciale segreta di 45 milioni di dollari dalla ECGD dopo aver vinto un contratto con l'Iraq nel 1985. I documenti dell'ECGD mostrano che i funzionari hanno protestato per il fatto che una società stava ottenendo praticamente tutti i benefici di questa associazione segreta. Ma sono stati respinti.

RACAL stava costruendo una fabbrica in Iraq quando è scoppiata la Guerra del Golfo. Di conseguenza, l'ECGD ha dovuto staccare un assegno assicurativo di 18 milioni di dollari ai banchieri di RACAL. Nel 1987, Marconi Command and Control ottenne un prestito bancario di 12 milioni di dollari, sostenuto da una garanzia dei contribuenti, per vendere AMERTS, il sistema meteorologico di artiglieria, all'esercito iracheno. Fondamentale per l'accuratezza del fuoco di artiglieria, AMERTS utilizza palloni meteorologici collegati a radar per misurare la velocità del vento.

Sono state due di queste unità mobili che i cacciatori di armi di distruzione di massa statunitensi hanno annunciato con grande clamore come "armi biologiche", per poi ritrarsi con la faccia rossa quando gli esperti hanno detto che erano state usate per riempire di idrogeno i palloni di tracciamento dell'artiglieria.

Ma l'allocazione segreta dell'ECGD era stata utilizzata per RACAL. I funzionari del Ministero della Difesa hanno quindi fatto riclassificare il contratto come civile. Il torbido accordo ha portato i funzionari dell'ECGD a protestare privatamente per essere stati ingannati dal Ministero della Difesa. L'ECGD finì per staccare un assegno di 10 milioni di dollari quando Marconi non ricevette il suo denaro.

Anche un altro contratto è stato manovrato: la Tripod Engineering, sostenuta dalla John Laing International, è riuscita a far classificare come civile un contratto da 20 milioni di dollari, anche se si trattava di un complesso per l'addestramento di piloti di caccia per l'aeronautica irachena. Nelle trattative, Tripod è stata assistita da un vice maresciallo dell'aria che, poco dopo il suo pensionamento, è stato pagato da Tripod come consulente senza chiedere l'approvazione del Ministero della Difesa, come richiesto dalle norme. Il rapporto Scott ha concluso che il suo comportamento, anche se non intenzionale, poteva dare adito a sospetti.

Il Rapporto Scott cita ripetutamente i successivi contratti di armamento con l'Iraq che sono costati alla nazione 1,5 miliardi di dollari.

I membri del gabinetto conservatore si rifiutarono di interrompere il prestito di fondi garantiti al presidente Saddam. Le aziende che hanno beneficiato della gara d'appalto hanno nel frattempo incassato le loro fiches. Midland Bank è stata venduta alla banca di Hong Kong (HSBC) e Grenfell alla tedesca Deutsche Bank.

Anche se la Gran Bretagna ottiene ora un risarcimento dal presidente Saddam...

Considerando le inadempienze sui prestiti di 1,5 miliardi di dollari, questo non sarà sufficiente a coprire i costi della guerra per la Gran Bretagna. Il costo è stato stimato in 4-6 miliardi di dollari, a seconda dell'occupazione e dell'amministrazione che la Gran Bretagna dovrà svolgere.

L'America non conoscerà mai il costo di questa guerra o il coinvolgimento dei giganteschi conglomerati americani Bechtel e Haliburton, per esempio. Ma sappiamo che ad oggi il costo della guerra è stimato in 650 miliardi di dollari (dati di metà 2008). Il doppio tradimento perpetrato da April Glaspie e da George Bush è rimasto impunito; la novella doppiezza dell'Oceania è riuscita a ingannare il mondo.

Questo doppio senso novellistico si è manifestato su larga scala quando l'Oceania (Gran Bretagna e Stati Uniti) ha lanciato la sua guerra contro l'Iraq. Noi, i Winston Smith di oggi, sappiamo che 15 anni fa gli Stati Uniti e la Gran Bretagna hanno stretto un'alleanza con l'Iraq. Sappiamo che il ministro degli Esteri britannico si è schierato dalla parte di Saddam Hussein quando ha fatto tutte quelle cose terribili al suo stesso popolo elencate nel recente doublethink di Jack Straw.

Sappiamo che il nostro governo ha modificato le proprie linee guida per vendere a Saddam gli ingredienti per le armi di distruzione di massa che poteva o meno possedere. Sappiamo anche che le basi principali da cui sono partiti i bombardieri statunitensi per uccidere gli iracheni si trovano in Arabia Saudita, il cui regime è ancora più dittatoriale, selvaggio e terroristico di quello di Saddam (e, ci affrettiamo ad aggiungere, il Kuwait è dieci volte peggio dell'Iraq e dell'Arabia Saudita in termini di brutale dittatura). Ma dove si trova questa conoscenza? Esiste solo nella nostra coscienza.

Il grande romanzo di Orwell non era solo una satira, ma anche un terribile avvertimento. Voleva mettere in guardia i suoi lettori dai pericoli dell'acquiescenza alle menzogne e alle contorsioni dei governi potenti e dei loro tirapiedi mediatici.

Il movimento contro la guerra non si è sviluppato rapidamente in Gran Bretagna e negli Stati Uniti. Fortunatamente possiamo ancora, come esortava Orwell in un altro passaggio, "trasformare la nostra coscienza in forza" e liberarci dei guerrafondai "come i cavalli si liberano delle mosche". Se non lo facciamo, ci aspetta un altro terribile ciclo di vittorie sulla nostra stessa memoria e sul nostro doppio senso...".

Dobbiamo "sbarazzarci dei guerrafondai" e delle loro menzogne a doppio senso della lingua nuova. Dobbiamo mettere i media, i loro cani da guardia e i loro sicofanti nella giusta prospettiva, sotto la voce "bugiardi congeniti". Se non lo facciamo, siamo davvero condannati a vivere sotto un regime terrificante come quello descritto in "1984" di Orwell. Possiamo esserne assolutamente certi. Tornate al 1991 e rivivete le menzogne, gli inganni e i doppi giochi di George Bush senior, April Glaspie, Margaret Thatcher e i suoi compari; mettete i vostri ricordi di quegli eventi accanto alla vostra consapevolezza degli eventi di oggi e vedrete la sorprendente somiglianza. Allora alzate le vostre voci di protesta.

Rivolgiamo la nostra attenzione alla guerra genocida che è

ancora in corso contro l'ex piccola nazione dell'Iraq, un popolo e una nazione che non ha mai fatto del male agli Stati Uniti, anche se, al contrario, noi Stati Uniti abbiamo una lunga storia di tentativi di far loro del male. Dagli anni '20, centinaia di pagine di documenti storici testimoniano questa verità. I governi segreti, l'industria petrolifera e i media in collusione con l'Oceania hanno già fatto un danno terribile a un popolo innocente.

Gli sforzi britannici per spogliare l'Iraq sono ancora peggiori di quelli degli Stati Uniti, anche se questi ultimi devono assumersi la stessa responsabilità per la loro brutale barbarie nei confronti di questa piccola e praticamente indifesa nazione. Gli sforzi britannici si concretizzarono nel ritagliare una parte dell'Iraq e chiamarla "Kuwait". Con la forza delle armi, crearono un nuovo "Stato" che chiamarono Kuwait, un fantoccio di Westminster, ponendo alla sua testa alcuni dei peggiori tiranni della storia del Medio Oriente, la famiglia Al Sabah.

Tuttavia, quando l'Iraq cercò di reclamare ciò che gli spettava di diritto, Bush dell'Oceania mandò Glaspie a mentire palesemente a Hussein e al popolo degli Stati Uniti, dando il via libera alle forze irachene per entrare in Kuwait e smantellarlo. Il doppio linguaggio di Glaspie ha detto a Hussein:

"Non interveniamo nelle dispute di confine tra Stati arabi".

Peggio ancora, quando è stata portata davanti al Senato (prima della sua scomparsa), Glaspie ha deliberatamente mentito e finora è sfuggita alle conseguenze del suo tradimento. Ha ingannato il popolo di Oceania. Questa donna, questa amante della giunta petrolifera è direttamente responsabile della morte di oltre un milione di iracheni nella lotta imperiale per il petrolio.

Qual è la differenza tra ciò che la Germania ha fatto e che è finito nei tribunali di Norimberga e ciò che l'Oceania ha fatto all'Iraq? Non c'è differenza. I leader dell'Oceania, passati e presenti, devono essere trascinati scalciando e urlando davanti alla sbarra della giustizia e processati per i loro atroci e gravi crimini. Finché questo non avverrà, non ci sarà pace nel mondo.

Nel frattempo, i sommi sacerdoti dell'Oceania continuano con il loro gergo di novelline in doppio linguaggio. Rumsfeld è stato uno dei migliori praticanti di questo tipo di disinformazione. Il 20 marzo 2003 ha affermato che c'era un gran numero di "partner della coalizione" nella guerra contro l'Iraq, mentre in realtà ce n'erano solo due: Australia e Gran Bretagna. Quindi l'uso della parola "coalizione" per sostenere la sua causa era in realtà un inganno. Le uniche forze reali dell'alleanza sono la Marina, l'Esercito e l'Aeronautica statunitensi.

La categorica richiesta del Presidente Bush di sottomettersi a una classifica: in effetti, si può essere a favore degli Stati Uniti pur essendo totalmente contrari alla crudele barbarie praticata contro il popolo iracheno. Bush si aspetta che la maggioranza acconsenta ai suoi doppi standard, ma in coscienza dobbiamo opporci a lui. Questa guerra non è una questione di "patriottismo" e di "sostegno alle truppe". Questa guerra riguarda la verità, e la verità è che gli Stati Uniti imperiali hanno attaccato due volte una piccola e debole nazione senza motivo e senza giusta causa, ma ora stanno cercando di eludere con un doppio discorso l'orribile crimine che hanno commesso.

L'unico modo in cui possiamo alzarci e farci valere è portare la verità nelle strade. Non andremo da nessuna parte con il Congresso degli Stati Uniti. Ha attraversato questa terribile crisi barcollando, chiusa tra le braccia della giunta petrolifera, con le orecchie sorde e chiuse alle proteste globali in corso, spaventata a morte dalle multinazionali. Dobbiamo riclassificarci come oppositori della giunta petrolifera, che sta portando la nazione alla perdizione, e dobbiamo opporci a coloro che marciano sotto la bandiera dell'industria petrolifera.

George Orwell:

> Trasformate la vostra consapevolezza in forza. Scuotere come mosche i fautori della guerra.

Solo così potremo sconfiggere la loro volontà di creare un nuovo ordine mondiale. Se falliamo, i guerrafondai dell'Oceania ci schiacceranno, e non possiamo permettere che ciò accada. Se vogliamo un futuro per i nostri figli e per noi stessi, l'Oceania deve essere sconfitta. Purtroppo, il popolo americano non ha raccolto la sfida di essere trascinato in guerra da un Partito Repubblicano guerrafondaio che, sulla scia dell'11 settembre, ha gettato al vento tutti i freni (compresi i controlli imposti dalla Costituzione americana), e così non c'è stato alcun freno nell'assalto militare imperiale statunitense-britannico all'Iraq, con l'inconsistente pretesto di trovare inesistenti "armi di distruzione di massa" (nel linguaggio di Tavistock), ma in realtà con l'obiettivo di strappare il petrolio iracheno.

Il successo dell'immensa macchina della propaganda usata senza ritegno contro il popolo americano è uno dei maggiori sviluppi nella storia di questa scienza, che ha fatto molta strada dai tempi di Wellington House, Bernays e Lipmann. Poiché la soglia di attenzione dell'americano medio è di sole due settimane, le bugie e le distorsioni sulle "armi di distruzione di massa" saranno presto dimenticate e i governi britannico e americano di Blair e Bush saranno perdonati. La questione è semplicemente troppo grande per essere nascosta sotto il tappeto, ma si affievolirà man mano che il tempo la porterà via dalle prime pagine dei media.

Nel suo discorso sullo stato dell'Unione al Congresso degli Stati Uniti, il 28 gennaio 2003, il Presidente Bush ha detto al mondo che non c'è tempo da perdere, non c'è tempo da aspettare. Essere frenati dalle Nazioni Unite o dalle massicce proteste in tutto il mondo contro l'attacco all'Iraq, ha detto Bush, esporrebbe gli Stati Uniti e la Gran Bretagna alle "armi di distruzione di massa di Saddam".

Bush ha dichiarato categoricamente che l'Iraq deve rendere conto... 25.000 litri di antrace, 38.000 litri di tossina botulinica, 500 tonnellate di sarin, gas mostarda, agente nervino VX e diversi laboratori mobili di armi biologiche, oltre a sviluppi avanzati di armi nucleari.

Sulla base di questa affermazione, ripetuta alle Nazioni Unite dal Segretario di Stato Powell e nel Parlamento britannico dal Primo Ministro Blair, il 51% degli americani è stato convinto ad acconsentire a un'aggressione militare immediata contro l'Iraq, nonostante ciò sia vietato dalla Costituzione degli Stati Uniti e il

Consiglio di Sicurezza delle Nazioni Unite si sia rifiutato di sancire una guerra contro l'Iraq. Non discuteremo qui di come il diritto internazionale sia stato grossolanamente violato dai governi statunitense e britannico, ma basti dire che l'invasione dell'Iraq da parte delle forze militari statunitensi ha violato ciascuna delle quattro Convenzioni di Ginevra, le Regole dell'Aia del 1922 sulla guerra aerea e i Protocolli di Norimberga. Nel Parlamento britannico, Blair ha pronunciato un discorso appassionato per convincere i membri vacillanti del suo stesso partito, dichiarando empaticamente che l'Iraq avrebbe potuto sferrare un attacco alla Gran Bretagna in 45 minuti, utilizzando armi chimiche e biologiche di distruzione di massa. Ha dichiarato alla Camera dei Comuni che l'intelligence aveva fornito prove che l'Iraq possedeva armi di distruzione di massa ed era pronto a usarle. Senza la capacità di persuasione di Blair, unita a quelli che sosteneva fossero rapporti di intelligence a sostegno delle sue affermazioni, il Parlamento non avrebbe dato il suo assenso alla corsa alla guerra contro l'Iraq. Ora si scopre che la strada per la guerra era lastricata di bugie. Come ha dichiarato il quotidiano *Independent*:

> L'argomentazione a favore dell'invasione dell'Iraq per eliminare le sue armi di distruzione di massa si basava su un uso selettivo dell'intelligence, sull'esagerazione, sull'uso di fonti notoriamente screditate e su vere e proprie falsificazioni, ecc.

Con la fine del governo del Presidente iracheno, ci aspettavamo che tali armi venissero trovate, soprattutto perché il Primo Ministro Blair aveva detto al Parlamento che potevano essere pronte e operative in 45 minuti. È molto difficile nascondere i razzi su una rampa di lancio o su un veicolo, tutti carichi di carburante e pronti per essere lanciati. Eppure, al 15 maggio 2008, non erano state trovate armi di questo tipo, nonostante una serie di ricerche intensive da parte di squadre di 6.000 "ispettori" statunitensi e britannici. Il Presidente Bush ha rifiutato categoricamente di consentire il ritorno degli ispettori ONU in Iraq, come richiesto dall'ispettore capo Hans Blix, nonostante la risoluzione del Consiglio di Sicurezza delle Nazioni Unite ancora in vigore. Un ostinato Bush si oppose al capo della squadra di ricerca dell'ONU. Le squadre di ricerca delle Nazioni Unite non torneranno in Iraq. Altrettanto categorico, Bush afferma che le armi saranno trovate. Sotto attacco per la sua mancanza di progressi in questo senso, il "partner di coalizione" Jack Straw, che aveva sostenuto Blair con almeno 35 dichiarazioni positive sul fatto che l'Iraq rappresentava un pericolo per il mondo a causa delle sue armi di distruzione di massa, è stato costretto a fare marcia indietro in Parlamento il 15 maggio 2004.

Secondo un reportage del corrispondente politico londinese Nicholas Watt sui dibattiti alla Camera del Parlamento (La Gran Bretagna ha fatto marcia indietro sulla "questione controversa delle armi irachene"), la Gran Bretagna ha dovuto arretrare sull'importantissima questione delle armi di distruzione di massa. Prendendo spunto dal Segretario di Stato americano Powell e dal Consigliere per la Sicurezza Nazionale Rice, che hanno cercato di uscire dal dilemma della mancata scoperta delle presunte armi irachene, Jack Straw ha aggiunto la sua versione:

La Gran Bretagna ha fatto marcia indietro sulla questione delle armi di distruzione di massa dell'Iraq, con il ministro degli Esteri Jack Straw costretto ad ammettere che le prove concrete potrebbero non essere mai trovate. Ha detto che "non è di importanza critica" trovarlo perché le prove delle malefatte dell'Iraq sono schiaccianti. Ha liquidato il significato del mancato ritrovamento di armi vietate citando il fatto che Hans Blix, il capo ispettore delle Nazioni Unite per gli armamenti, aveva scoperto una "quantità fenomenale di prove" prima della guerra. Questa "quantità fenomenale di prove" consisteva in 10.000 litri di antrace, che riempivano solo parzialmente una cisterna.

"Resta da vedere se riusciremo a trovare un terzo di serbatoio di benzina in un Paese grande due volte la Francia", ha dichiarato Straw.

"Non siamo entrati in guerra sulla base di quote. Siamo entrati in guerra sulla base di prove che erano pienamente disponibili alla comunità internazionale".

Il suo commento, a cui hanno fatto eco i critici della guerra, è un drammatico passo indietro rispetto all'affermazione dei ministri secondo cui Saddam Hussein avrebbe potuto lanciare un attacco chimico e biologico in 45 minuti. Straw potrebbe anche incorrere in problemi con il dottor Blix, il quale potrebbe essere contrario all'affermazione di aver prodotto "prove schiaccianti" dell'esistenza di armi proibite. Il sempre prudente dottor Blix ha detto solo che c'era una "forte presunzione" che l'Iraq avesse 10.000 litri di antrace.

Come avvocato, Straw è stato attento a dire che il dottor Blix aveva solo "suggerito" che l'Iraq avesse l'antrace, ma ha cercato di dimostrare che l'esistenza dell'antrace poteva essere accettata quando ha definito la scoperta di combinazioni chimiche e biologiche "ulteriori prove". "

Alice Mahon, deputata laburista di Halifax, che è stata una delle critiche più accese del governo, ha dichiarato:

> "L'intera base della guerra si fonda su una falsità. Tutto il mondo può vedere che i ministri stanno facendo marcia indietro sulle loro affermazioni. La gente credeva davvero alle parole del Primo Ministro sul programma di armamento dell'Iraq e sulla sua capacità di lanciare un attacco in 45 minuti. Questo rende la guerra ancora più illegale".

I dissidenti laburisti, guidati dall'ex ministro della Difesa Peter Kilfoyle, intensificheranno la pressione sul governo presentando una mozione ai Comuni in cui si chiedono prove di distruzione di massa. La questione li preoccupa in modo particolare perché una serie di ministri, guidati da Tony Blair, si sono guadagnati il sostegno dei parlamentari vacillanti prima della guerra lanciando avvertimenti disastrosi sulla minaccia rappresentata da Saddam Hussein. Mentre si moltiplicavano le critiche per il mancato ritrovamento di armi vietate, i ministri hanno faticato a fornire una spiegazione plausibile. Ma finora le loro spiegazioni sono state fasulle.

CAPITOLO 8

Gli ADM non rintracciabili

L a Squadra irachena di ricerca delle armi di distruzione di massa (WMDST) sta terminando le sue operazioni senza aver trovato prove che Saddam Hussein avesse scorte di armi chimiche, biologiche o nucleari. Il team ha indagato su numerosi siti identificati dall'intelligence statunitense come probabili contenitori di armi di distruzione di massa (WMD), ma ha ora accettato l'improbabilità di trovare armi.

Le operazioni si stanno concludendo e un'unità più piccola, chiamata Iraq Survey Group, prenderà il suo posto. Il capo dell'operazione Task Force 75 dell'esercito americano, il colonnello Richard McPhee, ha detto che la sua squadra di biologi, chimici, informatici e specialisti di documenti è arrivata in Iraq credendo all'avvertimento della comunità di intelligence che Saddam aveva dato una "autorizzazione al rilascio" ai responsabili di un arsenale chimico. "Non abbiamo messo tutte queste persone in tute protettive per niente", ha dichiarato al *Washington Post*. Ma se avevano intenzione di usare queste armi, doveva esserci qualcosa da usare e noi non l'abbiamo trovato. La comunità dei servizi segreti scriverà libri su questo argomento per molto tempo.

Il presunto possesso di tali armi da parte di Saddam è stato uno dei principali pretesti utilizzati da Washington e Londra per giustificare la guerra contro l'Iraq. In una presentazione alle Nazioni Unite nel febbraio 2000, l'allora Segretario di Stato americano Colin Powell identificò i siti che riteneva stessero producendo ADM. Quando George Bush ha fatto la sua dichiarazione di vittoria a bordo della USS Abraham Lincoln il

1° maggio, ha detto:

> Abbiamo iniziato a cercare armi chimiche e biologiche nascoste e siamo già a conoscenza di centinaia di siti che saranno oggetto di indagine.

Sono stati compiuti alcuni progressi. È stato riferito che un team di esperti di armi di distruzione di massa ha concluso che un rimorchio trovato vicino alla città di Mosul, nel nord dell'Iraq, era un laboratorio mobile di armi biologiche. Il team era d'accordo, ma altri esperti non erano d'accordo. Alcuni funzionari sostengono che sono stati scoperti fino a tre laboratori di questo tipo, anche se in nessuno di essi sono stati trovati agenti biologici o chimici. (I "laboratori mobili" si sono rivelati essere veicoli attrezzati per riempire di idrogeno i palloni traccianti dell'artiglieria, anche se questa informazione è rimasta nascosta nelle ultime pagine dei giornali britannici e americani).

L'11 maggio, il generale Richard Myers, presidente dello Stato Maggiore degli Stati Uniti, ha affermato che le armi di distruzione di massa potrebbero ancora essere nelle mani di unità speciali irachene. Erano pienamente dispiegati e avrebbero potuto essere usati contro di noi, oppure sono ancora da qualche parte in una specie di bunker e avrebbero potuto essere usati? Ma chi era sul posto era più scettico. Il Comando centrale degli Stati Uniti ha iniziato la guerra con un elenco di 19 siti sospetti di armi prioritarie. Tutti, tranne due, sono stati perquisiti senza trovare prove. Altri 69 siti sono stati identificati come indizi della presenza di armi di distruzione di massa. Di questi, 45 sono stati cercati senza successo.

Alcuni esperti ritengono che uno dei problemi sia stato il fatto che le squadre di ricerca delle armi di distruzione di massa siano state trattenute troppo a lungo, permettendo alle forze irachene di smantellare o distruggere le attrezzature. Altri ritengono che la valutazione dell'esistenza di tali armi fosse sbagliata. Un funzionario della Defense Intelligence Agency ha dichiarato:

> "Siamo arrivati nella terra dell'orso, siamo venuti carichi per l'orso e abbiamo scoperto che l'orso non c'era. La domanda era: "Dove sono le armi chimiche e biologiche di Saddam

Hussein? Qual è la domanda ora? Questo è ciò che stiamo cercando di determinare.

Nel 2008 era chiaro che l'intera storia del possesso di armi di distruzione di massa da parte di Hussein non era altro che una disgustosa bugia di enormi proporzioni, come confermato dal rapporto della commissione del Senato guidata dal senatore Jay Rockefeller. Ha chiamato Bush e Cheney per nome e li ha accusati di aver deliberatamente ingannato il popolo americano e il Congresso. La ricerca di armi di distruzione di massa continua sotto gli auspici dell'Iraq Survey Group, che sta anche cercando informazioni sul governo del Presidente Hussein. La Casa Bianca sostiene che questa unità è più grande della task force. Ma i funzionari hanno ammesso che il numero di membri del personale coinvolti nella ricerca sulle armi è stato ridotto. Per settimane abbiamo sentito notizie infinite di possibili scoperte di armi chimiche e biologiche da parte delle truppe statunitensi e britanniche in Iraq. Qualche ora o giorno dopo, scorrendo le ultime pagine dei giornali, si scopre che si trattava di un altro falso allarme. Ma ciò che non è mai stato detto è che queste armi, anche se fossero mai esistite, sono state fabbricate cinque, dieci o quindici anni fa e quasi certamente sarebbero state inutilizzabili, avendo superato da tempo la loro stabile durata di conservazione, secondo i documenti del Dipartimento della Difesa, basati su un decennio di ispezioni internazionali, sorveglianza elettronica e informazioni fornite da "spie e disertori".

Non c'è mai stato alcun dubbio sul fatto che l'Iraq avesse programmi di armi di distruzione di massa, ma non armi vere e proprie, né il mondo è stato così ingenuo da fidarsi che Saddam Hussein non avrebbe cercato di nascondere queste armi agli ispettori delle Nazioni Unite.

La giustificazione dell'invasione statunitense, tuttavia, era che dopo un decennio di sanzioni, guerre, bombardamenti statunitensi e ispezioni delle Nazioni Unite, l'Iraq rappresentava ancora una minaccia nucleare, chimica e biologica. L'amministrazione Bush ha dichiarato che potrebbero essere impiegati oltre i confini iracheni o forniti a gruppi terroristici.

Sfortunatamente per Bush, non c'è assolutamente alcuna base per questa argomentazione, così vigorosamente avanzata dall'allora Segretario di Stato Colin Powell alle Nazioni Unite, quando affermò di avere prove evidenti che enormi scorte di qualsiasi cosa, dal gas sarin, noto anche con la designazione NATO GB, all'antrace, ai missili che infrangono le sanzioni, erano stoccate in Iraq, pronte per essere utilizzate.

Non importava che lo stesso disertore iracheno che aveva parlato a Powell delle scorte di armi chimiche e biologiche avesse anche detto che erano state completamente distrutte, cosa che Powell aveva trascurato di dire alle Nazioni Unite e al mondo. Non importava, anche se fosse stato vero - e non lo era - perché quelle scorte sarebbero quasi certamente diventate inutilizzabili e morte dopo tutti quegli anni di permanenza sugli scaffali.

Stranamente, i media statunitensi, quasi senza eccezione, non hanno menzionato che la maggior parte degli agenti biochimici ha una durata di conservazione piuttosto limitata. I pochi che lo hanno fatto di solito hanno citato Scott Ritter, ex ispettore delle Nazioni Unite per le armi irachene e controverso oppositore della guerra. Secondo Ritter, gli agenti nervini noti per le armi chimiche irachene, come il Sarin e il Tabun, hanno una durata di conservazione di cinque anni, mentre il VX dura leggermente di più. Le principali armi biologiche di Saddam non sono molto migliori: la tossina botulinica è efficace per circa tre anni e l'antrace liquido per altrettanto (nelle giuste condizioni). Ritter aggiunge che, poiché tutte le armi chimiche sono state prodotte nell'unico complesso iracheno di armi chimiche - l'impianto statale di Muthanna, distrutto nella prima guerra del Golfo nel 1991 - e tutte le fabbriche di armi biologiche e i materiali di ricerca sono stati chiaramente distrutti nel 1998, ogni rimanente scorta di armi biologiche/chimiche è ora "innocua e inutile".

Tuttavia, altri hanno messo in dubbio la credibilità di Ritter. Un ex falco che ha sostenuto l'invasione dell'Iraq dopo la prima guerra del Golfo, ha scritto nel 1998 in un articolo del *New Republic* che Saddam potrebbe essere riuscito a nascondere agli ispettori delle Nazioni Unite tutto, dai potenti agenti biologici e chimici all'intera infrastruttura di armi nucleari.

Ma la verità è che le armi di distruzione di massa irachene potrebbero avere una vita ancora più breve di quanto sostenuto da Ritter - e il governo statunitense lo sa. La "Militarily Critical Technologies List" (MCTL) del Dipartimento della Difesa degli Stati Uniti è un compendio dettagliato di tecnologie che il dipartimento considera "essenziali per mantenere le capacità militari superiori degli Stati Uniti". Si applica a tutte le aree di missione, compresa la controproliferazione.

Qual era l'opinione dell'MCTL sul programma di armi chimiche dell'Iraq?

Nel produrre i suoi agenti chimici nervini, gli iracheni hanno prodotto una miscela intrinsecamente instabile. Quando gli iracheni producevano munizioni chimiche, sembravano aderire a un regime di "produzione e uso". A giudicare dalle informazioni fornite dall'Iraq alle Nazioni Unite, poi verificate dalle ispezioni in loco, la qualità degli agenti nervini prodotti dall'Iraq era scarsa. La scarsa qualità è probabilmente dovuta a una mancata purificazione. L'agente doveva essere consegnato rapidamente al fronte o degradarsi nelle munizioni.

Il rapporto del Ministero della Difesa afferma che:

> Inoltre, le munizioni chimiche rinvenute in Iraq dopo la (prima) Guerra del Golfo contenevano agenti gravemente deteriorati e una percentuale significativa di esse perdeva visibilmente.

La durata di conservazione di questi agenti di scarsa qualità era al massimo di qualche settimana, il che non permetteva di costituire grandi scorte di armi chimiche. Poco prima della prima guerra del Golfo, si dice che gli iracheni abbiano creato armi chimiche binarie in cui gli ingredienti relativamente non tossici dell'agente non vengono mescolati fino a poco prima dell'uso dell'arma, consentendo all'utente di non preoccuparsi della durata di conservazione o della tossicità. Ma secondo l'MCTL, "gli iracheni avevano un piccolo numero di munizioni binarie imbastardite in cui una persona sfortunata doveva versare un ingrediente nell'altro da un contenitore prima dell'uso" - un'azione che pochi soldati erano disposti a compiere.

L'Iraq ha prodotto gas mostarda, che è un po' più stabile degli agenti nervini. Può avere una durata di conservazione più lunga; possono essere ancora disponibili forme potenti dell'agente. Ma è discutibile quanto dovremmo preoccuparci degli agenti iracheni di scarsa qualità, anni dopo la loro produzione. E, come insiste ora Ritter, qualsiasi impianto di armi chimiche operativo negli ultimi anni avrebbe potuto, come la sua controparte nucleare, emettere fumi di scarico; e qualsiasi nuovo programma di armi biologiche avrebbe dovuto partire da zero. Entrambe queste attività sarebbero state facilmente individuate dall'intelligence occidentale, ma non sono mai state prodotte prove perché non sono mai state trovate, per il semplice motivo che non esistevano.

L'argomento della minaccia nucleare rappresentata dall'Iraq poggiava su basi ancora più deboli, ma questo non ha impedito ai falchi di sfruttare la mancanza di prove per spaventare i politici riluttanti.

Mentre il Congresso si preparava a votare la risoluzione che autorizzava l'uso della forza in Iraq, il governo di Tony Blair scelse questo momento per rendere pubblica un'apparente notizia bomba: l'intelligence britannica aveva ottenuto documenti che dimostravano che tra il 1999 e il 2001, l'Iraq aveva tentato di acquistare "quantità significative di uranio" da un paese africano senza nome, "nonostante non avesse alcun programma attivo di energia nucleare civile che potesse averne bisogno".

Il giornalista senior del *New Yorker*, Seymour Hersh, ha scritto che lo stesso giorno in cui Blair ha svelato questa cosiddetta "pistola fumante", il direttore della CIA George Tenet ha discusso i documenti tra l'Iraq e il Niger, il Paese africano in questione, in un'audizione a porte chiuse della Commissione Esteri del Senato sulla questione delle armi di distruzione di massa in Iraq. Blair aveva consegnato i documenti all'intelligence statunitense, e proprio al momento giusto; le prove di Tenet sono state determinanti per indurre il Congresso ad appoggiare la risoluzione di guerra, che, come abbiamo già detto, non è un potere previsto dalla Costituzione americana. La Costituzione richiede che una dichiarazione di guerra sia approvata da una sessione congiunta di Camera e Senato. Qualsiasi cosa di meno è incostituzionale e la "risoluzione" era incostituzionale e inefficace perché non soddisfaceva i criteri per una dichiarazione di guerra.

L'Agenzia Internazionale per l'Energia Atomica (AIEA) avrebbe dovuto verificare l'autenticità di questi importanti documenti per il Consiglio di Sicurezza delle Nazioni Unite, ma li ha ottenuti dal governo statunitense solo dopo mesi di suppliche - uno strano ritardo, considerando che la Casa Bianca di Bush era così ansiosa di dimostrare le intenzioni nucleari di Saddam a un mondo scettico. Come sappiamo, Mohamed ElBaradei, direttore generale dell'AIEA, ha dichiarato al Consiglio di Sicurezza delle Nazioni Unite che i documenti del Niger sulla vendita di uranio erano chiaramente falsi. Questi documenti sono così brutti che non riesco a immaginare che provengano da un'agenzia di intelligence seria. Interrogato sulle falsificazioni in una successiva audizione alla Camera, il Segretario di Stato Colin Powell ha dichiarato:

"Proveniva da altre fonti. È stato fornito in buona fede agli ispettori".

Le dita hanno puntato sull'MI6 britannico come responsabile; fonti arabe hanno indicato il Mossad israeliano. In effetti, questa amministrazione ha spesso sorvolato sul fatto che le Nazioni Unite avevano distrutto tutte le infrastrutture e le strutture del programma di armi nucleari dell'Iraq prima che gli ispettori se ne andassero nel 1998. Anche se Hussein avesse in qualche modo importato segretamente i materiali necessari per ricostruirli negli ultimi cinque anni, mentre le sanzioni dell'ONU, le no-fly zone e il vigoroso spionaggio delle forze occidentali rimanevano saldamente in vigore, l'Iraq non avrebbe potuto nascondere i gas, il calore e le radiazioni gamma che gli impianti di centrifuga stavano emettendo - e che le nostre capacità di intelligence avrebbero già identificato. Una settimana dopo l'attentato all'AIEA, il senatore Jay Rockefeller (D-WV) ha richiesto formalmente un'indagine dell'FBI sulla questione, affermando che

"la fabbricazione di questi documenti potrebbe essere parte di un più ampio inganno volto a manipolare l'opinione pubblica... riguardo all'Iraq".

L'FBI non ha mai pubblicato nulla su questa importante questione. Mentre gli addetti ai lavori della Casa Bianca e i media ammettevano di non aspettarsi più di trovare molte, o addirittura nessuna, arma di distruzione di massa in Iraq, sono stati lanciati vari scenari poco convincenti: le armi sono andate in Siria, sono state effettivamente distrutte solo poche ore prima dell'invasione statunitense, e così via. La verità, tuttavia, sembra essere che l'Iraq fosse una tigre di carta, con poca o nessuna capacità di minacciare gli Stati Uniti o Israele.

L'amministrazione Bush ha cambiato idea sulle armi di distruzione di massa irachene, motivo per cui è entrata in guerra. Invece di cercare vaste scorte di materiali proibiti, ora spera di trovare prove documentali. Questo cambiamento di retorica, apparentemente destinato in parte a smorzare le aspettative dell'opinione pubblica, è avvenuto gradualmente in passato, quando le task force militari statunitensi hanno trovato pochi elementi a sostegno dell'affermazione dell'amministrazione Bush secondo cui l'Iraq nascondeva vaste scorte di agenti chimici e biologici e lavorava attivamente a un programma segreto di armi nucleari.

L'amministrazione Bush sembra sperare che i fatti scomodi spariscano dal discorso pubblico. "Sta accadendo in larga misura", ha dichiarato Phyllis Bennis dell'Institute for Policy Studies (IPS), un think tank liberale che si è opposto alla guerra. Pochi politici hanno sollevato la questione, non volendo sfidare una vittoria militare popolare.

Tuttavia, la rappresentante californiana Jane Harman, la più importante democratica della Commissione Intelligence della Camera, ha espresso preoccupazione:

Sebbene fossi convinto delle argomentazioni addotte prima della guerra, sono sempre più preoccupato per la mancanza di progressi nella scoperta delle armi irachene. Abbiamo bisogno di un resoconto completo dell'intelligence a disposizione del Congresso e dei pianificatori della guerra prima e durante il conflitto.

In un sondaggio *New York Times/CBS*, il 49% dei lettori ha affermato che l'amministrazione ha sovrastimato la quantità di armi vietate in Iraq, mentre il 29% ha affermato che le stime erano accurate e il 12% che erano basse.

In precedenza, in un discorso del 7 ottobre 2005, Bush aveva detto:

> Il regime iracheno... possiede e produce armi chimiche e biologiche. Sta cercando di acquisire armi nucleari. Sappiamo che il regime ha prodotto migliaia di tonnellate di agenti chimici, tra cui gas mostarda, gas nervino Sarin, gas nervino VX... Le foto di sorveglianza rivelano che il regime sta ricostruendo le strutture utilizzate per produrre armi chimiche e biologiche.

Nel discorso sullo Stato dell'Unione del gennaio 2006, Bush ha accusato l'Iraq di possedere materiale sufficiente... per produrre più di 25.000 litri di antrace - sufficienti per uccidere diversi milioni di persone... più di 38.000 litri di tossina botulinica - sufficienti per sottoporre milioni di persone alla morte per insufficienza respiratoria... fino a 500 tonnellate di iprite sarin e di agente nervino VX.

Nella sua presentazione al Consiglio di Sicurezza delle Nazioni Unite il 6 febbraio, il Segretario di Stato Colin Powell ha affermato che Washington "sapeva" che Baghdad aveva disseminato lanciarazzi e testate contenenti agenti di guerra biologica in località dell'Iraq occidentale:

> Abbiamo anche foto satellitari che indicano che i materiali proibiti sono stati recentemente spostati da una serie di strutture irachene per le armi di distruzione di massa. Non c'è dubbio che Saddam Hussein abbia armi biologiche e la capacità di produrne molte, molte altre in tempi brevi.

Nella testimonianza al Congresso di aprile, Powell ha affermato che le armi sarebbero state trovate. Nel suo discorso all'ONU ha detto che tutto ciò che avevamo lì era stato corroborato e aveva una doppia e tripla fonte.

Un generale dell'esercito iracheno ha dichiarato che il governo di Saddam Hussein potrebbe aver distrutto le scorte di armi chimiche qualche tempo prima che gli Stati Uniti attaccassero l'Iraq per rovesciare il presidente Hussein. Ma il Maggiore Generale David H. Petraeus, comandante della 101esima Divisione aviotrasportata, ha detto che è ancora troppo presto per determinare definitivamente l'ubicazione o lo stato del presunto arsenale di armi non convenzionali dell'Iraq. Il generale Petraeus, parlando con i giornalisti al Pentagono via videotelefono da Mosul, ha dichiarato:

> ... Non c'è dubbio che ci siano state armi chimiche anni fa, solo che non so se sono state distrutte tutte anni fa... se sono state distrutte poco prima della guerra, o se sono ancora nascoste. La nostra sezione chimica ha esaminato il rimorchio e ha confermato che era molto vicino e identico al primo rimorchio che è stato trovato dalle forze speciali a sud-est di qui la scorsa settimana.

Le squadre militari hanno setacciato decine di siti sospetti, ma non hanno trovato armi illegali. Il rimorchio si è rivelato essere parte di una forza di monitoraggio dell'artiglieria che utilizzava palloni pieni di gas per misurare la precisione del fuoco dell'artiglieria e non aveva nulla a che fare con le armi nucleari. Il generale Tommy R. Franks, comandante delle forze statunitensi in Iraq, ha dichiarato che le squadre potrebbero dover cercare diverse migliaia di siti alla ricerca di prove di tali armi. Tuttavia, il generale Petraeus ha fornito nuovi dettagli su un presunto laboratorio mobile di armi biologiche, scoperto il 9 maggio ad Al Kindi, una struttura di ricerca militare vicino a Mosul.

Secondo funzionari militari e civili, le squadre statunitensi hanno localizzato parti di tre laboratori mobili. Il generale Petraeus ha tuttavia affermato che la roulotte trovata ad Al Kindi non era completa. Sarebbe stato certamente ragionevole supporre che se Saddam Hussein avesse pensato che la sua ultima ora si stava avvicinando, sarebbe stato più propenso a dare il via libera alla consegna di armi di distruzione di massa ad Al-Qaeda. Eppure la Casa Bianca di Bush e il Pentagono non sembrano aver previsto tali eventualità. Si sono preoccupati più di trovare prove di armi di distruzione di massa (che avrebbero aiutato Bush a giustificare la guerra) che di contrastare la presunta minaccia rappresentata dalle armi di distruzione di massa irachene.

Perché l'Iraq Survey Team non è stato costituito all'inizio della guerra e non è stato pronto a intervenire il prima possibile per cercare di localizzare e mettere al sicuro questi oggetti che minacciavano gli Stati Uniti? La guerra, dopo tutto, non è stata una sorpresa. E le notizie dall'Iraq non erano incoraggianti. I saccheggiatori hanno ripulito le strutture nucleari irachene molto prima che gli investigatori statunitensi le raggiungessero. Erano solo spazzini che hanno afferrato inconsapevolmente materiale radioattivo che comportava rischi per la salute e per l'ambiente? O erano terroristi in cerca di materiale per una bomba sporca? In entrambi i casi, una domanda legittima per Bush, il Segretario alla Difesa Donald Rumsfeld e altri funzionari dell'amministrazione e del Pentagono è: perché non avete cercato di mettere in sicurezza questi siti immediatamente?

Il 4 maggio, Barton Gellman del *Washington Post ha* riferito che una squadra appositamente addestrata del Dipartimento della Difesa è stata inviata al centro di ricerca nucleare di Baghdad solo il 3 maggio, dopo un mese di indecisione ufficiale: l'unità ha trovato il sito - che ospitava i resti del reattore nucleare bombardato da Israele nel 1981 e conservava scorie radioattive che sarebbero state molto interessanti per un fabbricante di bombe sporche - a soqquadro, ha riferito Gellman:

> "L'indagine del team sembra offrire nuove prove che la guerra ha disperso le tecnologie più pericolose del Paese al di fuori della conoscenza o del controllo di chiunque".

Bush non ha dovuto spiegare la lentezza della ricerca delle armi di distruzione di massa o la mancanza di pianificazione prebellica su questo fronte cruciale. Fortunatamente per lui, i Democratici hanno dedicato più tempo a criticare il suo discorso di ripresa fotografica della portaerei (che ha fatto sì che i canali di informazione mostrassero in loop il filmato di "Top Gun"). Ma durante il briefing della Casa Bianca del 7 maggio, l'addetto stampa Ari Fleischer è stato incalzato nel dire se gli Stati Uniti non avessero agito per prevenire la dispersione di armi di distruzione di massa (se esistevano). Lo scambio è stato illuminante.

Domanda:

> "Lo so, ma lei fa queste dichiarazioni senza rispondere alla domanda diretta: cosa sa questa amministrazione non solo di ciò che è stato trovato - state ancora controllando - ma anche di materiali bellici o di armi vere e proprie che potrebbero aver lasciato il paese? ".

Fleischer :

> "Beh, non abbiamo nulla di concreto da riferire al riguardo".

Esattamente, e la Casa Bianca ha avuto poco da dire sui suoi sforzi per evitare che il materiale legato alle armi di distruzione di massa venga consegnato o sottratto dai terroristi. Il rischio individuato dalla Casa Bianca prima della guerra non era, come suggerito da Fleischer, che Saddam Hussein usasse le armi di distruzione di massa contro gli Stati Uniti, ma che le consegnasse a terroristi che avrebbero potuto farlo. Ma può affermare che tali trasferimenti non siano avvenuti durante o dopo la guerra? Non può certo affermare in tutta onestà che le forze armate statunitensi abbiano agito diligentemente per prevenire questo tipo di scenario da incubo. In realtà, la distruzione della struttura di comando e controllo di qualsiasi materiale di ADM che potesse trovarsi in Iraq ha solo aumentato la probabilità che questo pericoloso materiale finisse nelle mani dei terroristi.

Poi Fleischer ha osservato:

> "Come ho detto prima, abbiamo grande fiducia che abbiano armi di distruzione di massa. Questo è il senso di questa guerra e questo è il suo scopo".

Con oltre 110 siti controllati, gli ispettori non hanno trovato nulla di conclusivo. È stato un esercizio di falsi allarmi. La polvere bianca sospettata a Latifiyah era solo polvere esplosiva. I barili di agenti nervini ritenuti Sarin e Tabun erano pesticidi. Quando una dozzina di soldati americani controllarono un sito sospetto e si ammalarono, fu perché avevano inalato fumi di fertilizzanti.

Ogni battuta d'arresto aumenta la pressione politica. Le lotte intestine tra dipartimenti governativi e agenzie di intelligence sono diventate virulente su entrambe le sponde dell'Atlantico. Dopo aver condotto una guerra per disarmare l'Iraq delle sue terribili armi, né gli Stati Uniti né la Gran Bretagna hanno osato ammettere che l'Iraq non ha mai avuto tali armi. La ricerca di armi di distruzione di massa è stata un fiasco che si è concluso con un fallimento totale.

La ricerca era particolarmente importante per la cabala neobolscevica. Nel nuovo e coraggioso mondo dell'America post 11 settembre, questo piccolo gruppo di analisti nel cuore del Pentagono è stato la forza trainante della guerra in Iraq. Con un numero di persone non superiore a una dozzina, la Cabala fa parte dell'Office of Special Plans, una nuova agenzia di intelligence che ha sfidato la CIA e ha vinto. Laddove la CIA ha esitato sull'Iraq, l'Ufficio per le indagini speciali (OSP) è andato avanti.

Laddove la CIA aveva dei dubbi, l'OSP è stato risoluto. Ha combattuto una battaglia royale sull'Iraq e, alla fine, è stata appesantita e ritenuta insufficiente. Il PSO è nato da un'idea del Segretario alla Difesa Donald Rumsfeld, che lo ha creato dopo gli attacchi terroristici del 2001. Il suo compito era quello di ritornare sul vecchio terreno dell'Iraq e dimostrare che la CIA aveva trascurato la minaccia che esso rappresentava. Ma la sua comparsa ha causato una grande rovina nel mondo solitamente segreto della raccolta di informazioni.

Il PSO riferiva direttamente a Paul Wolfowitz, uno dei principali guerrafondai neobolscevichi dell'amministrazione. L'OSP ha scavalcato la CIA e la Defense Intelligence Agency (DIA) del Pentagono quando si è trattato di sussurrare all'orecchio del

Presidente. Hanno sostenuto con forza la necessità di una guerra contro Saddam prima che i suoi programmi di armamento si concretizzassero.

Le voci più moderate della CIA e della Defense Intelligence Agency sono state messe a tacere. C'è stata una raffica di fughe di notizie da parte dei media. Un funzionario della CIA ha descritto la cabala come "folle", in "missione da Dio". Ma la cabala e il Pentagono di Rumsfeld hanno vinto e il Dipartimento di Stato dovish di Powell ha perso. Le tensioni tra i due erano ormai allo scoperto.

"Rumsfeld ha creato la sua agenzia di intelligence perché non gli piacevano le informazioni che riceveva", ha dichiarato Larry Korb, direttore degli studi sulla sicurezza nazionale presso il Council on Foreign Relations. "Non gli piaceva l'approccio di Powell, un tipico diplomatico troppo cauto". Ex funzionari della CIA sono caustici nei confronti dell'OSP. Inaffidabili e politicamente motivati, dicono di aver minato decenni di lavoro di abili spie della CIA e di aver ignorato la verità quando questa contraddiceva la loro visione del mondo.

"I loro metodi erano feroci", ha dichiarato Vince Cannistraro, ex capo dell'antiterrorismo della CIA.

"La politicizzazione dell'intelligence era endemica e la disinformazione deliberata era incoraggiata. Stavano scegliendo lo scenario peggiore per ogni cosa e molte delle informazioni erano spurie".

Ma Cannistraro è in pensione. I suoi attacchi non hanno disturbato la Cabala, saldamente "nel giro" dei politici di Washington. Tuttavia, anche tra loro, il continuo fallimento nel trovare armi di distruzione di massa in Iraq era un timore crescente. Le conseguenze della guerra potrebbero farli crollare. L'avvertimento era lì, in bianco e nero. Citando fonti di "intelligence", Tony Blair ha prodotto un dossier ufficiale che concludeva che l'Iraq poteva sparare le sue armi chimiche o biologiche entro 45 minuti dall'ordine di farlo. Una prospettiva terrificante, che ha rafforzato le ragioni della guerra quando è stato prodotto il dossier. Ma un'analisi a freddo ha rivelato una storia diversa. L'Iraq è stato abbandonato dagli ispettori delle Nazioni Unite, poi è stato bombardato, invaso e infine posto sotto il controllo militare imperiale statunitense e britannico. Per tutto questo tempo, il "pulsante" non è mai stato premuto sulle sue armi di distruzione di massa. Il partito pro-guerra e la lobby anti-guerra volevano ora sapere perché. Questo misterioso fallimento poteva essere spiegato o le armi non erano mai esistite?

Mesi prima che l'esercito americano facesse piovere bombe e missili sull'Iraq, il Dipartimento della Difesa lavorava segretamente con l'ex società del vicepresidente Dick Cheney, la Haliburton Corp. su un accordo che avrebbe dato alla seconda società di servizi petroliferi del mondo il pieno controllo dei giacimenti petroliferi iracheni, secondo quanto dichiarato dai massimi dirigenti della Haliburton. Inoltre, documenti riservati della Haliburton dimostrano che la guerra in Iraq era finalizzata al controllo delle seconde riserve petrolifere del mondo piuttosto che al rovesciamento del regime del presidente iracheno Saddam Hussein.

Secondo i documenti, il contratto tra il Ministero della Difesa e l'unità Haliburton di Kellogg, Brown & Root per la gestione dell'industria petrolifera irachena è stato redatto già nell'ottobre 2002 e potrebbe essere valutato 7 miliardi di dollari, un guadagno per Haliburton.

Nell'ottobre 2003, Haliburton era gravata da passività multimiliardarie legate all'amianto e soffriva anche per il rallentamento della produzione petrolifera nazionale. Il prezzo delle azioni di Haliburton ha reagito rapidamente, crollando a 12,62 dollari nell'ottobre 2002 da un massimo di 22 dollari dell'anno precedente, e sono iniziate a circolare voci secondo cui la società sarebbe stata costretta al fallimento. Tutto considerato, e data la storia di un governo imperiale statunitense diretto e controllato nella sua politica estera dall'industria petrolifera, è ragionevole concludere che anche senza la "situazione inventata" delle armi di distruzione di massa, l'Iraq sarebbe stato invaso al solo scopo di ottenere il controllo delle sue vaste risorse petrolifere.

CAPITOLO 9

L'imperialismo brutale al lavoro

L'industria petrolifera ha trasformato gli Stati Uniti da una repubblica benigna di pace e giustizia per tutti in un impero imperialista globale che ha distrutto la speranza offerta al mondo dalla repubblica dei Padri Fondatori. Il credo della Repubblica si basava su una filosofia morale decisamente non materialista. Ma le grandi imprese e le istituzioni bancarie si opposero alla Repubblica americana e l'America divenne avida, materialista, bellicosa e dedita al commercio totale.

Principale responsabile di questo vasto cambiamento e come tale pesantemente vilipesa, l'industria petrolifera si è ampiamente guadagnata tutti i noti epiteti scagliati contro di essa da un'ampia varietà di critici, sia governativi che privati.

L'obiettivo dei capitoli seguenti è quello di esplorare un gruppo top-secret e stabilire se l'industria petrolifera merita la cattiva reputazione che indubbiamente ha. È un'industria che è sopravvissuta a tutti i tentativi di sfondare le sue mura. È sopravvissuto a numerose indagini del Senato, a processi antitrust e alle vendette personali di due esperti e determinati senatori degli Stati Uniti, il defunto Henry Jackson e il defunto Frank Church.

Solo un uomo, il colonnello Gheddafi, è stato in grado di sconvolgere le "major"; un beduino solitario dei deserti della Libia, l'uomo che ha sconvolto il cartello delle "Sette Sorelle", con grande sgomento - e stupore - del "governo nel governo", i direttori e i membri dei consigli di amministrazione delle più potenti compagnie petrolifere del mondo. Ma sulla scia della guerra del 2003 contro l'Iraq, la Libia è stata convinta a "vedere la luce" e ora è sotto il controllo delle grandi compagnie petrolifere. Fu con la presidenza di Reagan che gli Stati Uniti passarono apertamente dalla repubblica all'impero. Ronald Reagan riempì il suo gabinetto di leader di multinazionali: il Segretario di Stato George Schultz della Bechtel, il Segretario alla Difesa Casper Weinberger, presidente della stessa società, tra gli altri. Mentre il presidente Carter aveva cercato di mantenere la pace, Reagan intraprese una campagna di belligeranza che avrebbe dato il tono alle future amministrazioni statunitensi.

Non si può parlare di industria petrolifera senza che il nome di John D. Rockefeller (1839-1937) venga alla ribalta. John D. Rockefeller e la Standard Oil del New Jersey sono diventati sinonimo dell'industria petrolifera imperiale americana.

Rockefeller e Standard Oil sono diventati sinonimo di tradimento, odio e avidità. L'odio sfrenato è il tratto distintivo di John D. e i suoi figli si sforzano di mantenere la leggenda, piuttosto che prendere provvedimenti per migliorare la cattiva immagine lasciata dal padre, nonostante il fatto che l'anziano John D. sia stato cresciuto in una fattoria vicino a Cleveland, nell'Ohio, in una rigida fede battista. Negli anni della formazione, divenne noto per la sua eccezionale golosità: comprava caramelle e le vendeva ad altri bambini con profitto.

John D. è sempre stato un gran lavoratore. A sedici anni lavora in una drogheria come contabile e il suo datore di lavoro è molto soddisfatto della sua diligenza. Si è dimostrato molto attento, vedendo tutto e non perdendo nulla. Anche a quell'età, non ha mai espresso alcuna emozione. Divenne l'unico proprietario di una società commerciale di Cleveland e fondò la Standard Oil nel 1870.

Ciò che è notevole è che l'ascesa della Standard Oil Trust di Rockefeller può essere verificata da prove documentali certificabili che, in un certo senso, sono paragonabili a una nota nella storia della politica estera. Quasi dalla sua nascita nel 1870, la Standard Oil Trust di Rockefeller è stata attaccata da diverse legislature statali e dal Congresso degli Stati Uniti per i suoi affari discutibili.

I leader del Trust furono trascinati davanti alle commissioni del Congresso nel 1872 e di nuovo nel 1876. Il Commonwealth della Pennsylvania tentò di rovesciare il Trust nel 1879 e due anni prima fu costretto a presentarsi davanti alla Interstate Commerce Commission. Nel 1882 esisteva uno stato di guerra virtuale tra la Standard Oil Trust e lo Stato dell'Ohio. Il Presidente McKinley nominò una Commissione d'inchiesta industriale che raccolse 19 volumi di testimonianze. Per tutto il tempo, la Standard Oil Trust rimase in piedi come una roccia che non poteva essere spostata. Le cause civili si moltiplicarono, ma senza alcun risultato.

Durante la ricerca di questo libro, mi sono stupito di quanto milioni di persone in tutto il mondo odino il nome dei Rockefeller e la compagnia di bandiera della famiglia, la Standard Oil. Questo odio persistente è tanto forte oggi, nel 2008, quanto lo era quando la "grande mano" di Rockefeller apparve per la prima volta nei campi petroliferi della Pennsylvania. Questo è particolarmente vero tra i discendenti dei pionieri delle trivellazioni che affluirono a Titusville e Pithead nel 1865, quando la "corsa all'oro nero" era al suo apice. Sono in debito con Ida Tarbell, il cui eccellente libro che espone gli "sforzi pionieristici" di John D. Rockefeller è stato una fonte inesauribile di informazioni interne sulla persona e sul carattere del capo del clan Rockefeller.

L'abilità di John D nel privare senza sforzo trivellatori e cercatori di diamanti delle loro concessioni assomiglia molto ai metodi usati da Cecil John Rhodes per rubare e rapinare le concessioni di diamanti ai laboriosi cercatori nei campi di Kimberly in Sudafrica. Entrambi gli uomini erano spietati e privi di sentimenti per i diritti altrui ed entrambi non hanno mai espresso emozioni.

Se Rockefeller e i suoi figli erano dei promotori di se stessi, ciò che annunciavano non era nell'interesse degli uomini liberi di tutto il mondo. Nelson Rockefeller una volta disse che l'immensa fortuna della sua famiglia fu un caso, ma la storia dice il contrario.

La taciturnità e la disonestà di John D. furono senza dubbio trasmesse ai suoi figli, così come la sua paranoia di segretezza e la totale mancanza di sentimenti. La paranoia della segretezza ereditata dalla Standard Oil Trust da parte delle major è evidente nelle barriere che queste aziende hanno eretto intorno a sé per tenere a bada gli "esterni" indiscreti. Affidano i loro affari solo alle banche dell'industria petrolifera, come la Morgan Guarantee, la Trust Bank e la Chase Manhattan Bank del Comitato dei 300, mentre i loro conti e i loro affari sono chiusi dietro le spesse mura della Price Waterhouse, i contabili e i revisori ufficiali del Comitato dei 300. Più di una commissione del Senato è rimasta impigliata nella vischiosa rete tessuta da questa grande società contabile. Persino i migliori investigatori e revisori dei conti che il governo poteva mettere in campo erano totalmente confusi dai contabili della Price, Waterhouse. Si dice che il vecchio John D. fosse in grado di contare più velocemente delle odierne calcolatrici, un'abilità che aveva appreso dal padre quando calcolava il prezzo della sua "cura per il cancro" in occasione di fiere e simili. In realtà, la "cura" era semplicemente petrolio grezzo, direttamente dai pozzi petroliferi, confezionato in piccole bottiglie.

Mentre gli affari andavano bene, John D. dovette fuggire per salvarsi perché la polizia voleva arrestarlo per aver fatto sesso forzato con una sedicenne. Il vecchio John D. non credeva nelle amicizie e avvertiva i suoi figli di stare alla larga da quello che lui chiamava "lasciare che la buona amicizia abbia la meglio su di te". Ha anche tradito i suoi figli, "per tenerli in forma", come ha detto lui stesso. Il suo ritornello preferito era quello del vecchio gufo saggio che non diceva nulla ma sentiva molto. Un vecchio ritratto mostra un uomo dal volto lungo, smunto e sinistro, con occhi piccoli e senza alcuna traccia di emozione umana.

Il suo lavoro di contabile significa che non parla molto, ma tiene i conti in ordine. È ancora più sorprendente che un uomo così severo, taciturno e indifferente abbia potuto convincere i fratelli Clark della raffineria Clark Brothers a vendergli una quota della loro raffineria di petrolio, dove era impiegato.

I fratelli Clark scoprirono presto di aver commesso un terribile errore nel far entrare Rockefeller nella loro attività. Rapido con i numeri e i calcoli, John D. riesce a far perdere ai fratelli la loro quota della raffineria. Egli continua a sostenere di averli "comprati", ma i Clarks rispondono che sono stati "truffati".

Alcuni autori attribuiscono la propensione di John D. a scaricare i partner al suo retaggio, ed è vero che suo padre era solito dirgli "sii veloce come un ebreo". Sebbene abbia dichiarato di avere origini battiste e di frequentare una chiesa battista, è improbabile che ciò sia vero, poiché i suoi genitori erano originari dell'Europa orientale. John D. non si curava delle persone, le calpestava e si sbarazzava dei suoi ex soci che non gli servivano più. Gli importava solo di una persona, e cioè di se stesso. È così che la Standard Oil è diventata la grande azienda più segreta degli Stati Uniti, una tradizione seguita dalla EXXON. Lo Standard è stato descritto come chiuso e barricato, come una fortezza. Il carattere di John D. era talmente macchiato e la sua antipatia era così universale che assunse un addetto alle pubbliche relazioni per cercare di svecchiare la sua immagine, aiutato da generose donazioni "filantropiche" deducibili dalle tasse. Ma nonostante i migliori sforzi di Ivy Lee, che si dice sia stato il primo uomo di pubbliche relazioni della storia americana, l'eredità di odio che John D. si era guadagnato gli rimase impressa e rimane tuttora associata al nome Rockefeller e alla EXXON.

La "grande mano" di Rockefeller rovinò centinaia di migliaia di trivellatori, cercatori e affittuari a Titusville e Pithead. Per la maggior parte, si trattava di giovani di un'altra generazione che pensavano di poter risolvere l'enigma delle fluttuazioni dei prezzi, cosa che Rockefeller non voleva. Sebbene la vita intorno a Titusville e Pithead fosse piuttosto tumultuosa, non era mai rancorosa e tutti trattavano lealmente gli uni con gli altri, cioè fino a quando la "grande mano" di Rockefeller non fu alzata contro tutti i "concorrenti".

All'età di 26 anni, forte del successo ottenuto nel rubare la raffineria dei fratelli Clark e con Oil City vicino a Cleveland sotto il suo controllo, Rockefeller iniziò a cercare nuove conquiste.

Suo figlio, David Rockefeller, ereditò la freddezza del padre e si impose. All'inizio della sua carriera, David ha spostato la maggior parte dei beni "off-shore" della famiglia in paradisi fiscali, dove il segreto bancario era praticamente inviolabile. David Rockefeller ha continuato a gestire l'industria petrolifera come un governo nel governo e, per un colpo di fortuna, ha anche acquistato l'INTERPOL, il sistema di polizia e di intelligence globale.

Tutte le grandi compagnie petrolifere sono collegate a banche, compagnie minerarie, ferrovie, compagnie di navigazione, compagnie di assicurazione e società di investimento; nel corso dei loro affari si scambiano informazioni, ma è stato grazie alle numerose "spie" da lui impiegate che il vecchio John D. e i suoi figli erano pienamente consapevoli di tutto ciò che stava accadendo.

La sua rete più efficace è cresciuta in dimensioni e portata, e oggi non c'è un solo Paese che sfugga alla rete di intelligence di Rockefeller, che spesso supera i servizi segreti ufficiali in termini di dimensioni e budget. C'è molto lavoro da fare. Non deve mai arrivare un momento in cui ci limitiamo a gettare la spugna e a dire "sono troppo grandi, troppo potenti perché una sola persona possa fare qualcosa di utile contro di loro". Ognuno di noi può e deve fare uno sforzo.

L'evasione fiscale era in cima alla lista del vecchio John D. Rockefeller e le sue spie furono presto in grado di fornire le migliori informazioni su come aggirare le leggi fiscali nei Paesi stranieri, di solito attraverso le loro fonti "personali" (corrotte). Se le leggi fiscali erano severe, i Rockefeller le facevano semplicemente cambiare per adattarle ai loro scopi di evasione fiscale. È stato questo bacillo, impiantato nell'industria petrolifera, a causare la maledizione della dipendenza americana dal petrolio importato dall'estero e, a sua volta, a mandare i produttori americani verso l'oblio.

È anche il motivo principale per cui gli Stati Uniti sono diventati una potenza imperiale che cerca di dominare i Paesi con fonti di petrolio note e comprovate. La cosa andò a vantaggio dei Rockefeller anche in un altro modo: eliminò i concorrenti al di fuori del circolo vizioso delle "major" senza dover ricorrere all'uso della dinamite, come aveva fatto spesso il vecchio John D. ai suoi esordi.

Qual è stato il risultato finale? Sicuramente prezzi sempre più alti per i consumatori americani e maggiori profitti per le grandi compagnie petrolifere. EXXON (Standard) ha realizzato, e continua a realizzare, enormi profitti. Per esempio, nel 1972 - e abbiamo scelto quell'anno perché è l'anno medio (mediano) dei profitti realizzati dall'industria petrolifera, e non abbiamo preso un anno isolato per far capire che noi consumatori veniamo sfruttati in modo grossolano dall'industria petrolifera - la EXXON ha guadagnato 3.700 miliardi di dollari quell'anno, ma ha pagato solo il 6,5% di tasse negli Stati Uniti. È giusto per il consumatore americano? Non pensiamo che sia equo, giusto o ragionevole.

Quando glielo si chiede, la EXXON, e di fatto tutte le principali compagnie petrolifere, adducono la debole scusa di reinvestire la maggior parte dei loro profitti nell'esplorazione petrolifera, ma quando si esaminano i profitti della Exxon in un singolo anno, e prendiamo come esempio il 1972, La EXXON ha realizzato un profitto di 2.500 miliardi di dollari solo nel terzo trimestre, e non è affatto chiaro se gran parte di questo enorme profitto sia stato reinvestito nell'azienda o se il popolo americano ne abbia beneficiato in qualche modo. Il 1973 è stato l'anno della guerra arabo-israeliana fomentata da Kissinger e Rockefeller e, alla luce di ciò che oggi sappiamo di quell'evento e di come Kissinger si sia adoperato per realizzarlo grazie alla sua stretta relazione con David Rockefeller, si potrebbe pensare che il Congresso abbia indagato da tempo su questo accordo. Kissinger e David

Rockefeller sono come gemelli siamesi dalla scoperta in Germania dei "Bamburg Files" da parte di Kissinger e di Helmut Sonnenfeldt, braccio destro e fidato assistente di Kissinger. La domanda che sorge spontanea è la seguente: EXXON sapeva che una guerra arabo-israeliana era imminente e quanto ha tratto profitto da questa informazione? Tali "informazioni interne" sarebbero state fornite dall'esercito privato di Rockefeller di agenti di intelligence di tutto il mondo, controllati dal quartier generale dell'industria petrolifera, chiamato Logistica, Sistemi di Informazione e Comunicazione, situato nella sede centrale della EXXON a New York.

L'INTERPOL non è l'ultima delle attività di intelligence dei Rockefeller. Opera illegalmente da una proprietà del governo federale a Washington, in totale disprezzo della Costituzione degli Stati Uniti e in violazione della legge suprema della terra, la nostra Costituzione e il Bill of Rights. L'INTERPOL non dovrebbe operare negli Stati Uniti, ma il Congresso ha paura di affrontare un mostro grande e potente come la famiglia Rockefeller. Si tratta di una situazione inquietante che non viene affrontata, il che fa sorgere la domanda: il denaro passa di mano per mantenere l'INTERPOL a Washington?

Il Congresso ha bisogno di una commissione d'inchiesta per esaminare la cosiddetta "Fazione dei banchieri" incorporata nella CIA. Questo tipo di operazioni influenza illegalmente la nostra politica estera, spesso influenzando la nostra vita quotidiana, e quando queste organizzazioni e gruppi vogliono una guerra, mandano i nostri figli e le nostre figlie a combattere. Le guerre del Golfo di Bush sono un ottimo esempio di ciò che sta accadendo. La dinastia Rockefeller è la spina dorsale del gruppo di politica petrolifera imperiale. Le erbacce seminate tra il grano da John D. Rockefeller sono giunte a maturazione e ora stanno soffocando il grano, la vita del popolo di questa nazione un tempo grande. Il vecchio John D. imparò rapidamente e presto il valore dell'attività di spionaggio, nella quale fu istruito da Charles Pratt, uno dei suoi primi soci. L'attuale governo segreto parallelo di alto livello che gestisce gli Stati Uniti, il Council on

Foreign Relations (CFR), è un'idea di Pratt.

La Pratt Mansion di New York divenne in seguito la sede del CFR, e non fu un caso. La presenza di John D. divenne così onnipresente e i suoi metodi spietati così ammirati che furono ampiamente adottati da tutte le grandi aziende, a partire dalla EXXON, tanto che oggi l'industria petrolifera statunitense è in grado di dettare legge a tutti i governi del mondo, compreso quello degli Stati Uniti.

È ampiamente dimostrato che le grandi compagnie petrolifere che operano all'estero dettano e dirigono la politica estera degli Stati Uniti e che queste compagnie si sono unite per formare un governo de facto all'interno del nostro governo americano. EXXON è il leader indiscusso di questo assalto imperialista per il controllo di tutte le risorse petrolifere e in nessun luogo come in Iran.

CAPITOLO 10

Il dottor Mossadegh combatte il cartello

D al 1950 in poi, gli Stati Uniti e la britannica Anglo-Persian Oil hanno avuto una morsa sul petrolio iraniano dopo la Prima Guerra Mondiale, durante la quale la condotta degli "alleati" era in odore di guai. L'invasione e l'occupazione dell'Iran durante la guerra, sulla base di motivazioni molto inconsistenti, deve essere esaminata molto più da vicino. Poco dopo l'ingresso degli "Alleati" in Iran, lo Scià fu costretto ad abdicare in favore del figlio Mohammed Reza Pahlevi, che era più favorevole ai dettami imposti dal Consorzio iraniano, dalla Compagnia petrolifera irachena e dall'ARAMCO. Uno degli episodi più vergognosi nella storia della Gran Bretagna e dei cosiddetti Stati Uniti "cristiani" è stata la morte per fame di decine di migliaia di iraniani durante questo periodo.

L'esercito di occupazione alleato, composto da 100.000 soldati russi (presenti su invito di Winston Churchill) e da 70.000 soldati americani e britannici, non fece nulla per impedire la requisizione di cibo da parte dell'esercito di occupazione a scapito degli iraniani che stavano morendo di fame. La febbre tifoidea si diffuse e uccise altre migliaia di persone mentre le forze statunitensi e britanniche restavano in attesa. Coloro che non morivano di fame o di malattie morivano di freddo durante il gelido inverno, poiché la popolazione non aveva accesso all'olio combustibile.

Gli occupanti stanno lavorando per creare e mantenere il conflitto tra le diverse fazioni del Paese e stanno opprimendo e sopprimendo totalmente il governo iraniano. Credendo ancora che gli Stati Uniti fossero una nazione cristiana sensibile alle considerazioni umanitarie, il governo iraniano lanciò un disperato appello di aiuto a Washington. Nel 1942, Washington inviò il generale M. Norman Schwarzkopf in Iran per riferire sulla situazione. (Nel 1991, suo figlio fu inviato a combattere l'Iraq come comandante di "Desert Storm"). Rimase in Iran fino al 1948, soprattutto per acquisire conoscenze di prima mano su come l'Iran gestiva i vari dipartimenti governativi e i servizi di intelligence. Lungi dall'aiutare gli iraniani, la missione di Schwarzkopf era quella di acquisire il maggior numero possibile di informazioni sulle infrastrutture iraniane per un uso futuro, cosa che è avvenuta quando è stato lanciato il movimento per rovesciare lo scià. In tutti gli anni di privazioni subite dal popolo iraniano, nessuna mano è stata tesa verso di loro, ma nel dicembre del 1944, un politico accorto, colto ed esperto di nome Mohammed Mossadegh introdusse in Parlamento una proposta di legge che vietava qualsiasi trattativa petrolifera con l'estero, ponendo fine allo sconvolgente furto di petrolio iraniano da parte di Stati Uniti, Gran Bretagna e Russia.

Nato il 19 maggio 1882 da un ministro delle Finanze di Bakhtiari e da una principessa gujarese, Mossadegh studiò scienze a Parigi e conseguì un dottorato presso la prestigiosa Università di Neuchâtel in Svizzera. Mossadegh entrò in politica nel 1920, quando fu nominato governatore generale della provincia di Fars dallo sceicco Ahmad Shah Qajar e gli fu dato il titolo di "Mossadegh os-Saltanch" dallo scià. Fu nominato Ministro delle Finanze nel 1921, quindi eletto al Parlamento iraniano dove votò contro la scelta di Reza Khan come Reza Sha Pahlavi. Nel 1944, Mossadegh fu nuovamente nominato deputato, dove si candidò come membro del Fronte Nazionale dell'Iran, un movimento molto patriottico e nazionalista di cui fu il fondatore. L'obiettivo dell'organizzazione era quello di porre fine a ogni presenza straniera in Iran all'indomani della Seconda Guerra Mondiale e di interrompere lo sfruttamento del petrolio iraniano. Per ottenere il sostegno alla sua proposta di legge per l'aumento del prezzo del petrolio iraniano, Mossadegh rivelò una proposta delle potenze occupanti di dividere l'Iran tra loro, citando un articolo del *Times* del 2 novembre 1944 che tendeva a confermare la sua rivelazione.

Ne seguì un'aspra lotta, che portò la questione alle Nazioni Unite nel 1948 e sfociò in una battaglia che portò al ritiro di tutte le truppe straniere dal Paese. L'Iran aveva commesso un grave peccato, scavalcando gli interessi britannici a favore degli interessi nazionali iraniani. Mossadegh sarebbe ora un nemico pubblico e l'Istituto Tavistock ha messo a punto un piano per indebolirlo e farlo rimuovere dall'incarico. L'occupazione statunitense-britannica-russa dell'Iran stava per finire, ma c'era ancora la Anglo-Iranian Oil Company (principalmente britannica) che controllava il petrolio iraniano e gestiva il governo iraniano dal 1919. Nel 1947, il dottor Mossadegh presentò una proposta a Londra chiedendo un aumento della quota iraniana dei proventi della vendita del petrolio. Nel 1948 la Anglo-Iranian Oil Company ha realizzato un profitto di 320.000.000 di dollari, di cui l'Iran ha ricevuto ben 38.000.000 di dollari. Mossadegh ha chiesto di rinegoziare i termini del vecchio accordo. Seguì immediatamente un attacco feroce contro di lui, orchestrato dal Tavistock Institute e dalla BBC, che trasmise un flusso costante di propaganda mista a vere e proprie bugie contro Mossadegh e il governo iraniano. La campagna è stata aiutata e favorita dalla CIA e dal generale americano Huyser. Due mesi prima della fine del mandato biennale di Mossadegh, gli agenti dei servizi segreti britannici e americani avevano fatto tutto il possibile per eliminare la spina nel fianco di Mossadegh, ponendo una serie di ostacoli sulla strada di ogni sua mossa.

I cartelli britannici e americani non erano abituati all'opposizione, avendo facilmente installato governi fantoccio in Kuwait, Arabia Saudita, Qatar, Emirati Arabi Uniti, Bahrein e Oman, sotto l'occhio vigile della CIA e, in misura minore, dell'MI6. Questo mi ricorda la sorprendente somiglianza tra la Compagnia delle Indie Orientali (precursore del Comitato dei 300) e il cartello petrolifero delle Sette Sorelle. Dopo aver ricevuto una carta nel 1600 sotto Elisabetta I, la Compagnia delle Indie Orientali ricevette una seconda carta da Carlo II, il re degli

Stuart, che le conferiva il diritto di fare guerra, fare pace e commerciare con tutte le nazioni. Nel 1662, il re Giacomo I, re Stuart, autorizzò l'azienda a diventare una società per azioni. L'industria petrolifera, sebbene meno formalizzata, è strutturata in modo simile. Gli inglesi si trascinarono per tutto il 1948 senza alcuna concessione da parte di Londra. Nel frattempo, le agenzie di intelligence britanniche e americane, con l'aiuto delle informazioni del generale Schwarzkopf, diffondevano dissenso e malcontento tra i ranghi iraniani per indebolire il governo in vista delle elezioni nazionali del 1949. Il piccolo Fronte Nazionale guidato dal dottor Mossadegh si presentò alle elezioni con quelle che gli inglesi e gli americani ritenevano essere scarse possibilità di ottenere seggi, ma li sorprese conquistando sei seggi e un posto in Parlamento. Peggio ancora, il loro nemico è stato nominato a capo di una commissione parlamentare che indaga sugli accordi petroliferi tra Gran Bretagna e Stati Uniti. Mossadegh chiese immediatamente una quota uguale per la Anglo-Iranian Oil Company e per il governo iraniano, con una piena partecipazione iraniana agli affari della compagnia.

Sostenuti dagli Stati Uniti, gli inglesi rifiutarono tutte le proposte, facendo precipitare l'Iran nel caos, fino all'aprile del 1951, quando il dottor Mossadegh fu democraticamente eletto Primo Ministro e invitato a formare un governo. Le accuse calunniose si susseguivano a ritmo serrato, la principale delle quali era che Mossadegh fosse un comunista intenzionato a garantire il petrolio iraniano alla Russia. I giornali britannici lo hanno definito, tra l'altro, un "pazzo subdolo". Naturalmente, queste accuse gratuite non hanno nulla di vero. Il dottor Mossadegh era un vero patriota iraniano che non cercava nulla per sé e il cui unico obiettivo era liberare il popolo iraniano dalla morsa rapace della Anglo-Iranian Oil Company, poi British Petroleum (BP). Il Parlamento iraniano votò per accettare la raccomandazione del dottor Mossadegh di nazionalizzare la Compagnia petrolifera anglo-iraniana, con un equo risarcimento alla Gran Bretagna, che aveva sfruttato il popolo iraniano per anni. L'offerta comprendeva lo stesso livello di fornitura di petrolio di cui la Gran Bretagna aveva goduto fino a quel momento e i cittadini britannici che lavoravano nell'industria petrolifera in Iran avrebbero mantenuto il loro posto di lavoro. Il 28 aprile 1951 la raccomandazione, assolutamente equa nei confronti della Gran Bretagna, fu formalmente approvata.

La risposta britannica fu quella di chiedere aiuto agli Stati Uniti e di inviare navi da guerra nelle acque vicino ad Abadan, dove si trova la più grande raffineria di petrolio del mondo. Nel settembre 1951, la Gran Bretagna e gli Stati Uniti, che non avevano alcun diritto di interferire negli affari interni dell'Iran, dichiararono sanzioni economiche complete contro l'Iran e le loro navi da guerra bloccarono le acque adiacenti ad Abadan. Attraverso questi atti di guerra, gli Stati Uniti assicurarono alla Gran Bretagna il loro pieno appoggio come potenza imperiale all'altra e lo sostennero con le azioni di disturbo indotte dalla CIA.

Ciò non era inaspettato, viste le passate guerre imperiali della Gran Bretagna e, più recentemente, degli Stati Uniti, e il fatto che il governo britannico (la Casa di Windsor) deteneva il 53% delle azioni dell'Anglo-Iran. Con le unità navali in arrivo, la minaccia successiva fu quella di occupare Abadan con i paracadutisti britannici, anche se secondo il diritto internazionale l'Iran aveva il pieno diritto di adottare le misure proposte dal governo iraniano e accettate dal parlamento iraniano. Il timore di un intervento militare sovietico a fianco dell'Iran potrebbe aver impedito alla Gran Bretagna e agli Stati Uniti di esercitare l'opzione militare. Attraverso Kermit Roosevelt, nipote di Teddy Roosevelt, la CIA era stata molto attiva all'interno del Paese, infiltrandosi in molte importanti istituzioni bancarie ed economiche. Gli acquirenti di petrolio iraniano sono stati maleducatamente minacciati di rappresaglie e spaventati. Ecco come si sono comportate le due nazioni più tiranniche che il mondo abbia mai conosciuto. L'effetto del boicottaggio ridusse l'economia iraniana a un disastro, con un calo delle entrate petrolifere da 40 milioni di dollari nel 1951 a meno di 2 milioni di dollari all'inizio del 1952. Mossadegh, come Mohammed Reza Pahlavi, lo Scià dell'Iran, non aveva idea del potere e dell'influenza dei cartelli petroliferi americani e della BP.

Mossadegh, proveniente da una famiglia benestante, era un politico dotato e di talento, ma è stato dipinto in tutto il mondo come uno stupido ometto che girava per Teheran in pigiama, sopraffatto dall'emozione. La stampa di regime negli Stati Uniti e in Gran Bretagna, in un programma controllato da Tavistock, ha sistematicamente denigrato e ridicolizzato Mossadegh, il cui unico crimine era quello di cercare di rompere la presa delle major sul petrolio iraniano e di osare sfidare le loro politiche petrolifere imperialiste.

Nel 1953, il dottor Mossadegh si recò senza successo a Washington per chiedere aiuto. Invece, fu ostacolato dal Presidente Eisenhower, che suggerì a W. Averill Harriman di guidare una squadra a Teheran "per riferirgli della situazione". La squadra di Harriman comprendeva Allen Dulles della CIA e John Foster Dulles, Segretario di Stato e servitore di lunga data dei "300", oltre al generale Schwartzkopf.

Nel 1951 fu pianificata un'operazione congiunta per rovesciare il governo di Mossadegh con il nome in codice "AJAX" e fu firmata dal Presidente Eisenhower. Dobbiamo fermarci qui e sottolineare che l'Iran non ha mai fatto nulla di male agli Stati Uniti e ora viene premiato in un modo degno dei peggiori elementi criminali della mafia. Nel frattempo, la Gran Bretagna ha portato il suo sordido caso alla Corte Mondiale per l'arbitrato. Mossadegh, che ha studiato in Francia e in Svizzera, ha rappresentato il suo Paese e ha sostenuto con successo il suo caso, con la sentenza della Corte mondiale contro la Gran Bretagna. Non era la prima volta che gli inglesi cercavano di far cadere il governo iraniano. Winston Churchill era un infame imperialista, proprio come il suo spietato predecessore, Lord Alfred Milner, che aveva esiliato gli onorevoli leader boeri che avevano combattuto valorosamente contro i britannici nella guerra anglo-boera (1899-1902). Churchill ordinò l'arresto e l'esilio di Reza Shah, prima alle Mauritius e poi in Sudafrica, dove morì in esilio.

I peccati di Winston Churchill sono numerosi. I boeri avevano condotto una meravigliosa campagna contro l'oligarchia dei

Rothschild, decisa a impadronirsi dell'oro e dei diamanti che giacevano sotto il suolo delle repubbliche del Transvaal e dello Stato Libero di Orange in Sudafrica. Quando le perdite britanniche raggiunsero un livello inaccettabile, Milner ricorse all'incendio delle fattorie boere, alla macellazione del bestiame e all'invio di donne e bambini boeri nei campi di concentramento, dove 27.000 morirono di dissenteria e malnutrizione. Il Presidente Paul Krüger fu esiliato in Svizzera, dove morì. È quindi facile comprendere la mancanza di scrupoli di Churchill nel violare l'Iran. C'erano molti precedenti a sostegno delle sue azioni. Deciso ad assicurarsi il petrolio iracheno per il fabbisogno britannico, Churchill pronunciò uno dei suoi discorsi magniloquenti, ventosi e pieni di aria fritta che lo avrebbero reso famoso:

> Noi (cioè le grandi compagnie petrolifere, compresa la BP, che era in partnership con il governo britannico) abbiamo rimosso un dittatore in esilio e insediato un governo costituzionale impegnato in una serie di serie riforme e riparazioni.

È difficile eguagliare tanta ipocrisia e palesi bugie da parte del dittatore britannico che ha infamato Reza Shah per aver osato difendere il suo Paese dall'aggressione britannica, ma dato l'enorme alone che circonda Churchill, il cui nome sarà sinonimo di grandi frodi della storia, l'ha fatta franca. Come negli Stati Uniti, la British Petroleum è riuscita a far sì che il governo legittimo dell'Inghilterra si adeguasse alle sue richieste, indipendentemente dal fatto che queste azioni fossero legali o meno. L'usurpazione della politica estera da parte delle major continua senza sosta e ogni presidente americano, a partire dal presidente Wilson, è stato un servo di questo cobra arrotolato. Questo fu l'inizio dell'imperialismo americano deciso a impadronirsi di tutti i giacimenti petroliferi del mondo. Imperterrito dalla derisione internazionale e sulla scia della sua vittoria alla Corte Mondiale, Mossadegh continuò con il suo piano di nazionalizzazione del petrolio iraniano.

Secondo quanto riferito, Rockefeller era personalmente molto offeso da Mossadegh e lavorò a stretto contatto con altre importanti compagnie petrolifere per imporre il boicottaggio del petrolio.

Quando una petroliera, la Rosemarie, in conformità con il diritto internazionale e le norme commerciali, che trasportava petrolio iraniano, cercò di aggirare il blocco, Churchill ordinò agli aerei della RAF di attaccarla e costringerla a fermarsi ad Aden, un protettorato britannico. Non c'era assolutamente nessuna legge che giustificasse l'azione britannica e Churchill dimostrò ancora una volta di essere il leader di una potenza imperiale che non aveva alcun rispetto per il diritto internazionale. Questo palese atto di pirateria è stato pienamente sostenuto dalle Sette Sorelle e dal Dipartimento di Stato americano.

Un collega di Londra, responsabile del monitoraggio delle compagnie petrolifere di tutto il mondo, ha raccontato che il Parlamento aveva avuto grandi difficoltà a impedire a Churchill di ordinare alla RAF di bombardare l'Iran. È passato un anno, un anno in cui il popolo iraniano ha sofferto molto per la perdita dei proventi del petrolio. Nel 1955, il Primo Ministro Mossadegh scrisse al Presidente Eisenhower, chiedendo aiuto nella lotta del suo Paese contro l'industria petrolifera. Eisenhower, da sempre burattino del CFR, fece deliberatamente attendere il leader iraniano in attesa di una risposta. Questa tattica pianificata ebbe l'effetto desiderato di spaventare il dottor Mossadegh. Infine, quando Eisenhower rispose, disse al governo iraniano che doveva rispettare i suoi "obblighi internazionali" e consegnare le operazioni petrolifere alla Royal Dutch Shell! Gli "obblighi internazionali" invocati da Eisenhower non sono mai stati specificati.

Questo dovrebbe dirci qualcosa sul potere dell'industria petrolifera e del governo parallelo segreto CFR degli Stati Uniti imperiali. Eppure osiamo ancora pensare che il nostro governo sia onorevole e che siamo un popolo libero. A testimonianza di ciò, gli Stati Uniti inviarono in Iran Kermit Roosevelt, che lavorava per la CIA, per fomentare problemi e istigare disordini tra la popolazione. In conformità con lo statuto concesso alla Compagnia delle Indie Orientali nel 1600, che le consentiva di fare politica estera e di condurre guerre contro le nazioni, gli eredi della Compagnia delle Indie Orientali, il Comitato dei 300, coprirono la CIA utilizzando organizzazioni come il Fondo Monetario Internazionale (FMI) e la Banca Mondiale per finanziare il lavoro sporco di Roosevelt, in modo che non potesse essere direttamente collegato agli Stati Uniti.

Per volere della fazione dei banchieri all'interno della CIA, allo Scià fu detto che sarebbe stata una buona cosa se avesse rimosso Mossadegh, in modo da poter riprendere "normali relazioni" con la Gran Bretagna e gli Stati Uniti. Con l'aiuto di elementi realisti all'interno del governo iraniano, Kermit Roosevelt organizzò un colpo di Stato e costrinse all'arresto il dottor Mossadegh, la cui influenza era stata minata da due anni di guerra economica aperta da parte dell'imperialismo britannico e americano. La CIA sostenne quindi il giovane Reza Shah Pahlevi e lo portò al potere, mentre le sanzioni economiche furono revocate. Ancora una volta, la politica delle compagnie petrolifere aveva portato i governi di Gran Bretagna e Stati Uniti a un atto di guerra contro uno Stato sovrano che non aveva fatto loro alcun male. Avevano trionfato sul nazionalismo iraniano. Si trattava di una ripetizione, una copia quasi carbone degli eventi della guerra anglo-boera.

Lo Scià tentò allora senza successo di sbarazzarsi di Mossadegh, ma Roosevelt, la CIA e il Dipartimento di Stato equipaggiarono una banda rivoluzionaria e la inviarono a combattere l'esercito iraniano. Temendo di essere assassinato, lo Scià fuggì dal Paese e il colpo di Stato guidato dalla CIA ebbe successo. Mossadegh fu rovesciato e messo agli arresti domiciliari, dove rimase per il resto della sua vita.

Allo Scià fu permesso di tornare in Iran e gli fu detto che era al sicuro finché avesse obbedito ai suoi padroni imperiali. Il costo per il contribuente americano di questa impresa illegale nel 1970 è stato di oltre un miliardo di dollari. L'unica parte che ha beneficiato di questo subdolo tradimento è stato il cartello petrolifero delle Sette Sorelle e i suoi burattini pagati che hanno reso possibile tutto questo.

Anche se all'epoca non lo sapeva, lo Scià avrebbe subito la stessa sorte di Mossadegh e per mano della stessa cricca imperialista di compagnie petrolifere, funzionari governativi britannici e statunitensi e della CIA. Da allora anche altri Paesi hanno subito la frusta del cartello petrolifero al governo.

CAPITOLO 11

Enrico Mattei affronta il cartello delle Sette Sorelle

Uno di questi Paesi è l'Italia. Paralizzata dalla Seconda guerra mondiale e dall'invasione del suo territorio, l'Italia era praticamente in rovina. Erano state create diverse società statali, tra cui l'Alienda Generale Italiana Petroli "AGIP", guidata da Enrico Mattei, al quale fu ordinato di smantellarla. Ma essendo il primo a riconoscere l'esistenza di una dittatura del petrolio gestita dalle Sette Sorelle, Mattei era in aperto conflitto con il cartello. Invece di chiudere l'AGIP, la riformò e la rafforzò, cambiandone il nome in Ente Nazionale Idrocarburi, ENI. Mattei avviò un programma di esplorazione petrolifera e contratti con l'URSS che avrebbero liberato l'Italia dalla morsa delle Sette Sorelle e, con grande disappunto di queste ultime, Mattei iniziò ad avere successo.

Enrico Mattei, nato il 29 aprile 1906, era figlio di un carabiniere, corpo militare italiano, con compiti di polizia. All'età di 24 anni si reca a Milano dove si unisce ai partigiani. Nel 1945, il comitato politico dei partigiani lo nominò a capo dell'AGIP, la compagnia petrolifera nazionale, con l'ordine di chiuderla. Ma Mattei scelse di ignorare l'ordine e invece lo ampliò fino a farlo diventare uno dei più notevoli successi economici dell'Italia del dopoguerra.

Nel 1953, Mattei creò una seconda società energetica, l'ENI, che concluse accordi di successo con l'Egitto e nel 1961 importava 2,5 milioni di tonnellate di greggio dall'Egitto. Nel 1957, Mattei attaccò coraggiosamente il monopolio del greggio iraniano rivolgendosi direttamente allo Scià. Riuscì nell'intento e, alle condizioni concordate tra Mattei e lo Scià, fu conclusa una partnership tra la National Iranian Oil Company e l'ENI, con il 75% all'Iran e il 25% all'ENI, che concesse alla consorella dell'ENI, la Società Iraniano-Italiana delle Petrole (SIRIP), un contratto di locazione esclusiva di 25 anni per l'esplorazione e la perforazione di 8800 miglia quadrate di vilayet petroliferi noti.

Mattei sorprese le Sette Sorelle quando concluse accordi petroliferi con Tunisia e Marocco in una partnership paritaria. Dopo aver concluso un accordo con Cina e Iran, Mattei dichiarò che il monopolio petrolifero americano apparteneva al passato. La reazione britannica e americana non si fece attendere. Una delegazione incontrò lo Scià e protestò con forza contro il contratto di Mattei. Ma il parere della delegazione, pur preso in considerazione, non ha avuto alcun effetto. Nell'agosto del 1957, Mattei firmò un contratto che portò gli stranieri italiani in Iran. L'industriale italiano ha reso noto il suo punto di vista. D'ora in poi, cercherà di rendere il Medio Oriente parte dell'Europa industriale, costruendo una grande infrastruttura in tutto il Medio Oriente.

Mattei era quello che oggi chiameremmo un "agitatore" e, solo quattro anni dopo la firma del contratto, la prima petroliera dell'ENI arrivò nel porto di Bari con 18.000 tonnellate di greggio iraniano. Forte del suo successo, Mattei si recò in paesi africani e asiatici con riserve di petrolio per concludere accordi simili.

Una delle cose che più ha fatto arrabbiare il cartello petrolifero in Gran Bretagna e negli Stati Uniti è stata l'offerta dell'ENI di costruire raffinerie nei Paesi con giacimenti di petrolio, che sarebbero state di proprietà locale e ne avrebbero fatto dei partner a tutti gli effetti. La contropartita per ENI era costituita da contratti esclusivi di ingegneria e assistenza tecnica e dal diritto esclusivo di ENI di vendere greggio e prodotti finiti in tutto il mondo.

Guardando da Londra e da New York, le sette sorelle erano stupite e arrabbiate per il successo dell'intruso ENI.

La situazione precipita nell'ottobre 1960, quando Mattei si reca a Mosca per incontrare il governo russo e discutere dei reciproci interessi petroliferi. Se le Sette Sorelle erano già rimaste sbalordite in precedenza, ciò che è emerso dai colloqui tra il ministro del Commercio estero russo Patolitschev e Mattei le ha lasciate di stucco e ha fatto suonare i campanelli d'allarme transatlantici. I peggiori timori del cartello petrolifero si realizzarono quando, l'11 ottobre 1956, fu firmato un accordo tra l'ENI e Mosca che prevedeva quanto segue:

• In cambio di una consegna garantita di 2,4 milioni di tonnellate di petrolio russo all'anno per i prossimi cinque anni, l'ENI ha ottenuto un aumento significativo della quota di petrolio russo sul mercato europeo.

• Il pagamento del petrolio non sarebbe avvenuto in denaro ma in natura, sotto forma di forniture garantite di tubi petroliferi di grande diametro che sarebbero stati utilizzati per costruire una vasta rete di oleodotti per trasportare il petrolio russo dal Volga-Ural all'Europa orientale.

• Una volta completato, il contratto prevedeva lo scambio di 15 tonnellate di petrolio grezzo all'anno con una serie di prodotti alimentari, manufatti e servizi.

• I tubi di grande diametro verrebbero costruiti dal Gruppo Finsider, sotto la supervisione del governo italiano, a Taranto e spediti in Russia al ritmo di 2 milioni di tonnellate all'anno. (L'impianto fu costruito a tempo di record e produceva tubi già nel settembre 1962, un risultato sorprendente).

L'accordo con la Russia fu un grande trionfo per Mattei, perché ora l'Italia poteva acquistare il greggio russo a 1 dollaro al barile a bordo delle navi nei porti del Mar Nero, rispetto a 1,59 dollari al barile più 0,69 dollari di nolo del Kuwait e 2,75 dollari al barile della Standard Oil. Come è accaduto molte volte in passato, quando le minacce al monopolio delle Sette Sorelle non potevano essere evitate con mezzi equi, si è fatto ricorso a mezzi immorali.

All'inizio del 1962, l'aereo di Mattei fu sabotato. Tuttavia, prima che venisse fatto qualsiasi danno, l'interferenza con l'aereo fu scoperta e i sospetti caddero sulla CIA. Ma Mattei fu sfortunato la seconda volta quando, il 27 ottobre 1962, durante un volo dalla Sicilia a Milano, il suo jet si schiantò sul piccolo villaggio di Bascape, in Lombardia. Il pilota, Inerio Bertuzzi, un giornalista americano di nome William McHale e Mattei furono uccisi. Le voci su un possibile omicidio si moltiplicarono, ma poiché l'inchiesta sull'incidente ricadeva sotto la responsabilità del ministro della Difesa Giulio Andreotti, noto per le sue simpatie nei confronti delle grandi compagnie petrolifere e in particolare degli Stati Uniti, le indagini ufficiali tardarono ad arrivare.

Nel 2001, Bernard Pletschinger e Calus Bredenbrock hanno trasmesso un documentario televisivo in cui sostenevano che le prove sul luogo dell'incidente Mattei erano state immediatamente distrutte. Gli strumenti di volo sono stati fusi in un bagno di acido. Dopo la messa in onda del documentario, i corpi di Mattei e Bertuzzi furono riesumati. Pezzi di metallo causati da un'esplosione a bordo sono stati trovati conficcati nelle ossa di entrambi gli uomini. Il verdetto comune, ma non ufficiale, è che a bordo del jet di Mattei fosse stata collocata una bomba che sarebbe dovuta esplodere quando il carrello di atterraggio fosse stato attivato in posizione "down".

Sebbene non siano mai state provate, le prove indiziarie e di altro tipo più solide puntano direttamente alla CIA e in particolare al capo della stazione CIA di Roma dell'epoca, Thomas Karamessines, che lasciò bruscamente il suo ufficio il 17 ottobre 1962, proprio il giorno dell'incidente aereo di Mattei in Lombardia, e non vi fece più ritorno. Non è stata fornita alcuna spiegazione per la sua improvvisa e brusca partenza. Il rapporto della CIA non è mai stato reso pubblico e rimane tuttora classificato "nell'interesse della sicurezza nazionale". Tutte le richieste di libertà di informazione sono state respinte.

C'è un poscritto a questo "mistero irrisolto". Nel momento in cui l'aereo si è schiantato ponendo fine alla sua vita, Mattei doveva incontrare il Presidente degli Stati Uniti John F. Kennedy. Una delle priorità della loro agenda era il cartello petrolifero, di cui Kennedy era noto per la sua diffidenza e la sua segreta avversione, non da ultimo per la sua stretta relazione con la CIA, che da tempo lo preoccupava. Nella sua cerchia ristretta era ben noto che Kennedy considerava la CIA un cancro per la nazione americana; Kennedy riteneva che se il governo degli Stati Uniti fosse mai stato rovesciato da un colpo di Stato, sarebbe stato guidato dalla CIA.

Appena un anno dopo, Kennedy sarebbe stato vittima degli stessi cospiratori dell'intelligence statunitense. Se a questo si aggiunge la storia di Enrico Mattei, il brutale stupro del Messico in nome degli interessi petroliferi statunitensi e britannici, e gli innumerevoli danni arrecati all'Iran e all'Iraq, si ottengono le più tragiche storie di avidità, avarizia e brama di potere che macchiano le pagine della storia delle compagnie petrolifere. Il potere esercitato dalle compagnie petrolifere trascende tutti i governi e i confini nazionali; ha rovesciato governi e indebolito i loro leader nazionali, persino uccidendoli. È costato miliardi di dollari ai contribuenti statunitensi e la fine non è ancora in vista.

Il petrolio, a quanto pare, è il fondamento del nuovo ordine economico mondiale, con il potere nelle mani di poche persone appena conosciute al di fuori delle compagnie petrolifere. John D. Rockefeller vide subito il potenziale di profitto e potere e colse l'opportunità. Questo gli ha permesso di esercitare un immenso potere personale, anche se a costo di migliaia di piccole compagnie petrolifere e di migliaia di vite.

Abbiamo fatto riferimento alle Sette Sorelle in diverse occasioni. Per chi non conosce questo gruppo, si tratta delle sette principali compagnie petrolifere della Gran Bretagna e degli Stati Uniti, responsabili della politica estera di entrambi i Paesi. Le compagnie petrolifere che compongono il cartello sono nate dopo il cosiddetto "scioglimento" della Standard Oil da parte della Corte Suprema degli Stati Uniti. Fu Enrico Mattei a coniare il nome "Sette Sorelle". La loro potente influenza si sente ancora nel 2008.

La Standard Oil of New York si fuse con la Vacuum Oil e

divenne Socony Vacuum, che divenne Mobiloil nel 1966, mentre la Standard Oil Indiana si unì alla Standard Oil Nebraska e alla Standard Oil of Kansas, e nel 1985 divenne AMOCO. Nel 1972, la Standard Oil New Jersey diventa EXXON.

Nel 1984, la Standard Oil California si unì alla Standard Oil Kentucky e divenne Chevron, che poi acquistò la Gulf Oil Company, di proprietà di Mellon. La Standard Oil Ohio è stata acquistata dalla BP. Nel 1990, BP ha acquistato l'ex Standard Indiana, diventando BP-AMOCO. Nel 1999, EXXON e Mobil si sono fuse in un accordo da 75 miliardi di dollari che ha dato vita a EXXON-Mobil. Nel 2000, Chevron si è fusa con Texaco per diventare Chevron-Texaco.

EXXON (nota come ESSO in Europa), Shell, BP, Gulf Oil, Texaco, Mobil e Chevron fanno parte della catena globale di banche, società di brokeraggio, agenzie di intelligence, società minerarie, di raffinazione, aerospaziali, bancarie e petrolchimiche che insieme formano la spina dorsale del Comitato dei 300, i cui membri sono noti anche come "olimpionici". Controllano la produzione di greggio, le raffinerie e le spedizioni, tranne che in Russia e ora in Venezuela. Si stima che il 75% dei profitti del cartello petrolifero provenga dalle attività "a valle", come la raffinazione, lo stoccaggio, la spedizione, la plastica, la petrolchimica, ecc.

La seconda raffineria più grande del mondo, posseduta e controllata dal cartello, si trova a Pulau Bukom e Jurong, a Singapore. Shell possiede il più grande complesso di raffinerie del mondo, situato sull'isola di Aruba. La costruzione di questo enorme impianto ha evidenziato l'importanza del greggio venezuelano. Ad Aruba c'è anche una grande raffineria della Mobil.

Nel 1991 si stimava che il 60% dei profitti di EXXON provenisse dalle cosiddette operazioni "a valle". Nel 1990, EXXON ha acquisito la divisione materie plastiche di Allied Signal e, contemporaneamente, ha stipulato un accordo con Monsanto e Dow Chemicals nel campo delle termoplastiche e degli elastomeri. I principali rivenditori di benzina sono EXXON e Chevron-Texaco. Royal Dutch Shell ha il maggior numero di petroliere, con 114 nella sua flotta. L'azienda impiega 133.000 persone in tutto il mondo. Le attività di Shell sono stimate in 200 miliardi di dollari.

Un altro produttore di profitti "a valle" è EXXON Mobil, che produce più olio motore, olio per trasmissioni e grassi lubrificanti di tutte le altre "major". Opera in oltre 200 Paesi del mondo e lavora "in solitaria" nel Mare di Beaufort, al largo dell'Alaska. Possiede enormi appezzamenti di terreno in Yemen, Oman e Ciad, per un totale di oltre 20 milioni di acri. L'investimento riguarda, come sempre, il futuro dell'approvvigionamento di petrolio. La EXXON mantiene i suoi segreti di raffinazione come segreti di Stato e, in effetti, il Bahrein, dove viene effettuata la maggior parte della raffinazione, è sorvegliato da navi da guerra della Quinta Flotta della Marina statunitense. Nemmeno l'Arabia Saudita ha accesso a tali segreti. Delle oltre 500 raffinerie esistenti, solo 16 si trovano negli Stati del Golfo Persico.

CAPITOLO 12

LA CONCHIGLIA REALE OLANDESE

L a più grande delle 300 compagnie petrolifere di punta del Comitato è la Royal Dutch Shell (Het Koninklijke Nederlandse Shell), di origine anglo-olandese. È una delle più grandi aziende energetiche del mondo e una delle aziende di punta del Comitato dei 300. Gli azionisti di maggioranza sono la Casa di Windsor e la Casa d'Orange dei Paesi Bassi. Secondo quanto riferito, gli azionisti sono solo quattordicimila, e i maggiori azionisti sono la Regina Elisabetta (in rappresentanza della Casa di Windsor), la Regina Giuliana (in rappresentanza della Casa d'Orange) e Lord Victor Rothschild. Per quanto ne sappiamo, non ci sono direttori, ma l'amministratore delegato è Jeroen van der Veer e il presidente Jorma Ollila, entrambi imprenditori olandesi.

L'attività principale dell'azienda è l'esplorazione, il trasporto e la commercializzazione di petrolio e gas, con una presenza significativa nel settore petrolchimico. Nel 2005, il suo fatturato annuale è stato di 306 miliardi di dollari, il che la rende la terza azienda al mondo. L'azienda ha fatto molta strada dal 1901, quando William Knox D'Arcy ottenne una concessione per la ricerca di petrolio in Iran.

Come per la Federal Reserve Bank, nessuno sa veramente chi siano i maggiori azionisti di Shell. Nel 1972, il Senato degli Stati Uniti ha fatto un unico tentativo per costringere la società a rivelare l'elenco dei suoi 30 maggiori azionisti. L'inchiesta è stata affidata al senatore Lee Metcalf, ma la sua richiesta è stata categoricamente respinta. Il messaggio: non cercare di interferire con il Comitato dei 300. Il Nuovo Ordine Mondiale elitario - un governo mondiale salito al potere grazie alla scoperta del petrolio e dei suoi usi - non tollera interferenze da parte di nessuno, siano essi governi, leader, sceicchi o semplici cittadini, capi di Stato di nazioni grandi e piccole. Il mondo ha capito da tempo che il cartello delle Sette Sorelle controlla il petrolio saldamente nelle sue avide mani e continua a controllare l'offerta e la domanda di greggio in tutto il mondo.

I giganti petroliferi sovranazionali, la cui competenza e i cui metodi di contabilità hanno sconcertato le migliori menti del governo mondiale, gli esattori delle tasse e i contabili, hanno messo le Sette Sorelle al di fuori del controllo dei governi ordinari. La storia delle Sette Sorelle dimostra che i governi erano sempre pronti a parcellizzare la loro sovranità e le loro risorse naturali, non appena questi banditi entravano nel campo nazionale. John D. avrebbe approvato senza riserve il negozio chiuso, il club internazionale, i suoi accordi segreti e gli intrighi internazionali, di cui il pubblico americano non sa ancora nulla.

Nei loro covi segreti di New York, Londra e Zurigo, questi leader onnipotenti si riuniscono per pianificare e programmare guerre in tutto il mondo. Nel 2008 sono molto più potenti che in qualsiasi altro momento dall'inizio delle loro attività nel XIX secolo. Gli stessi membri del "Comitato dei 300", la maggior parte dei quali sono anche membri degli Illuminati, le vecchie e famose famiglie incredibilmente ricche, gioiscono del loro potere. Sono loro a decidere quali governi devono scomparire e quali leader politici devono cadere.

Quando i problemi reali bussavano alle loro porte segrete - come la nazionalizzazione del petrolio iraniano da parte del dottor Mossadegh - erano sempre pronti a reagire e a "neutralizzare" i sobillatori, se non potevano essere comprati. Quando scoppiò la crisi di Mossadegh, si trattò di fare appello ai partiti giusti nei Paesi in difficoltà, mostrando il proprio potere e spaventando coloro che non potevano essere comprati. È bastato chiamare l'esercito, la marina, l'aeronautica e i funzionari governativi per sbarazzarsi dei parassiti. Non era più difficile che scacciare una mosca. Le Sette Sorelle divennero un governo nel governo, sulla falsariga della Compagnia delle Indie Orientali, e nessuno cercò di scalzarle per molto tempo.

Se si voleva conoscere la politica araba della Gran Bretagna, bastava consultare BP e Shell. Se si volesse conoscere la politica americana in Medio Oriente, allo stesso modo, basterebbe guardare a EXXON, ARAMCO, Mobil, ecc. ARAMCO è diventata sinonimo di politica statunitense nei confronti dell'Arabia Saudita. Infatti, chi avrebbe potuto immaginare che la Standard Oil del New Jersey avrebbe un giorno gestito il Dipartimento di Stato? Si può immaginare un'altra azienda o gruppo che goda di enormi agevolazioni fiscali speciali per un valore di miliardi di dollari? C'è mai stato un gruppo così favorito come i membri del cartello dell'industria petrolifera?

Mi è stato spesso chiesto perché l'industria petrolifera statunitense, un tempo piena di promesse e garante di una benzina sempre a buon mercato alla pompa, sia andata incontro a un tale declino e perché i prezzi della benzina siano aumentati in modo sproporzionato rispetto all'offerta e alla domanda complessive. La risposta è l'avidità del cartello del petrolio, le Sette Sorelle. Nessuna organizzazione o azienda può eguagliare l'avidità delle Sette Sorelle.

Uno di questi gruppi, la EXXON, pur avendo realizzato profitti record di 8,4 miliardi di dollari nel primo trimestre del 2008, ha chiesto e ottenuto agevolazioni e sgravi fiscali ancora maggiori. Non un solo centesimo è stato trasferito al consumatore sotto forma di riduzione dei prezzi della benzina alla pompa.

Il popolo americano ha beneficiato degli osceni profitti di Mobil, EXXON e Gulf Oil? Non ci sono prove di questo. Grazie alle manovre di Washington, dove, grazie al 17° emendamento, i senatori e i rappresentanti possono essere comprati e venduti, le compagnie petrolifere non hanno mai investito i loro osceni profitti per abbassare il prezzo del gas sul mercato nazionale, né per esplorare e trivellare il petrolio negli Stati Uniti continentali. Non è una bella storia e la colpa è del Congresso.

Il 17° emendamento modificò le sezioni 3 e 4 dell'articolo 1, che riguardavano il fatto che i cittadini degli Stati non potevano più scegliere i loro senatori. Ciò significava che i senatori venivano eletti con il voto e, con il potenziale di abuso delle donazioni elettorali, si apriva un vaso di Pandora.

La colpa è anche nostra, che abbiamo permesso che questo stato di cose continuasse. Il consumatore americano deve continuamente fare i conti con l'aumento dei prezzi della benzina alla pompa, mentre le casse delle Sette Sorelle diventano sempre più grandi, l'industria petrolifera si impegna a praticare prezzi stracciati e ogni sorta di inganno per truffare il popolo americano, e il popolo americano si sdraia e lascia che l'industria petrolifera lo travolga. Da qualsiasi punto di vista la si guardi - e alcuni apologeti cercano di confondere la questione confrontando i prezzi della benzina negli Stati Uniti e in Europa (un confronto non valido) - si può solo concludere che l'industria petrolifera non si è mai allontanata dai principi e dai precetti del vecchio John D. Rockefeller. Era allora, ed è oggi, una legge a sé stante. L'avidità e il profitto hanno motivato e governato la vita del vecchio John D. e poco è cambiato dal suo periodo di massimo splendore. I profitti realizzati "a monte" in luoghi come Aruba e Bahrein sono tenuti lontani dal consumatore americano.

John D. consigliava ai suoi figli di non fare mai amicizia o "fraternizzare" con gli altri, tenendo così lontani gli aspiranti indipendenti dal settore petrolifero. Tuttavia, non esitava a infrangere la sua regola di "non amicizia" quando vedeva un vantaggio.

Per esempio, si è avvicinato a Henry Flagler, il magnate delle ferrovie che ha aperto la Florida. Essendo un uomo d'affari nato, John D. ha capito subito che il suo punto di ingresso nel settore petrolifero era la raffinazione e la distribuzione del prodotto finito. La sua amicizia con Flagler aveva questo scopo, assicurarsi il controllo della raffinazione e della distribuzione, e avrebbe vinto. Segretamente, fino alla paranoia, John D. stipulò un accordo confidenziale con Flagler in base al quale sarebbero stati concessi sconti speciali sui trasporti alle sue aziende. In questo modo, Rockefeller riuscì a ridurre la "concorrenza" e a mettere fuori gioco diversi suoi rivali.

La "libera impresa" non era qualcosa di cui John D. si preoccupava, e ancor meno si preoccupava delle persone che rovinava con le sue pratiche scorrette. Il credo di Rockefeller era di essere totalmente spietato con i suoi rivali. La segretezza era un altro dei suoi principi e ha vissuto per tutta la vita seguendo queste due "guide". Sono bastati 7 anni di pratiche spietate per eliminare la maggior parte dei concorrenti e permettere a John D. di creare la Standard Oil Company of California.

Nel 1870, Standard controllava il 10% del mercato petrolifero statunitense, un'impresa sorprendente. Scegliendo di seguire il subdolo modo di fare affari di Rockefeller, le ferrovie hanno di fatto svenduto il pubblico e si sono messe al soldo di John D. La Central Association controllava le tariffe ferroviarie. L'Associazione Centrale controllava le tariffe ferroviarie e le altre compagnie petrolifere che vi aderirono dovettero pagare fior di quattrini per entrare, ma ottennero sconti sulle tariffe ferroviarie. Coloro che non volevano giocare sono finiti al muro.

Il libro dell'autrice/insegnante/giornalista Ida Tarbell, "The History of the Standard Oil Company", fornisce un resoconto chiaro e conciso delle tattiche estremamente discutibili impiegate da John D., ed è stata la sua condotta di base a fargli guadagnare l'odio e l'inimicizia della maggior parte degli indipendenti, un odio che Standard Oil è stata in grado di spazzare via e ignorare perché, nel 1970, John D. aveva stabilito mercati per i suoi prodotti petroliferi in Europa, che rappresentavano uno sconcertante 70% del business di Standard. Avendo un monopolio virtuale, l'opinione pubblica contava poco.

Per eliminare i suoi rivali, Rockefeller creò un esercito privato di spie che, per numero - per non parlare delle capacità - superava di gran lunga tutto ciò che i governi dei Paesi in cui operava Standard potevano mettere in campo. Negli ambienti dell'intelligence si dice che "nemmeno un passero starnutisce senza che John D. lo sappia". Anche se doveva essere un battista rigoroso, questa era una parodia della Bibbia, dove è scritto che non un passero cade a terra senza che Dio lo veda, e aveva lo scopo di prendere in giro la Bibbia, cosa che John D. amava fare.

Ma la marcia di Rockefeller attraverso il continente nordamericano verso i mercati esteri non passò inosservata, nonostante i metodi occulti di John D.. Lloyd, che esisteva una corporazione, apparentemente al di sopra del governo locale, statale e federale e delle leggi degli Stati Uniti, una corporazione che "dichiarava la pace, negoziava la guerra, riduceva i tribunali, le legislature e gli Stati sovrani a un livello che nessuna agenzia governativa poteva arginare". Migliaia di lettere arrabbiate si riversarono sul Senato, portando alla promulgazione dello Sherman Anti-Trust Act. Ma i suoi termini sono così vaghi (probabilmente volutamente) che è facile evitare di rispettarli, soprattutto con un cliente sfuggente come John D. Ben presto divenne evidente che John D. esercitava un'enorme influenza sul Senato degli Stati Uniti. Lo Sherman Antitrust Act si rivelò poco più di un esercizio di pubbliche relazioni, pieno di regole, ma senza potere. Infine, le cose cambiarono nel 1907, quando la legge fu invocata in una causa del Dipartimento di Giustizia degli Stati Uniti intentata dall'avvocato Frank Kellogg.

Durante il processo, Rockefeller è salito sul banco dei testimoni con il suo spirito pubblico, descrivendosi come un benefattore dell'umanità e in particolare dei cittadini americani. Quando Kellogg gli chiese di spiegare le sue numerose transazioni irregolari, John D. rispose di "non ricordare".

L'11 maggio 1911, il Chief Justice Whyte prese la sua decisione: Standard doveva sbarazzarsi di tutte le sue filiali entro sei mesi. Rockefeller, come al solito, assunse un vero e proprio esercito di avvocati e giornalisti per spiegare che il business del petrolio non poteva essere gestito come le altre aziende. In breve, doveva essere trattata come un'entità speciale alla maniera di Rockefeller.

Per mitigare l'effetto della decisione del giudice Whyte, Rockefeller mise in piedi un sistema di clientelismo ispirato alle corti reali d'Inghilterra e d'Europa, unito a fondazioni filantropiche progettate per proteggere l'impero e la fortuna di

Rockefeller dall'imminente legge sull'imposta sul reddito, che il suo esercito di spie e di senatori comprati lo aveva avvertito dell'imminente arrivo e che, di fatto, fu promulgata nel 1913 in un modo così tortuoso da sfidare la logica e la ragione.

CAPITOLO 13

John D. Rockefeller, i fratelli Nobel, la Russia

C he la CFR debba la sua esistenza a John D. e Harold Pratt non è in dubbio. È un male formidabile, parte della causa contro l'industria petrolifera che, con miliardi di dollari e l'aiuto del CFR, è riuscita a prendere il controllo di questa nazione che da allora governa.

Altri seguirono il piano di Rockefeller, tra cui la Occidental Petroleum, la società di Armand Hammer, che fu la principale responsabile dell'adozione del Trattato sulle forze nucleari a raggio intermedio, negoziato dal "gemello siamese" di David Rockefeller, Kissinger, il cui continuo attaccamento al suo mentore divenne evidente dopo la scoperta dei file di Bamberg di cui sopra. Il trattato INF è stato uno dei più scandalosi tradimenti degli interessi statunitensi. Ci sono indubbiamente altri trattati traditori, ma a mio avviso il trattato INF li ha superati tutti.

La disonestà di John D. continua a farsi sentire nella politica degli Stati Uniti nei confronti di diverse nazioni e l'influenza perniciosa delle sue compagnie petrolifere permane ancora oggi. Nel 1914, il "governo segreto di Rockefeller" viene citato nel Congressional Record. Nello stesso anno il "Grande Uomo" (Winston Churchill) ebbe la mortificazione di vedersi rifiutare l'offerta di fare un "whitewash" su John D., perché il prezzo richiesto di 50.000 dollari era considerato "troppo alto". Churchill ha poi annunciato con disappunto: "Due gigantesche corporazioni controllano virtualmente l'industria petrolifera mondiale". Si riferiva, ovviamente, a Shell e Standard Oil. La prima azienda fu fondata da Marcus Samuel, che con le conchiglie realizzava scatole decorative per i reali, da cui il nome "Shell Oil Company". Samuel aveva iniziato la sua carriera spedendo carbone in Giappone, ma quando ha visto la luce, è passato al petrolio. Il cambiamento si è rivelato estremamente vantaggioso.

Nel 1873, lo zar russo, mal consigliato da un gruppo di traditori infiltratisi nella sua cerchia, concesse alla Nobel Dynamite Company una concessione per la ricerca di petrolio nel Caucaso. I figli di Nobel, Albert, Ludwig e Robert, si misero in gioco, finanziati dalle banche francesi Rothschild, una mossa che alla fine diede ai Rothschild una morsa sulle finanze della Russia e portò alla rivoluzione bolscevica.

Nobel, Rockefeller, Rothschild e le loro società e banche hanno violentato la Russia, l'hanno prosciugata delle sue risorse e poi l'hanno consegnata alle orde bolsceviche per completare la distruzione di quello che era sempre stato un Paese bello, nobile e cristiano.

La partecipazione dell'industria petrolifera allo stupro della Russia cristiana da parte dei bolscevichi e alla sua caduta nell'era oscura della schiavitù è un'accusa importante contro questo governo all'interno del governo, e non può essere messa da parte con leggerezza. È un'accusa alla quale l'industria petrolifera non è mai stata chiamata a rispondere.

Dopo il successo in Russia, con Standard che aveva praticamente conquistato i campi rumeni, John D. rivolse la sua attenzione al Medio Oriente. La prima ad essere colpita è stata l'ex Turkish Petroleum Company. Gli inglesi offrirono a John D. una partecipazione del 20% nella loro partnership turca, che Exxon accettò. Poi le avide multinazionali hanno iniziato a guardare all'Iraq e Mobil, Exxon e Texaco si sono presto trasferite nel Paese. L'accordo prevedeva una partnership paritaria, ma gli iracheni sono stati ingannati fin dall'inizio. Secondo l'accordo di San Remo, l'Iraq avrebbe dovuto avere una quota del 20% nel consorzio, ma in realtà non ha ottenuto nulla. Iniziò così la profonda antipatia e la paura delle compagnie petrolifere britanniche e americane che si diffuse in tutto il mondo. La Exxon ha fatto passare il denaro attraverso una società di comodo svizzera per nascondere il suo coinvolgimento. I sovietici, impegnati in Iraq e in Iran, hanno accolto con favore l'arrivo delle compagnie americane. Anni dopo, Henri Deterding, amministratore delegato di Shell, accusò EXXON di stretta collaborazione con i bolscevichi, fatto ampiamente supportato dai documenti dell'MI6 in possesso di Lord Alfred Milner. Deterding ha dichiarato che EXXON ha sempre sostenuto i bolscevichi e che molti dei suoi programmi sono stati concepiti appositamente per favorire il governo comunista. EXXON, in pieno stile John D., si è chiusa a riccio ed è sopravvissuta alla tempesta di critiche che le accuse hanno generato negli Stati Uniti. Per quanto riguarda Deterding, a causa delle sue rivelazioni, che hanno danneggiato l'industria petrolifera, è stato inserito nella lista nera ed è caduto in disgrazia.

Nei documenti relativi alla campagna della Russia Bianca per sconfiggere l'Armata Rossa, conservati negli archivi di Whitehall, si rivela che i generali della Russia Bianca, Wrangle e Deniken, ricevettero dalla Standard Oil la promessa che se fossero riusciti a cacciare l'Armata Rossa dai ricchi giacimenti petroliferi di Baku, avrebbero ricevuto un sostanzioso sostegno dal governo statunitense.

Il compito è stato portato a termine dalle forze militari della Russia Bianca. Di fatto, hanno schiacciato l'Armata Rossa, ricacciandola fino alle porte di Mosca. Ma invece di ricevere denaro e armi come promesso, Lloyd George, il rappresentante personale del Dipartimento di Stato americano, e William Bullit, il Primo Ministro britannico, agendo su istruzioni del Comitato dei 300 attraverso il suo Consiglio per le Relazioni Estere (CFR), hanno tolto il tappeto da sotto i piedi alle armate della Russia Bianca, lasciandole senza soldi, senza armi e senza altra scelta che lo scioglimento.

Il boicottaggio delle munizioni per le forze della Russia Bianca fu una cospirazione della CFR, guidata da Lloyd George, e assicurò il collasso dell'unica forza militare in grado di distruggere l'Armata Rossa e porre fine al regime bolscevico in Russia, ma non era quello che la Gran Bretagna imperiale e un partner americano avevano in mente.

Perché Bullit e Lloyd George pugnalarono alle spalle gli eserciti della Russia Bianca? Perché, quando l'Armata Rossa stava guardando in faccia la sconfitta, quando la rivoluzione bolscevica era in imminente pericolo di crollo, i governi americano e britannico hanno agito così a tradimento? Nei documenti a cui ho già fatto riferimento, che si trovano al War Office di Whitehall, a Londra, si scopre che il CFR voleva fare un accordo per mantenere Lenin al potere, in cambio di una concessione una tantum per il petrolio dei vasti giacimenti russi. Pensavano che Lenin fosse più propenso a fare un accordo rispetto ai generali della Russia Bianca. Questa frode, questo tradimento, è ciò che ha aiutato i bolscevichi a tornare dall'orlo della sconfitta per diventare una forza potente in grado di sottomettere la Russia a costo della vita di milioni di cittadini.

Quando la Gran Bretagna riconobbe ufficialmente il governo bolscevico nel 1924, fu a condizione che un funzionario firmasse un accordo con la British Petroleum (BP), garantendo enormi tratti di terreno petrolifero per l'esplorazione da parte degli interessi britannici. Le basi per questo accordo erano state gettate da Sydney Reilly, un agente britannico dell'MI6, durante la rivoluzione bolscevica. Reilly aveva sette passaporti con diversi nomi ufficiali dell'MI6 e rappresentava Lord Alfred Milner, che era in gran parte responsabile del finanziamento della rivoluzione bolscevica, più direttamente del governo britannico.

Allo stesso modo, la Standard Oil statunitense firmò accordi simili con l'imperialista Lenin. Per dare l'impressione che gli Stati Uniti e la Gran Bretagna stessero davvero combattendo l'ascesa dei bolscevichi, una forza di spedizione alleata fu inviata ad Arcangelo, nell'estremo nord della Russia. Le sue truppe si limitarono a poltrire nelle loro caserme, tranne una volta, quando fecero una marcia cerimoniale per le strade di Arcangelo, dopodiché la cosiddetta forza di spedizione si imbarcò su una nave e partì per casa.

L'unico uomo di principi del consorzio era Deterding, che si rifiutava categoricamente di lavorare con i bolscevichi. A proposito del tradimento dei russi bianchi e dell'accordo petrolifero bolscevico, Deterding ha detto:

> Credo che un giorno tutti si pentiranno di aver avuto a che fare con questi ladri.

Non c'è da stupirsi che Deterding sia stato relegato nell'oblio! La storia giudicherà se le sue parole erano profetiche, e non stiamo parlando della storia scritta dai cosiddetti storici pagati da Rockefeller. Per evitare una futura concorrenza, che Rockefeller si disse sicuro sarebbe avvenuta, il 18 agosto 1928 si tenne una riunione segreta nel castello di Achnacarry, in Scozia, nelle riserve del conte di Achnacarry. L'incontro è stato organizzato dalla Anglo-Iranian Oil Company (poi British Petroleum-BP) e ha visto la partecipazione di dirigenti di Standard, Shell, Anglo-Iranian Oil Company e Mobil. Deterding partecipò come rappresentante della Royal Dutch Shell, ma la sua vita fu trasformata in un inferno da Rockefeller, che non nascose il suo odio per l'uomo che si era pubblicamente opposto ai suoi accordi petroliferi con i bolscevichi.

La Anglo-Iranian Oil Company redasse l'ordine del giorno che fu firmato da tutte le parti il 17 settembre 1928. L'unico obiettivo degli imperialisti di Achnacarry era quello di dividere il commercio mondiale di petrolio in "sfere di interesse", che le major avrebbero controllato, il che significava in effetti che tutto doveva essere lasciato "così com'è".

L'accordo di Yalta, che seguì nel 1945, fu modellato sull'accordo di Achnacarry e i "tre grandi" riuscirono ad applicarlo fino al 1952. L'accordo Achnacarry violava le leggi antimonopolistiche statunitensi e, soprattutto, dimostrava che i giganti del petrolio erano abbastanza potenti da fissare i prezzi e assegnare le forniture, indipendentemente da ciò che dicevano i governi legittimi del mondo.

Il consumatore americano ha beneficiato dei 28 anni di accordo Achnacarry? La risposta è no. Di fatto, i consumatori americani sono stati vittime di un aumento dei prezzi in un momento in cui questi avrebbero potuto essere significativamente abbassati. In realtà, l'accordo Achnacarry era una gigantesca cospirazione contro le leggi antitrust statunitensi con l'intento di frodare i consumatori di tutto il mondo, ma sono stati i consumatori statunitensi a subire il peso della fissazione dei prezzi. Se mai c'è stato un caso criminale palese che aspettava di essere perseguito, è stato questo. Ma, a quanto pare, nel Dipartimento di Giustizia degli Stati Uniti c'erano solo pochi uomini coraggiosi disposti ad affrontare i giganti dell'industria che hanno costantemente "fregato" i consumatori americani nel corso della loro lunga storia. A suo merito, "i pochi" del Dipartimento di Giustizia cercarono di perseguire il cartello, ma i loro sforzi furono bloccati da Eisenhower e Truman.

Il fatto che le "Big Three" si rifornissero di petrolio a basso costo da tutto il mondo non faceva altro che aggiungere insulto al danno. La "grande mano" del vecchio John D. era ovunque e, con il passare del tempo, gli uomini onesti nell'industria petrolifera diventavano sempre più difficili da trovare.

Ma il peggio doveva ancora venire. Non soddisfatte dei loro profitti gonfiati, le Tre Grandi hanno cercato e ottenuto agevolazioni fiscali negli Stati Uniti con l'aiuto di alti funzionari del Dipartimento di Stato. Le compagnie petrolifere hanno sostenuto che il loro status speciale era giustificato perché

> "Stiamo portando avanti la politica degli Stati Uniti nei confronti di questi Paesi".

La loro affermazione va anche oltre:

> "Stiamo aiutando a mantenere fredde le zone calde, mentre un intervento diretto degli Stati Uniti in queste zone calde non farebbe che peggiorare la situazione",

ha dichiarato un dirigente alla Commissione Affari Esteri del Senato nel 1985. Vedremo come questo argomento non regga.

Dopo Baku, la spinta principale di EXXON è stata verso
l'Arabia Saudita. Everette Lee De Goyler aveva detto nel 1943:

"Questo petrolio in questa regione (Arabia Saudita) è il più
grande prezzo della storia".

Con il pretesto di aiutare il clan regnante di Abdul Azziz a
contrastare la minaccia israeliana, EXXON è stata in grado di
affermare la propria posizione garantendo che gli interessi
dell'Arabia Saudita non fossero minimizzati dalla formidabile e
minacciosa lobby israeliana a Washington.

Il Dipartimento di Stato ha fatto la sua parte dicendo al re Ibn
Saud che gli Stati Uniti avrebbero mantenuto una politica equa
nei confronti del Medio Oriente se i sauditi avessero lavorato con
EXXON. Naturalmente, il re accettò questo accordo nefasto.
Come "contropartita", EXXON pagò la modesta somma di
500.000 dollari per assicurarsi i diritti esclusivi sul petrolio
saudita! Tuttavia, né EXXON né il Dipartimento di Stato hanno
potuto mantenere la promessa di mantenere l'imparzialità della
politica mediorientale di Washington a causa delle proteste della
lobby israeliana. Questo non piaceva ai sauditi, che si erano
opposti aspramente alla creazione di Israele come Stato nel 1946.
Il senatore Fulbright ha sempre avuto un approccio non partitico
ed è stato generalmente in grado di mantenere le proprie
posizioni, anche quando le cose si sono fatte difficili a
Washington. Tuttavia, quando Fulbright fu nominato Segretario
di Stato, la lobby sionista si unì alla Exxon per annullare la
nomina, che andò a Dean Rusk, un nemico delle nazioni arabe e
un imperialista della peggior specie. Di conseguenza, la politica
estera degli Stati Uniti nei confronti dei Paesi arabi/musulmani
del Medio Oriente, sempre terribilmente squilibrata e totalmente
sbilanciata a favore di Israele, è diventata molto più filo-
israeliana.

La famiglia reale saudita ha poi richiesto alla Exxon una tassa
annuale per mantenere la concessione, che ha raggiunto i 50
milioni di dollari nel primo anno di attuazione. Man mano che la
produzione di petrolio saudita a basso costo raggiungeva livelli
vertiginosi, l'espediente della "concessione fiscale d'oro"

cresceva in proporzione e rimane tuttora una delle più grandi frodi di proporzioni monumentali. In base a un accordo con il Dipartimento di Stato, la EXXON (ARAMCO) è autorizzata a dedurre le tangenti dalle sue imposte statunitensi, sulla base del fatto che la tangente è un pagamento legittimo di "imposte sul reddito saudite"!

Si trattava in realtà di un enorme pagamento di aiuti esteri all'Arabia Saudita - anche se non è stato registrato come tale - affinché la EXXON potesse continuare a produrre ed esportare il petrolio saudita a basso costo. Sei anni dopo l'utilizzo della scappatoia fiscale, Israele ha iniziato a reclamare la sua parte di bottino, ottenendo alla fine circa 13 milioni di dollari, grazie ai contribuenti statunitensi. L'importo totale degli aiuti esteri di Israele da parte degli Stati Uniti è attualmente di circa 50 miliardi di dollari all'anno. I contribuenti americani, che pagano il conto, ottengono qualche beneficio da questo accordo, come ad esempio una riduzione dei prezzi della benzina alla pompa? Dopotutto, visto che il petrolio saudita è così economico, il vantaggio non dovrebbe essere trasferito al cliente? La risposta è "non per quanto riguarda ARAMCO".

I consumatori americani non hanno ricevuto alcun beneficio. Peggio ancora, il prezzo del petrolio nazionale ha subito un enorme aumento dal quale non si è mai ripreso, poiché il greggio mediorientale a basso costo ha stroncato tutti gli sforzi locali per rendere gli Stati Uniti indipendenti dal punto di vista energetico producendo più petrolio e gas da fonti statunitensi, come i giacimenti artici.

CAPITOLO 14

Nixon chiude la finestra dell'oro

Molte delle piccole compagnie indipendenti di esplorazione petrolifera, le "wildcatters", sono state costrette a cessare l'attività dall'aumento delle tasse e da un labirinto di nuove e più severe misure per limitare le loro attività. L'opportunità di aumentare i prezzi della benzina alla pompa si presentò con la mini-recessione del 1970, alla fine del mandato del presidente Nixon. L'economia statunitense era in recessione e i tassi d'interesse erano stati tagliati bruscamente, innescando un'allarmante fuga di capitali stranieri. Il Presidente Nixon, su consiglio di Sir Sigmund Warburg, Edmond de Rothschild e altri banchieri della City di Londra facenti parte del "Comitato dei 300", decise di chiudere lo sportello dell'oro della Federal Reserve Banks.

Il 15 agosto 1971, Nixon annunciò che i dollari americani non sarebbero più stati scambiati con l'oro. La disposizione centrale della Conferenza di Bretton Woods è andata in frantumi. La demonetizzazione del dollaro ha fatto impennare il prezzo della benzina alla pompa.

Secondo le prove presentate al Multinational Hearings Committee nel 1975, le major petrolifere statunitensi realizzavano quasi il 70% dei loro profitti all'estero, sui quali non dovevano pagare alcuna imposta sul reddito negli Stati Uniti. Poiché la maggior parte delle loro attività viene svolta "a monte" (in paesi stranieri), le major statunitensi non avevano intenzione di investire capitali significativi in trivellazioni ed esplorazioni locali, su cui avrebbero dovuto pagare le tasse.

Perché spendere soldi per esplorare e sfruttare i giacimenti di petrolio negli Stati Uniti quando il prodotto può essere ottenuto, esente da tasse e a un prezzo inferiore, in Arabia Saudita? Perché permettere a piccoli operatori indipendenti di esplorare il petrolio e trovare importanti vilayet, che inevitabilmente ridurrebbero i profitti delle Sette Sorelle? EXXON ha fatto quello che sa fare meglio. Si rivolse ai membri compiacenti del Congresso e chiese (e ottenne) una pesante tassa sull'esplorazione petrolifera negli Stati Uniti continentali.

I consumatori statunitensi hanno continuato a sovvenzionare le major imperialiste dei Paesi stranieri, pagando prezzi artificialmente alti alla pompa che, se si aggiunge il costo di tutte le tasse nascoste, rendono la benzina statunitense una delle più costose al mondo, una situazione sciocante e creata artificialmente che avrebbe dovuto essere eliminata decenni fa. L'immoralità di questo accordo sta nel fatto che se le major non fossero state così avide, avrebbero potuto produrre e vendere più benzina negli Stati Uniti a un prezzo notevolmente ridotto. A nostro avviso, il modo in cui l'industria petrolifera ha incoraggiato una pratica illegale la espone all'accusa di associazione a delinquere finalizzata alla frode ai danni dei consumatori americani.

Nel 1949, il Dipartimento di Giustizia degli Stati Uniti ha presentato un'accusa penale contro il "cartello petrolifero internazionale", che comprendeva le principali compagnie petrolifere statunitensi, ma prima che il caso arrivasse molto lontano, Truman e Eisenhower sono intervenuti e hanno costretto il Dipartimento di Giustizia a ridurre le accuse a una causa civile.

Quando i tassi di cambio fluttuanti hanno colpito il mondo economico, gli Stati arabi produttori di petrolio hanno chiesto e ottenuto la promessa di un prezzo fisso per il petrolio, in modo da non subire inaspettatamente un brusco calo delle entrate petrolifere a causa delle fluttuazioni valutarie. Le major si sono adeguate truccando il prezzo della benzina. In questo modo, le compagnie petrolifere pagavano le tasse su un prezzo artificiale, che non era il vero prezzo di mercato, ma che era compensato dalle tasse più basse che pagavano negli Stati Uniti, un vantaggio di cui nessun'altra industria americana ha mai goduto. Questo ha permesso a EXXON e Mobil, così come alle altre major, di pagare in media solo il 5% di tasse, nonostante gli enormi profitti che stavano realizzando. Da quanto sopra emerge chiaramente che le grandi compagnie petrolifere non solo stavano truffando i contribuenti statunitensi - e continuano a truffare i consumatori per tutto il loro valore - ma stavano attuando la politica estera imperialista degli Stati Uniti agendo come finanziatori di Paesi stranieri, di cui acquistavano il petrolio a prezzi stracciati. Questo accordo poneva le grandi compagnie petrolifere al di sopra della legge, dando loro una posizione da cui potevano costantemente dettare legge ai governi eletti. Come è stata ottenuta questa enorme vittoria sul consumatore americano? Per rispondere a questa domanda, dobbiamo guardare alla riunione segreta tenutasi sull'isola di Saltsjöbaden, di proprietà dei Wallenberg svedesi, membri del Comitato dei 300. Nel maggio del 1973, il Gruppo Bilderberg tenne una riunione segreta alla quale parteciparono Sir Eric Roll di Warburg, Giani Agnelli del conglomerato Fiat, Henry Kissinger, Robert O. Anderson della Atlantic Richfield Oil Company, George Ball della Lehman Brothers, Zbigniew Brzezinski, Otto Wolf von Armerongen e David Rockefeller. Il tema centrale dell'incontro era come far scattare un embargo petrolifero globale per aumentare i prezzi del petrolio fino al 400%.

L'incontro di Saltsjöbaden è stato sicuramente un punto di svolta per il Comitato dei 300, perché mai prima d'ora così pochi avevano controllato il futuro economico del mondo intero. I passi che hanno deciso di compiere per raggiungere l'obiettivo di un aumento del 400% delle entrate petrolifere, e il conseguente enorme impulso al dollaro, non sono noti se non a coloro che hanno partecipato alla riunione. Ma il risultato delle loro deliberazioni non tardò ad arrivare.

Appena sei mesi dopo, il 6 ottobre 1973, Egitto e Siria lanciarono una guerra contro Israele, la cosiddetta guerra dello "Yom Kippur". Lasciamo da parte per il momento tutte le ragioni apparenti dell'attacco a Israele e andiamo dietro le quinte. Da quanto abbiamo potuto scoprire leggendo una serie di dispacci e rapporti, è quasi certo che Henry Kissinger abbia orchestrato lo scoppio della guerra da Washington attraverso canali secondari. È noto che Kissinger era molto vicino all'ambasciatore israeliano a Washington, un certo Simcha Dinitz. Contemporaneamente, Kissinger lavorava alle relazioni tra Egitto e Siria. Kissinger ha usato la formula più vecchia del mondo: ha deliberatamente distorto i fatti per entrambe le parti.

Il 16 ottobre 1972, l'OPEC si riunì a Vienna e annunciò al mondo che avrebbe aumentato il prezzo del petrolio da 1,50 a 11 dollari al barile e che avrebbe boicottato gli Stati Uniti a causa del loro palese e continuo favoritismo nei confronti di Israele. I Paesi Bassi sono stati scelti per un attacco speciale perché vi si trovano i principali porti petroliferi d'Europa. I complottisti del Bilderberg hanno raggiunto il loro obiettivo. Se osserviamo i prezzi del petrolio dal 1949 al 1970, vediamo che il prezzo di un barile di greggio è aumentato solo di circa 1,89 dollari. Nel gennaio 1974, il prezzo del greggio era aumentato del 400%, obiettivo del Gruppo Bilderberg di Saltsjöbaden.

Ci sono pochi dubbi sul fatto che Henry Kissinger, a nome del Gruppo Bilderberg, abbia orchestrato ed eseguito il piano elaborato nel ritiro di Wallenberg, incolpando i produttori arabi e dell'OPEC per l'aumento del 400% dei prezzi del greggio, mentre il consumo mondiale di petrolio è aumentato di 5,5 volte dal 1949. Il senatore "Scoop" Jackson ha chiesto l'immediato smantellamento e disinvestimento delle grandi compagnie petrolifere, definendo i loro profitti "osceni".

Poi torniamo al Messico e al tanto odiato Henri Deterding della Shell, che ha acquistato alcune delle concessioni di Cowdrey (che John D. aveva rifiutato perché riteneva che non valessero molto). Questo fu l'inizio delle pratiche di corruzione delle compagnie petrolifere, sostenute da un governo i cui funzionari erano molto sensibili alle tangenti.

Il petrolio è stato scoperto in Messico dal magnate britannico delle costruzioni Weetman Pearson, che abbiamo già incontrato in passato. Secondo il suo racconto, Pearson non si occupava di petrolio, ma lo scoprì per caso dopo una visita a Laredo, in Texas. Il presidente messicano Porfirio Diaz concesse a Weetman il diritto di prospezione (in forma privata) e l'uomo d'affari britannico installò le sue attrezzature di perforazione su un terreno che si riteneva contenesse enormi riserve di petrolio, accanto al luogo in cui il vecchio John D. aveva presentato le sue richieste. John D., sempre pronto a odiare, iniziò a distruggere con la dinamite le rivendicazioni di Weetman e a dare fuoco ai suoi pozzi. Tutti i trucchi sporchi insegnati da William "Doc" Avery furono immediatamente utilizzati contro il suo rivale. Ma Weetman si attenne al suo compito e, per la prima volta nella sua vita, Rockefeller fu ostacolato. Avendo ottenuto il controllo di tutte le risorse petrolifere degli Stati Uniti, a Rockefeller non piacque. La sua maschera di benevola filantropia, esibita nell'aula del giudice Whyte, cade, rivelando tutta la bruttezza del suo carattere, un volto plasmato da una spietata rapacità.

Weetman era più intelligente di Rockefeller, il che gli fece sbagliare i calcoli. "Penso che i giacimenti di petrolio messicani siano troppo costosi", disse ad Avery, ma non sapeva che la sua valutazione della situazione messicana era molto sbagliata. Ma dietro le quinte, i servizi segreti privati di Rockefeller erano determinati a creare il massimo dei problemi a Weetman e disordini e spargimenti di sangue per il popolo messicano.

Il governo britannico ha promosso Weetman alla Camera dei Lord come riconoscimento per il lavoro svolto per il suo Paese nei giacimenti petroliferi messicani e per la costruzione di bombardieri per il Royal Flying Corps (RFC) durante la Prima Guerra Mondiale. Era un amico intimo di Sir Douglas Haig, che avviò il programma dei Royal Flying Corps (RFC). Da quel momento in poi fu conosciuto come Lord Cowdrey. Divenne presto amico intimo del neoeletto presidente Woodrow Wilson.

Arrabbiato per essere stato battuto, John D. iniziò a fare enormi pressioni su Wilson. La Standard Oil voleva rientrare in gioco, e se per farlo doveva usare l'esercito americano, ben venga. Questo è stato l'imperialismo al suo peggio, con le compagnie petrolifere che hanno usato l'esercito statunitense come proprio esercito privato, come abbiamo visto quando il presidente Bush ha ordinato l'invasione di Panama e dell'Iraq.

In Messico, l'esercito privato di intelligence di Rockefeller fomentava disordini 24 ore su 24 e, per aggravare la crisi imminente, il Messico elesse il generale Huerto come nuovo presidente. Nel suo manifesto elettorale, Huerto aveva promesso che avrebbe ripreso il controllo del petrolio messicano per il suo popolo. Tramite Lord Cowdrey, il governo britannico chiese a Wilson di chiedere l'aiuto americano per sbarazzarsi dell'esuberante Huerto. Gran Bretagna e Stati Uniti unirono le forze "contro il nemico comune", come disse Cowdrey, pompando quanto più petrolio grezzo possibile, notte e giorno, prima che il pallone volasse. Ma sono stati gli Stati Uniti a fare il danno maggiore al Messico, facendo precipitare il Paese in una serie di guerre civili, erroneamente chiamate "rivoluzioni", e versando inutilmente il sangue di centinaia di migliaia di messicani, affinché gli imperialisti stranieri potessero mantenere il controllo delle risorse naturali del Messico. Il Messico era afflitto da amarezze e conflitti, ma nel frattempo Cowdrey si arricchiva sempre di più. Il suo impero personale comprendeva Lazard Frères, banca internazionale e società di brokeraggio, Penguin Books, The Economist e il Financial Times di Londra, tutti costruiti sul sangue e sulle lacrime del popolo messicano e sul sangue di milioni di persone uccise nella Prima Guerra Mondiale, che non avrebbe potuto essere combattuta se non fosse stato utilizzato il petrolio messicano. Il popolo messicano è stato derubato alla cieca, prima da Cowdrey e poi da Shell, che ha acquistato le partecipazioni del miliardario in Messico nel 1919, alla fine della prima guerra mondiale, quando Cowdrey, gravemente ferito dalla morte del figlio nella prima guerra mondiale, decise che aveva guadagnato abbastanza soldi per andare in pensione.

Ne seguì una guerra civile (chiamata "rivoluzione" dalla stampa britannica e americana) in cui il popolo messicano cercò di riprendere il controllo delle proprie risorse naturali. Mentre Cowdrey viveva nel lusso più assoluto, i lavoratori messicani del settore petrolifero stavano peggio degli schiavi del Faraone, ammassati in una squallida e nera miseria in indescrivibili "città" petrolifere costituite dalle più squallide baracche senza servizi igienici né acqua.

Nel 1936, 17 Paesi stranieri erano impegnati a pompare il petrolio che spettava di diritto al Messico. Infine, mentre i lavoratori petroliferi messicani erano sull'orlo della rivolta contro i loro datori di lavoro a causa delle loro condizioni, il presidente messicano Lazaro Cardenas chiese tardivamente di migliorare le loro condizioni e i loro salari. In America, la stampa annunciò che "il comunismo stava cercando di conquistare il Messico".

Le 17 compagnie colpevoli si rifiutarono di cedere alle giuste richieste dei lavoratori e Cardenas nazionalizzò tutte le compagnie petrolifere straniere, come aveva il diritto di fare. Come avevano fatto con l'Iran, quando la brutale aggressione di Churchill rovinò l'economia istituendo un boicottaggio mondiale del petrolio iraniano, i governi britannico e statunitense annunciarono che avrebbero imposto un embargo contro chiunque spedisse petrolio dal Messico. Il PEMEX, l'azienda nazionale che gestisce l'industria petrolifera, è stato talmente sconvolto dal boicottaggio da diventare totalmente incompetente e, con il protrarsi del boicottaggio, i dipendenti del PEMEX hanno iniziato a cedere alla corruzione. Tutti questi misfatti erano opera dell'esercito privato di agenti e spie di Rockefeller, che erano ovunque. Nel 1966, diversi scrittori di spicco cercarono di smascherare il ruolo svolto dagli imperialisti britannici e americani in Messico. Cowdrey assunse Desmond Young, un importante scrittore dell'epoca, per preparare un libro sulle sue attività, per il quale Young fu pagato come una prostituta.

Torniamo in Europa, poco prima della seconda guerra mondiale. Nel 1936, i comunisti tentarono di conquistare la Spagna. Era il loro grande premio dopo la conquista della Russia. Texaco, vedendo un guadagno in arrivo, si schierò con il generale Franco. Le sue petroliere, cariche di petrolio messicano, furono dirottate verso i porti spagnoli controllati da Franco.

È qui che entra in gioco Sir William Stephenson, l'uomo che complottò per impadronirsi dell'intelligence statunitense durante la Seconda Guerra Mondiale e che in seguito organizzò l'assassinio del Presidente John F. Kennedy. Stephenson scoprì l'accordo petrolifero Texaco-Franco e si affrettò a comunicarlo a Roosevelt. Come è consuetudine del governo segreto statunitense - e la storia è lunga - quando i governi di destra sono impegnati in una lotta di vita e di morte contro le forze comuniste che cercano di rovesciarli (come a Cuba), il CFR o adotta una posizione di neutralità, minando segretamente il governo legittimo e sostenendo le forze comuniste, o si schiera apertamente con le forze insurrezionali (come in Spagna e, successivamente, in Sudafrica).

Nella guerra spagnola contro il comunismo, nota come guerra civile spagnola, l'America era ufficialmente "neutrale". Ma Roosevelt permise al CFR di fornire segretamente denaro, armi e munizioni ai comunisti contro cui Franco stava combattendo. Quando Stephenson entrò al galoppo nel suo ufficio con la "cattiva notizia", Roosevelt si arrabbiò moltissimo e ordinò indignato alla Texaco di rispettare le leggi sulla neutralità e di interrompere le forniture di petrolio a Franco.

Tuttavia, Roosevelt non fermò il flusso di denaro, armi e cibo verso i comunisti. Né ordinò ai bolscevichi di non reclutare uomini negli Stati Uniti per combattere per i comunisti in Spagna.

I comunisti iniziarono presto a reclutare volontari americani per combattere nella "Brigata Abraham Lincoln" in opposizione a Franco. Roosevelt non tentò di perseguire i responsabili. A Franco non è mai stato perdonato di aver stroncato il tentativo di conquista comunista della Spagna cristiana. Né sarà mai perdonato dai socialisti che compongono la maggior parte del Dipartimento di Stato americano. Sebbene non abbia avuto un ruolo di primo piano nella guerra civile spagnola, il Federal Reserve Board, l'organo di governo delle 12 Federal Reserve Banks, è stato uno dei principali protagonisti della prima e della seconda guerra mondiale. Senza di essa, non ci sarebbero state le guerre mondiali, né quelle di Corea e del Vietnam. Le Federal Reserve Banks furono create dal senatore Nelson Aldrich, per volere e al servizio dei Rockefeller. Il senatore Nelson Aldrich fu comprato e pagato dai Rothschild e divenne il principale promotore della proposta di legge per l'istituzione di una banca centrale negli Stati Uniti, in violazione del suo giuramento di difendere e sostenere la Costituzione degli Stati Uniti.

È giusto dire che il denaro di Rothschild e Rockefeller ha pagato il costo (legittimo e in tangenti) della creazione delle Federal Reserve Banks. La figlia del senatore Aldrich, Abbey Green Aldrich, ha sposato John Rockefeller Jr. e Abbey è sempre stata molto generosa nel concedere sovvenzioni a istituzioni di sinistra o addirittura comuniste.

Il Messico e la Federal Reserve sono altri due capi d'accusa nel processo contro l'industria petrolifera. I Rockefeller sono anche accusati di aver incanalato il loro denaro petrolifero in focolai comunisti come il Consiglio Mondiale delle Chiese e la Rockefeller Riverside Church di New York. Queste due istituzioni di sinistra sono state in prima linea nella campagna per eliminare la Chiesa cristiana in Sudafrica.

L'industria petrolifera divenne così imperialista che, con l'aiuto di una vasta rete di spionaggio, ben poco accadeva senza che i Rockefeller ne fossero a conoscenza. Subito dopo la fine della Seconda Guerra Mondiale, il petrolio iniziò a fluire dai giacimenti sauditi, mentre il prezzo della benzina aumentò da 1,02 a 1,43 dollari al gallone, senza alcuna ragione economica. La pura avidità dell'industria petrolifera è costata miliardi di dollari ai consumatori americani, per non parlare dei miliardi di dollari che i contribuenti americani hanno dovuto fornire per mantenere la "gallina dalle uova d'oro".

EXXON non ha mostrato alcun timore nei confronti del popolo americano o del governo. L'esecutivo segreto del governo ombra di alto livello, noto come Council on Foreign Relations, ha fatto in modo che nessuno osasse muovere un dito contro la EXXON e la sua società saudita, ARAMCO.

Di conseguenza, ARAMCO era in grado di vendere petrolio alla Francia a 0,95 dollari al barile, mentre faceva pagare alla Marina statunitense 1,23 dollari al barile per lo stesso petrolio. È stato un furto spudorato e arrogante ai danni del popolo americano. Ma nonostante l'insabbiamento della stampa e della radio, nel 1948 il senatore Brewster decise di avere informazioni sufficienti per sfidare l'industria petrolifera.

Brewster ha accusato le major di aver agito in malafede,

... con l'avido desiderio di ottenere enormi profitti, cercando costantemente la protezione e il sostegno finanziario degli Stati Uniti per preservare le loro vaste concessioni.

Le grandi compagnie petrolifere risposero con una nota a Brewster, in cui dichiaravano con arroganza di non dovere alcuna particolare fedeltà agli Stati Uniti! L'"imperialismo" di Rockefeller non è mai stato mostrato più sfacciatamente in faccia all'America come durante le audizioni di Brewster.

Oltre a considerazioni geopolitiche, le principali compagnie petrolifere si sono rese colpevoli di una semplice manipolazione dei prezzi. Il petrolio arabo a basso costo, ad esempio, veniva valutato al prezzo più alto degli Stati Uniti quando veniva venduto all'Europa occidentale e importato negli Stati Uniti. Ciò avveniva attraverso i cosiddetti "noli ombra".

Uno dei migliori rapporti che fa luce sulla condotta dell'industria petrolifera è "International Petroleum Cartel; A report compiled by the staff of the Federal Trade Commission".[6] Questo rapporto incisivo dovrebbe essere una lettura obbligatoria per tutti i membri della Camera e del Senato degli Stati Uniti.

Sono sorpreso che questo rapporto abbia mai visto la luce, e suppongo che fosse una ragione sufficiente per Rockefeller e i suoi cospiratori per essere molto preoccupati. Ispirata dal defunto senatore John Sparkman e accuratamente plasmata dal professor M. Blair, la storia del cartello del petrolio risale alla

---

[6] "Il cartello petrolifero internazionale; un rapporto redatto dallo staff della Federal Trade Commission. "Ndt.

cospirazione dell'Achnacarry Castle in Scozia.

CAPITOLO 15

Il senatore Sparkman affronta l'impero petrolifero di Rockefeller

Il senatore Sparkman non si è risparmiato, attaccando in particolare l'impero petrolifero dei Rockefeller. Il professor Blair ha costruito con cura e in modo convincente il caso contro l'industria petrolifera, fornendo alla fine prove inattaccabili che le principali compagnie petrolifere erano impegnate in una cospirazione per raggiungere i seguenti obiettivi:

- Controllare tutte le tecnologie e i brevetti relativi alla produzione e alla raffinazione del petrolio.

- Per controllare gli oleodotti e le petroliere tra sette compagnie, "Le sette sorelle".

- Condividere i mercati globali e dividere le sfere di influenza.

- Controllare tutti i Paesi stranieri produttori di petrolio per quanto riguarda la produzione, la vendita e la distribuzione del petrolio.

- Agendo congiuntamente e in modo solidale per mantenere artificialmente alti i prezzi del petrolio.

Il professor Blair ha affermato che ARAMCO è colpevole, tra le altre cose, di aver mantenuto alti i prezzi del petrolio mentre pompava petrolio in Arabia Saudita a prezzi incredibilmente bassi. Alla luce delle ampie accuse del senatore Sparkman, il Dipartimento di Giustizia ha avviato un'indagine sulle pratiche commerciali di ARAMCO per verificare se fossero state violate le leggi statunitensi. La Standard Oil e i Rockefeller inviarono immediatamente Dean Acheson, il loro mercenario al Dipartimento di Stato, per far deragliare l'indagine. Acheson, che avrebbe potuto essere incriminato per tradimento, è il migliore, o forse il peggiore, esempio di come il governo degli Stati Uniti sia subornato e messo sottosopra da Big Oil. Questo è accaduto ogni volta che si è tentato di indagare su cospiratori che da tempo hanno dichiarato di non dovere alcuna particolare fedeltà agli Stati Uniti. Nel 1952, davanti a una commissione ristretta del Senato, Acheson citò gli interessi del Dipartimento di Stato come prioritari per proteggere gli interessi di politica estera dell'America in Medio Oriente (ammettendo così tacitamente che Big Oil dirigeva la politica estera), Acheson chiese alla commissione e al Dipartimento di Giustizia di sospendere le indagini sugli affari di ARAMCO, per non indebolire le iniziative diplomatiche statunitensi in Medio Oriente. Acheson utilizzò molto abilmente la crisi di Mossadegh in Iran per far valere il suo punto di vista, e il Dipartimento di Giustizia si adeguò debitamente. Ma il Procuratore Generale è riuscito a fare un'osservazione tagliente, prima che le porte si chiudessero sulle pratiche commerciali sgradevoli di ARAMCO:

> Il commercio del petrolio è nelle mani di pochi. I monopoli petroliferi non sono nell'interesse del libero commercio. La libera impresa può essere preservata solo proteggendola dagli eccessi di potere, sia governativi che privati.

Ma il rimprovero più duro del procuratore generale è stato rivolto al cartello del petrolio, che secondo lui "danneggia profondamente gli interessi della sicurezza nazionale". Un Rockefeller furioso prese immediatamente provvedimenti per limitare i danni, usando il suo cane da guardia, Acheson, per accusare i procuratori antitrust di essere "cani da guardia della sezione antitrust del Dipartimento di Giustizia, che non vogliono avere a che fare con Mammona e gli ingiusti". Il suo tono era bellicoso e roboante.

Allineando i ministri della Difesa e degli Interni, Acheson dichiarò il credo imperialista:

"Le aziende (le Sette Sorelle) svolgono un ruolo vitale nel rifornire il mondo libero del suo bene più essenziale. Le operazioni petrolifere americane sono, a tutti gli effetti, strumenti della nostra politica estera nei confronti di queste nazioni".

Il colpo da maestro di Acheson fu quello di sollevare lo spettro di un possibile intervento bolscevico sovietico in Arabia Saudita:

> Non possiamo trascurare l'importanza del ruolo svolto dalle compagnie petrolifere nella lotta per promuovere gli ideali dell'ex Unione Sovietica, né possiamo lasciare senza risposta l'affermazione secondo cui queste compagnie sarebbero impegnate in un'associazione a delinquere finalizzata all'esplorazione predatoria.

La posizione di Acheson era del tutto errata. Il cartello petrolifero era, ed è tuttora, impegnato in uno stupro predatorio imperiale dei Paesi produttori di petrolio, e le sue attività di interferenza o di decisione di politica estera basate sui loro interessi sono un pericolo per le buone relazioni del mondo arabo e islamico con gli Stati Uniti, e minacciano piuttosto che proteggere i nostri interessi di sicurezza nazionale. Per quanto riguarda il depistaggio sovietico di Acheson, dalla rivoluzione bolscevica l'industria petrolifera, e i Rockefeller in particolare, hanno goduto di una relazione molto confortevole e calorosa con la leadership bolscevica. Quando uno dei loro membri, Sir Henri Deterding, si fece beffe di essere in combutta con i bolscevichi, fu messo alla porta. I Rockefeller erano da tempo a letto con i bolscevichi in una relazione palesemente illecita e, in ogni caso, non fu Churchill, con la piena approvazione dell'industria petrolifera, a invitare i russi a partecipare all'invasione dell'Iran e dell'Iraq? Il potere del cartello petrolifero non è mai stato messo in dubbio. Il procuratore generale di Truman aveva avvertito anni prima che il mondo doveva essere liberato dal controllo dell'industria petrolifera imperiale:

> Il cartello petrolifero globale è un potere di dominio autoritario su un'industria globale importante e vitale nelle mani di singoli individui. La decisione di porre fine all'indagine in corso verrebbe vista dal mondo come

un'ammissione che la nostra avversione ai monopoli e alle attività di cartello restrittive non si estende alla più grande industria del mondo.

Questo è, in sostanza, il mio caso contro l'industria petrolifera. Prevedibilmente, Rockefeller e il suo team legale, in particolare Acheson, vinsero. Non avendo nulla da perdere, mentre si preparava a lasciare la Casa Bianca, Truman chiese al Procuratore generale di abbandonare il caso contro il cartello "nell'interesse della sicurezza nazionale".

CAPITOLO 16

Kuwait creato con terre irachene rubate

Per compiacere il popolo americano, anche se non aveva senso, Truman dichiarò che il procedimento civile sarebbe stato lasciato proseguire. Ma lo stratagemma si è rivelato per quello che era, quando le compagnie petrolifere hanno rifiutato di accettare i mandati di comparizione. Il caso fu abbandonato in sordina quando Eisenhower e Dulles, due dei principali servitori del Comitato dei 300, dei Rockefeller e del CFR, sostituirono Truman e Acheson. Il palcoscenico era quindi pronto per la diffusione del cancro dell'imperialismo petrolifero.

Kermit Roosevelt fu coinvolto fin dall'inizio nel complotto per rovesciare il Primo Ministro Mossadegh. Nell'aprile del 1953, mentre si preparava una causa civile contro i suoi padroni corrotti, Kermit era a Teheran a supervisionare l'imminente colpo di Stato contro Mossadegh, che scoppiò il 15 aprile e ebbe successo. Il povero Mossadegh, ignaro del fatto che Rockefeller ed Eisenhower fossero in combutta, continuò ad appellarsi a Eisenhower che, essendo il patetico giocattolo dei Rockefeller e del cartello petrolifero, non fece nulla per fermare le attività illegali della CIA in Iran.

Dopo la cacciata di Mossadegh, lo Scià tornò in Iran, ma fu presto disilluso quando scoprì, grazie al lavoro del dottor Mossadegh, che le compagnie petrolifere americane stavano prosciugando le riserve di petrolio iraniane e ne ricavavano grandi profitti.

Sulla base del precedente delle richieste messicane e venezuelane e della grande tangente pagata all'Arabia Saudita, lo Scià pensò che fosse giunto il momento di chiedere una quota dei proventi petroliferi molto più ampia di quella ricevuta dall'Iran. Lo Scià venne a sapere che l'industria petrolifera venezuelana era stata corrotta da Juan Vincente Gomez, che era stato corrotto per permettere a un americano di scrivere le leggi petrolifere del Venezuela, provocando un disastroso sciopero a Maracaibo nel 1922. Ma le informazioni fornite dallo scià sarebbero state la sua rovina. Le cause civili a Washington contro i membri del cartello petrolifero cominciarono a vacillare e, anche se Kermit Roosevelt si scagliò contro Teheran, Eisenhower chiese al suo procuratore generale di elaborare un compromesso tra i tribunali e il cartello petrolifero che avrebbe avuto successo,

> "... proteggerebbe gli interessi del mondo libero in Medio Oriente come principale fonte di approvvigionamento di petrolio.

Ancora più sorprendente è il fatto che Eisenhower abbia dato istruzioni al Procuratore Generale di "considerare d'ora in poi le leggi antitrust secondarie rispetto agli interessi della sicurezza nazionale". Non c'è da stupirsi che l'Ayatollah Khomeini abbia definito gli Stati Uniti "il Grande Satana". Per quanto riguarda l'industria petrolifera, si tratta di un epiteto ben meritato. Agendo sotto la bandiera degli Stati Uniti imperialisti, Eisenhower diede carta bianca al cartello del petrolio per fare ciò che voleva.

Khomeini si premurò di dire che il "Grande Satana" non era il popolo americano, ma il suo governo corrotto. Se consideriamo il modo in cui il governo americano ha mentito al suo stesso popolo, il modo in cui ha chiesto ai figli e alle figlie di questa nazione di sacrificare le loro vite nell'interesse dell'industria petrolifera, possiamo certamente capire come Khomeini possa essere giustificato in una tale caratterizzazione.

Durante il farsesco procedimento civile contro i membri del cartello petrolifero, il Dipartimento di Stato si è continuamente riferito agli imputati come "il cosiddetto cartello petrolifero", ben sapendo che non c'era nulla di "cosiddetto" nelle Sette

Sorelle e nei partecipanti alla cospirazione dell'Achnacarry Castle. Possiamo aggiungere che il Dipartimento di Stato di allora era densamente popolato da simpatizzanti di Rockefeller e Rothschild e lo è ancora oggi.

Le scuse del Dipartimento di Stato ai membri del cartello hanno infine permesso al cartello di prevalere. Così la giustizia fu pervertita e violata e i cospiratori la fecero franca con i loro crimini, come fanno ancora oggi. L'affermazione del Dipartimento di Stato secondo cui le Sette Sorelle sarebbero state in prima linea nel respingere la penetrazione sovietica nei giacimenti petroliferi sauditi e iraniani era una palese menzogna in una serie di bugie messe in atto dall'industria petrolifera fin dai tempi di John D. Rockefeller.

Nel 1953, le principali compagnie petrolifere della Gran Bretagna imperiale e degli Stati Uniti hanno dato vita a una gigantesca cospirazione che prevedeva la necessità di agire in modo unitario contro quello che lui chiamava "il problema iraniano". (Ricordate il Messico e il "nemico comune"?) Sir William Fraser scrisse a Mobil, Texaco, Socol, BP, Shell e Gulf Oil, proponendo di organizzare al più presto un incontro di vedute per risolvere una volta per tutte le difficoltà con l'Iran.

I rappresentanti delle principali compagnie petrolifere statunitensi si sono uniti alle loro controparti britanniche a Londra (un luogo d'incontro da sempre preferito da chi cerca di evitare le leggi sulla cospirazione negli Stati Uniti). A loro si sono aggiunti i rappresentanti della società francese Française des Pétroles. Si è deciso di formare un cartello - solo che si chiamerà "consorzio" - per assumere il controllo totale del petrolio in Iran. Decenni dopo, quando lo Scià cercò di opporsi al cartello, fu messo in fuga e poi ucciso.

Questa lettera e il successivo accordo di cartello costituirono la base della cospirazione dell'amministrazione imperiale Carter per sbarazzarsi dello scià, e furono di fatto una copia carbone dei metodi utilizzati per sbarazzarsi del dottor Mossadegh. Circa 60 agenti della CIA appartenenti alla "fazione dei banchieri" furono inviati a Teheran per minare lo scià. Un altro esempio del potere dell'industria petrolifera si è verificato durante la guerra arabo-israeliana del 1967.

Il 4 giugno 1967, l'esercito israeliano invase l'Egitto, provocando un breve boicottaggio arabo dell'intero Occidente. Il boicottaggio si è poi ridotto ai principali finanziatori di Israele, Gran Bretagna e Stati Uniti. Invece di aprire nuovi giacimenti nazionali, le compagnie petrolifere hanno aumentato il prezzo del gas quando non ce n'era motivo. Noi diciamo che non c'era motivo di aumentare il prezzo, perché le compagnie petrolifere avevano a disposizione un'enorme scorta di miliardi di galloni di benzina raffinata dal petrolio saudita a basso costo. Il Ministro degli Esteri egiziano ha suggerito che

"... il sostegno all'aggressore, Israele, che ci ha attaccato, è costato al contribuente americano miliardi di dollari, non solo attraverso le ingenti spedizioni di armi allo Stato aggressore di Israele, ma anche attraverso l'aumento del prezzo della benzina che i cittadini americani devono ora pagare".

Credo di aver stabilito un solido caso di cospirazione criminale contro l'industria petrolifera, che si è impegnata in una cospirazione con compagnie petrolifere straniere per saccheggiare, rubare e derubare il popolo americano; per minare la politica estera del governo eletto e, in generale, per agire come un governo all'interno del governo che ha commesso centinaia di atti criminali. Gli Stati Uniti sono diventati una potenza imperiale in tutti i sensi.

L'altro alleato degli Stati Uniti e del Kuwait, l'Arabia Saudita, è ora ai ferri corti con l'Iran e teme per la propria sicurezza. In modo discreto e dietro le quinte, re Fahd sta subendo molte pressioni da parte dei membri della sua famiglia per chiedere agli Stati Uniti di spostare le loro basi militari fuori dal regno. Re Fahd, nel tentativo di arginare i crescenti disordini nel Paese, avrebbe dovuto istituire una serie di riforme dopo la Guerra del Golfo. Come in Kuwait, le riforme "democratiche" sono state molto retoriche e poco concrete. Le famiglie al potere non sono pronte ad allentare la presa sul Paese, né tantomeno a opporsi al cartello del petrolio.

Nel marzo 1992, il re Fahd dichiarò che la censura sarebbe stata eliminata come parte delle riforme promesse. Questa dichiarazione ha fatto seguito al brutale trattamento di un giornalista saudita, Zuhair al-Safwani, arrestato il 18 gennaio 1992 e condannato a quattro anni di carcere per aver fatto un'osservazione leggermente sfavorevole sulla famiglia Abdul Aziz, che la Casa di Saud considerava scomodamente vicina alla verità. Oltre alla condanna a quattro anni di carcere, al-Safwani ha ricevuto 300 frustate che lo hanno lasciato paralizzato sul lato sinistro del corpo.

Una tortura così orribile avrebbe fatto notizia su CNN, ABC, NBC, FOX e *New York Times* se fosse avvenuta in Sudafrica, Iraq o Malesia. Quando un giovane americano fu condannato a nove colpi di bastone da un tribunale di Singapore dopo essere stato condannato per traffico di droga, persino il Presidente Clinton si appellò alla clemenza.

Ma poiché questa orribile brutalità è avvenuta in Arabia Saudita, i nostri intrepidi giganti mediatici, che amano dire la verità, tutta la verità, hanno mantenuto un silenzio assordante. Non una parola di condanna dell'Arabia Saudita è arrivata da CNN, CBS, ABC, NBC e FOX.

Il governo degli Stati Uniti è in combutta con i despoti sauditi, ed è per questo motivo che accorriamo con le nostre forze militari se c'è una qualsiasi minaccia, reale o immaginaria, alla "democrazia" saudita. Il fatto è che le truppe statunitensi sono basate a Dhahran, in Arabia Saudita, unicamente per proteggere e perpetuare uno dei regimi più dispotici del mondo attuale. La cosa giusta da fare sarebbe riportare a casa le truppe statunitensi e cancellare i miliardi di dollari di pagamenti per il "diritto alla protezione" da quando il programma è stato avviato dai Rockefeller. Il denaro pagato ai governanti sauditi per indurre le compagnie petrolifere statunitensi a pompare petrolio dai loro pozzi viene dedotto dalle imposte sul reddito degli Stati Uniti come tasse pagate in un Paese straniero. Il popolo americano deve sostenere ingiustamente questo costo.

Nel frattempo, le cose non andavano bene per l'industria petrolifera somala. Come rivela la mia monografia "What Are We Doing in Somalia",[7] l'ex presidente Bush, ancora al servizio dell'industria petrolifera, ha inviato le forze armate statunitensi in Somalia, apparentemente per sfamare la popolazione somala che muore di fame. La mia monografia ha strappato questa maschera dal volto dell'amministrazione Bush, rivelando il vero intento e lo scopo della presenza di unità delle forze armate statunitensi in Somalia.

La rivista *World In Review* ha riferito che gli Stati Uniti erano impegnati nella ristrutturazione dell'ex base nella città portuale di Berbera, situata in posizione strategica sul Mar Rosso, a cavallo dei giacimenti petroliferi dell'Arabia Saudita. Ha anche rivelato che le forze statunitensi si trovano in Somalia per proteggere le squadre di trivellazione alla ricerca di petrolio nel Paese, che si dice sia abbondante. Se da un lato la base di Berbera, recentemente ristrutturata, può contribuire a placare i timori degli sciiti riguardo alla presenza di truppe statunitensi in Arabia Saudita, dall'altro il rovescio della medaglia è rappresentato da una possibile perdita di entrate per il regno se e quando il petrolio somalo inizierà a fluire, anche se potrebbero passare vent'anni o più prima che ciò accada. Tuttavia, l'insistenza degli elementi religiosi di Riyadh affinché gli Stati Uniti siano avvertiti di lasciare il regno non è andata giù a re Fahd e ad alcuni dei suoi figli.

Ha portato in superficie le differenze familiari all'interno del palazzo in modo molto chiaro. Con la sua salute cagionevole e le richieste di allentare la presa della famiglia saudita sul Paese, quello che sembrava essere un interminabile futuro luminoso per la famiglia reale saudita ha iniziato a oscurarsi.

La forza dell'opposizione religiosa al mantenimento del potere assoluto dei sauditi e dei wahhabiti è stata eloquente. Ogni giorno porta nuove provocazioni da parte degli sciiti e di altri fondamentalisti che vogliono che Re Fahd mantenga la promessa

---

[7] "Cosa stiamo facendo in Somalia?

di indire elezioni nell'immediato futuro, cosa che non è affatto disposto a fare. In passato, i governanti dispotici della famiglia Abdul Aziz in Arabia Saudita presentavano un fronte unito a tutti gli esterni che si opponevano al loro regime dittatoriale.

Fonti dell'intelligence mi dicono che non è più così. Intense rivalità familiari e la morte del re Fahd minacciano il fronte un tempo unito. A ciò si aggiunge la crescente pressione dei fondamentalisti musulmani, culminata con l'arresto di diverse centinaia di loro leader, che Riyadh ha definito "radicali religiosi" ma che in realtà sono un gruppo di mullah che cercano di avere voce in capitolo nel governo del Paese.

La guerra tra Hezbollah e l'esercito israeliano in Libano, iniziata nel luglio 2006, ha avuto un effetto preoccupante a Riyadh. I fondamentalisti volevano che il regime saudita si dichiarasse apertamente dalla parte di Hezbollah, cosa che il clan al potere Abdul Aziz sperava di evitare. Nelle sue continue guerre petrolifere contro gli Stati arabi e musulmani produttori di petrolio, l'industria petrolifera si affida sempre più all'esercito statunitense per essere coinvolta e combattere le sue battaglie petrolifere.

Va ricordato che Bush non aveva alcuna autorità costituzionale per inviare le truppe statunitensi a combattere l'Iraq. Solo il Congresso può dichiarare guerra. Il Presidente non ha l'autorità di inviare truppe da nessuna parte e non ha l'autorità di mantenere truppe di stanza in Arabia Saudita in virtù della custodia dei beni della BP in Kuwait.

Quindi Bush, che non ha l'autorità di inviare truppe statunitensi da nessuna parte senza l'approvazione del Congresso (sotto forma di dichiarazione di guerra), se l'è letteralmente cavata con un grave crimine, quello di aver violato il suo giuramento, per il quale avrebbe dovuto essere perseguito per non aver rispettato la Costituzione e per crimini di guerra, tra le altre cose.

Il rappresentante Henry Gonzales ha effettivamente elencato i crimini commessi da G.H.W. Bush e ha cercato di ottenere l'impeachment, ma i suoi sforzi sono stati bloccati dai

Democratici e dai Repubblicani della Camera, che hanno ritenuto sleale non assecondare la marcia contro il Presidente Saddam Hussein, ma proteggere Bush dalle accuse di tradimento. Questo dimostra che su questioni vitali le differenze tra i due partiti politici americani sono minime. Di conseguenza, la politica estera degli Stati Uniti si è degradata a potenza imperialista. Dal 1991, il Congresso ha approvato ogni sorta di legge incostituzionale con il pretesto di combattere il "terrorismo". Il Congresso degli Stati Uniti deve dare a Bush e al Dipartimento della Difesa un colpo secco sulle articolazioni. Qualsiasi tentativo da parte degli Stati Uniti di interferire negli affari sovrani di altre nazioni non potrebbe che essere visto dal mondo - e dalla maggioranza degli americani - come un atto di estrema violenza, di gran lunga superiore, in termini di terrorismo e totale depravazione, a qualsiasi beneficio marginale che potrebbe derivarne.

Una delle cose più agghiaccianti è che non c'è stata alcuna protesta pubblica contro George Bush anche solo per aver proposto di usare armi nucleari contro piccole nazioni, e dimostra quanto gli Stati Uniti siano sulla strada di un unico governo mondiale. Da trent'anni gli Stati Uniti affermano che l'uso delle armi nucleari dovrebbe essere vietato. Eppure c'è qualcuno che non è stato eletto dagli elettori e che sta creando un pericoloso precedente dicendo che va bene attaccare le nazioni finché queste nazioni sono "Stati rossi" che siedono sopra preziose riserve di petrolio. Non si deve permettere che i nostri militari diventino i cani da guardia dell'industria petrolifera. Sicuramente abbiamo imparato qualcosa dalla Guerra del Golfo?

Se si studia l'opera del grande studioso costituzionale Joseph Story, il volume III dei *Commentaries on the U.S. Constitution*, e in particolare il capitolo 5, non si fa menzione del fatto che il Segretario alla Difesa e il Pentagono hanno il potere di fare e attuare la politica estera degli Stati Uniti. Ogni membro del Congresso dovrebbe essere obbligato a leggere questo libro per poter fermare questi palesi abusi di potere come quelli che Bush ha compiuto in Medio Oriente. L'industria petrolifera ha pensato che sarebbe stato un buon modo per indebolire le due principali nazioni produttrici di petrolio e prepararle a un rapido collasso.

Il Presidente Bush, senza alcuna autorità da parte del Congresso, ha creato un clima di odio contro l'Iraq, pensando che le forze armate statunitensi avrebbero avuto un pretesto per impegnarsi in una guerra di logoramento imperialista contro il popolo iracheno, a tutto vantaggio dell'industria petrolifera. Quando questa nazione imparerà che l'industria petrolifera è gestita dai globalisti del governo mondialista, la cui avidità non conosce limiti? Non ci si può fidare dell'industria petrolifera: i suoi leader sono dei veri e propri piantagrane, disposti a far precipitare la nazione in ogni tipo di guaio se ciò va a loro esclusivo vantaggio.

Le ultime perdite delle truppe statunitensi in Iraq sono una vergogna nazionale. Le nostre truppe non combattono per gli Stati Uniti. Sono a Baghdad per assicurare le riserve di petrolio dell'Iraq al cartello petrolifero. E le nostre truppe sono in Arabia Saudita per mantenere la dinastia Abdul Azziz al suo posto, perché il loro regime è un regime di banca montana che fa fluire il petrolio verso il gigante americano ARAMCO. Non un solo soldato americano dovrebbe essere sacrificato sull'altare dell'avidità dell'industria petrolifera.

Chi ha messo i nostri militari in questa zona di pericolo e in base a quale autorità costituzionale è stato fatto? La frenetica corsa di George Herbert Walker Bush e del Pentagono a difendere il Kuwait, una delle dittature più malsane del mondo (dopo l'Arabia Saudita), è indicativa dello stato di anarchia e caos di Washington. Le truppe e i rifornimenti statunitensi che si sono precipitati in Kuwait per conto della British Petroleum e dei banchieri della City di Londra hanno rivelato il livello avanzato di lavaggio del cervello a cui è stata portata l'opinione pubblica americana. Mettiamola in prospettiva:

Il Kuwait non è un Paese. È un'appendice della British Petroleum e dei banchieri della City di Londra. Il territorio conosciuto come Kuwait apparteneva all'Iraq ed è stato riconosciuto come parte integrante dell'Iraq per oltre 400 anni - fino a quando l'esercito britannico è sbarcato, ha tracciato una linea attraverso le sabbie del deserto e ha dichiarato: "Questo è ora il Kuwait". Naturalmente, il confine immaginario si trovava proprio nel mezzo dei più ricchi giacimenti di petrolio della regione, i giacimenti di Rumaila, che appartenevano all'Iraq da 400 anni e che appartengono ancora all'Iraq. Rubare la terra non trasferisce mai la proprietà.

Citazione da "Diplomazia con l'inganno:"[8]

> Nel 1880, il governo britannico strinse amicizia con uno sceicco arabo di nome Emiro Abdullah al Salam al Sabah, che fu nominato suo rappresentante nell'area lungo il confine meridionale dell'Iraq, dove erano stati scoperti i giacimenti di petrolio di Rumaila, all'interno del territorio iracheno. All'epoca non esisteva altro Paese che l'Iraq - a cui apparteneva tutto il territorio, dato che l'entità Kuwait non esisteva.
>
> La famiglia Al Sabah teneva d'occhio il ricco bottino... A nome del Comitato dei 300, il 25 novembre 1899 - lo stesso anno in cui i britannici entrarono in guerra con le piccole repubbliche boere del Sudafrica - il governo britannico raggiunse un accordo con l'emiro Al Sabah in base al quale le terre che sconfinavano nei giacimenti petroliferi iracheni di Rumaila sarebbero state cedute al governo britannico, sebbene le terre fossero parte integrante dell'Iraq e né l'emiro Al Sabah né i britannici avessero alcun diritto su di esse.

L'accordo è stato firmato dallo sceicco Mubarak Al Sabah, giunto a Londra in grande stile... Il "Kuwait" è diventato di fatto un protettorato britannico. La popolazione locale e il governo iracheno non vengono mai consultati e non hanno voce in capitolo. Gli Al Sabah, dittatori assoluti, dimostrarono subito una spietata crudeltà. Nel 1915, gli inglesi marciarono su Baghdad e la occuparono in quello che George Bush avrebbe definito un atto di "brutale aggressione".

Il governo britannico istituì un "mandato" autoproclamato e

---

[8] *Diplomacy by Lie - An Account of the Treachery of the Governments of England and the United States*, John Coleman, Omnia Veritas Ltd, www.omnia-veritas.com.

inviò a dirigerlo l'Alto Commissario Cox, che nominò l'ex re
Faisal di Siria a capo di un regime fantoccio a Bassora. La Gran
Bretagna aveva ora un fantoccio nell'Iraq settentrionale e un
altro nell'Iraq meridionale...

Nel 1961, il primo ministro iracheno Hassan Abdul Kassem
attaccò ferocemente la Gran Bretagna sulla questione del
Kuwait, sottolineando che i negoziati promessi dalla Conferenza
di Losanna non avevano avuto luogo. Kassem ha affermato che
il territorio chiamato Kuwait è parte integrante dell'Iraq ed è
stato riconosciuto come tale per oltre 400 anni dall'Impero
Ottomano. Il governo britannico ha invece concesso
l'indipendenza al Kuwait...

Non esisteva un vero confine tra il "Kuwait" e l'Iraq; era tutta
una farsa. Se Kassem fosse riuscito a riconquistare le terre
occupate dal Kuwait, i governanti britannici avrebbero perso
miliardi di dollari di proventi petroliferi. Ma quando Kassem
scomparve dopo l'indipendenza del Kuwait (ci sono pochi dubbi
che sia stato assassinato da agenti dell'MI6 britannico), il
movimento per sfidare la Gran Bretagna perse il suo slancio.

Concedendo l'indipendenza al Kuwait nel 1961 e ignorando il
fatto che la terra non gli apparteneva, la Gran Bretagna fu in
grado di mettere da parte le giuste rivendicazioni dell'Iraq.
Sappiamo che il governo britannico ha fatto la stessa cosa in
Palestina, in India e, più tardi, in Sudafrica.

Per i successivi 30 anni, il Kuwait rimase uno stato vassallo della
Gran Bretagna, versando miliardi di dollari nelle banche
britanniche grazie alla vendita del petrolio iracheno, mentre
l'Iraq non ricevette nulla... Il sequestro delle terre irachene, che
la Gran Bretagna chiamò Kuwait e a cui concesse
l'indipendenza, deve essere considerato uno dei più audaci atti
di pirateria dei tempi moderni e contribuì direttamente alla
Guerra del Golfo.

Mi sono impegnato a fondo per spiegare gli eventi che hanno
portato alla Guerra del Golfo, per mostrare il potere del Comitato
dei 300 e l'ingiustizia dell'atteggiamento degli Stati Uniti nei

confronti dell'Iraq.

Il Presidente G.H.W. Bush ha ripetuto le stesse tattiche illegali al 100% praticate dal Cartello del Petrolio. È questo tipo di comportamento che sta portando gli Stati Uniti all'anarchia e al caos. Dal 1991, le donne e i bambini iracheni sono morti a centinaia di migliaia per malattie, molte delle quali causate dalle radiazioni dei bossoli di uranio impoverito (DU), e per la malnutrizione dovuta al boicottaggio disumano durato 19 anni.

L'Iraq non aveva soldi per comprare cibo e forniture mediche, cosa che invece ha fatto l'UE.

L'embargo delle Nazioni Unite è stato magnanimamente autorizzato. Come poteva l'Iraq acquistare questi beni di prima necessità quando le sue entrate petrolifere erano ridotte al di sotto dei livelli di sussistenza? La meningite imperversava tra i bambini di Baghdad, mentre la Gran Bretagna e gli Stati Uniti giocavano con le vite di un popolo che non aveva mai fatto loro del male. L'imperialismo contro l'Iraq ha regnato sovrano negli ultimi 18 anni. Non c'è alcuna giustificazione ed è completamente incostituzionale che gli Stati Uniti siano al soldo del cartello del petrolio. Nessuna truffa è troppo grande o troppo piccola o troppo sgradevole per il cartello del petrolio.

A metà 2008, siamo ancora una volta testimoni di come il cartello petrolifero imperiale sia una legge a sé stante, un'organizzazione spietata che nessun governo è stato in grado di arginare o controllare. Abbiamo assistito a una situazione piuttosto sorprendente, in cui le riserve petrolifere statunitensi in Alaska alimentano regolarmente le raffinerie in Cina. Gli Stati Uniti e la Cina arriveranno mai alle mani? Questo è ancora da vedere.

In Medio Oriente abbiamo assistito alla politica di sterminio dei giganti del petrolio, di cui il popolo iracheno è vittima. Questa storia di orrore in corso è stata ben nascosta dai media, per evitare che alcune persone aprissero gli occhi e cominciassero a chiedersi cosa sta succedendo. Non dimenticate mai che gli Stati Uniti e la Gran Bretagna sono i due Paesi più imperialisti e decadenti del mondo e che sotto la loro guida l'imperialismo è fiorito e si è diffuso come la peste. Il popolo americano tollera oggi cose che non avrebbe tollerato solo pochi anni fa. Sia l'ex presidente George Bush che il presidente Clinton si sono resi colpevoli di interferenze. Quando George Bush senior ha stabilito unilateralmente, e senza alcuna autorità in base al diritto internazionale e alla Costituzione degli Stati Uniti, due cosiddette "no-fly zone" sull'Iraq, ha agito in violazione della Costituzione degli Stati Uniti, imponendo la sua volontà alla nazione sovrana dell'Iraq e al popolo americano, senza alcuna autorità a sostegno delle sue azioni.

Questo atto è stato compiuto presumibilmente per proteggere il popolo curdo che rischiava di essere invaso da Saddam Hussein. Mai atto dittatoriale più unilaterale è stato compiuto in nome del popolo americano, rafforzato dal peso delle forze armate statunitensi. E ora, nel 2008, continuiamo a sopportare le dubbie azioni di George Bush come se fosse un re che tutto il mondo teme e trema. America, cosa ti è successo?

Non esiste un segretariato delle Nazioni Unite per il numero di risoluzione del Consiglio di sicurezza che autorizza le zone di interdizione al volo e il Consiglio di sicurezza non ha emesso alcuna risoluzione che riguardi le zone di interdizione al volo. Bush ha preso questo provvedimento unilateralmente. Il Dipartimento di Stato non è stato in grado di citare un'autorizzazione per le "no-fly zone" in nessuna legge statunitense consolidata o nella legge suprema, la Costituzione degli Stati Uniti. L'azione unilaterale di George Bush senior è stato un chiaro caso di dittatore imperialista al lavoro. L'antico rispetto per lo Stato di diritto, il rispetto per la nostra Costituzione, è stato calpestato da un Presidente Bush arrogante e imperialista. A quanto pare, gli americani si accontentano di lasciare che i magnati del petrolio la facciano franca con comportamenti illegali e illeciti.

George Bush senior è uno degli uomini più importanti dell'industria petrolifera; non ha alcun interesse per il benessere dei curdi. L'industria petrolifera su cui questo gruppo senza legge ha messo gli occhi è l'enorme riserva di petrolio non sfruttata nei vilayet di Mosul in Iraq. Per coincidenza, i curdi, che George Bush voleva "proteggere", occupano proprio il territorio iracheno sotto il quale si trovano i giacimenti di petrolio di Mosul. Il magnate del petrolio e amico della Regina Elisabetta II, George Bush, dichiarò quindi che nessun aereo iracheno avrebbe potuto volare nelle "no-fly zone".

Bush Sr. ha detto che le "no-fly zone" dovrebbero proteggere i curdi. Eppure, a pochi chilometri di distanza, il numero di curdi uccisi dall'esercito turco fa da strano sfondo. Naturalmente, questo ha senso quando sappiamo che la politica estera degli Stati Uniti è dettata dai giganti del petrolio, e ha ancora più senso quando cominciamo a capire che i vilayet petroliferi di Mosul sono la vera ragione delle "no-fly zone" e del lancio di due missili da crociera da milioni di dollari sui cittadini inermi di Baghdad.

Il popolo americano è il più credulone, illuso, connivente, irreggimentato e regolamentato del mondo, che vive in una fitta giungla di disinformazione e in una selva ancora più fitta di propaganda spudorata. Di conseguenza, il popolo americano non si rende conto che il suo governo è un governo sotto la direzione di un organismo parallelo segreto di alto livello, il Comitato dei 300, che permette ad aspiranti dittatori e tiranni di coprire le loro azioni dispotiche e incostituzionali. Chiunque metta in discussione la politica estera di Bush nei confronti dell'Iraq viene etichettato come antipatriottico, quando in realtà gli antipatriottici sono la famiglia Bush e coloro che sostengono la loro politica di cartello petrolifero nei confronti dell'Iraq e di tutto il Medio Oriente. Queste sono le persone che hanno sostenuto il bombardamento totalmente incostituzionale e il boicottaggio illegale (secondo il diritto internazionale) dell'Iraq, il bombardamento incostituzionale della Serbia e gli atti di aggressione contro i popoli iraniano e libanese. Nessuna nazione è al sicuro dai magnati del petrolio. La California ha decine di raffinerie, da Los Angeles a Bakersfield all'area di San Francisco. Nello Stato c'è petrolio in abbondanza. Eppure, per anni, i cittadini californiani sono stati ingannati dall'avidità dell'industria petrolifera. Quando la benzina costava 79 centesimi al gallone in Kansas, i californiani pagavano 1,35 dollari al gallone.

Non è mai stato giustificato, ma con il legislatore californiano in tasca, di cosa dovevano preoccuparsi i magnati? E così la corsa ai prezzi è continuata. I prezzi della benzina alla pompa sono saliti alla strabiliante cifra di 2,65 dollari per la benzina normale e di 3,99 decimi per la benzina premium. Non c'era alcuna giustificazione per questi sciocanti aumenti di prezzo. L'avidità era il fattore motivante. Le raffinerie non hanno mai esaurito il greggio e le scorte di benzina sono rimaste a livelli quasi normali.

L'esercito statunitense è ora un mercenario per il gigantesco mostro dell'industria petrolifera. L'esercito statunitense sarà trascinato in una guerra regionale dopo l'altra nell'interesse dell'avidità e del profitto dei mostri dell'industria petrolifera. I contribuenti statunitensi continueranno a finanziare il "prezzo del racket", che consente ad ARAMCO di continuare a pompare petrolio in Arabia Saudita. È necessario un grande risveglio del popolo americano. Come un antico risveglio religioso, è necessario uno spirito di legge, di ordine e di amore per la Costituzione americana per spazzare via questa nazione un tempo grande e ripristinarla come nazione di leggi, non di uomini.

I moderni baroni rapinatori stanno frodando il popolo americano alla pompa nel modo più sfacciato e spudorato della loro lunga storia. Il cartello del petrolio è spietato, ben organizzato e non tollera alcuna interferenza da parte del governo, sia esso statunitense o di qualsiasi altra nazione. I contribuenti americani sono costretti a sostenere il costo delle tangenti pagate alla famiglia regnante saudita attraverso i suoi agenti al governo, che hanno comprato e pagato e continuano a pagare ogni volta che fate il pieno alla vostra auto.

Gli americani devono sapere cos'è questo gigantesco cartello che si fa beffe delle leggi di molti Paesi, compreso il loro, e dalla conoscenza scaturirà il desiderio di intraprendere azioni correttive e una protesta pubblica che spinga i legislatori a rompere il monopolio. Dietro questo cartello c'è il potere della Central Intelligence Agency (CIA). Chiunque si opponga a questo cartello onnipotente non può essere al sicuro. Hanno imposto il "grande furto di benzina" al popolo americano senza alcuna opposizione significativa da parte dei nostri rappresentanti eletti a Washington. Questa è una storia di corruzione che supera qualsiasi cosa fatta nella storia moderna.

O la Camera e il Senato non faranno nulla per impedire ai magnati di consumare le nostre vite, o hanno così paura del loro potere che non faranno nemmeno il minimo tentativo di limitarlo.

Lasciamo che l'industria petrolifera statunitense produca grafici e diagrammi e dica tutto quello che vuole; lasciamo che i loro economisti ci spieghino perché dobbiamo sostenere il costo dei loro affari; gli accordi loschi; perché il popolo americano deve pagare gli stipendi della CIA impegnata a mantenere il loro monopolio, ma diventa ovvio che i loro sforzi equivalgono a una grande bugia quando conosciamo i fatti!

Quali sono i fatti? A causa del modo in cui il cartello ha manipolato le leggi fiscali, dal 1976 in America non sono state costruite nuove raffinerie di petrolio, mentre in Arabia Saudita, grazie alle tasse statunitensi pagate in tangenti alla famiglia reale saudita, sono stati investiti miliardi di dollari nell'espansione degli impianti petroliferi.

Tra il 1992 e oggi, ben 36 raffinerie statunitensi hanno chiuso i battenti. Tra il 1990 e oggi, il numero di piattaforme petrolifere statunitensi è sceso da 657 a 153. Il numero di americani impegnati nella ricerca di petrolio in America è sceso da 405.000 a 293.000 nel giro di dieci anni. Da dove proviene il petrolio che utilizziamo in quantità sempre maggiori? Il Medio Oriente! Così, siamo colpiti da tre colpi:

- La struttura fiscale degli Stati Uniti rende impossibile per i trivellatori indipendenti rimanere nel settore dell'esplorazione petrolifera.

- La raffinazione e la distribuzione del prodotto finito sono un monopolio.

- Il beneficiario di questo tradimento è ARAMCO, che può far pagare di più la benzina proveniente da fonti saudite e raccogliere profitti osceni a spese degli automobilisti americani.

Il loro racket è tale che la ricchezza di tutte le "famiglie" mafiose in America è come spiccioli, il che forse rende i membri del cartello del petrolio dei racket. Perché la legge RICO non viene applicata contro l'industria petrolifera? Grazie ai loro agenti nella legislatura, sono stati in grado di farla franca con il "furto di gas" per decenni.

Che i legislatori si occupino di questo caso deplorevole e mettano fine al furto dilagante alle pompe di benzina che, a causa del loro silenzio, è diventato una caratteristica permanente del paesaggio americano. Siate certi di una cosa: i racket del cartello del petrolio non si fermeranno finché non ci imporranno un prezzo di 4,50 dollari al gallone.

CAPITOLO 17

Rockefeller si lamenta con il Dipartimento di Stato La Gran Bretagna invade l'Iraq

L a storia della brama britannica e americana per il petrolio iracheno risale al 1912, quando non era ancora nato il cattivissimo presidente Saddam Hussein, impiccato da un tribunale fantoccio, e Henri Deterding, fondatore della Royal Dutch Shell Company, aveva ottenuto concessioni petrolifere in diversi Stati produttori. Nel 1912, Deterding si interessò agli interessi petroliferi americani in California, acquisendo una serie di compagnie petrolifere grandi e piccole, tra cui la California Oil-Field Company e la Roxana Petroleum.

Naturalmente, la Standard Oil Company di John D. Rockefeller presentò un reclamo contro Deterding al Dipartimento di Stato, ma Deterding permise alla Standard di acquistare azioni delle società californiane della Shell per annullare il reclamo. Il vecchio John D. non sembrava rendersi conto che, accettando in fretta e furia le offerte di Deterding, stava sovvenzionando gli sforzi di Shell per conquistare il mercato americano. Ma tutto cambiò nel 1917, quando il presidente Wilson, in palese violazione del suo giuramento, trascinò l'America nella Prima guerra mondiale.

Improvvisamente, da un giorno all'altro, la Gran Bretagna, che aveva attaccato Standard e soprattutto Deterding della Royal Dutch Shell, fa marcia indietro. Il cattivo dell'opera diventa il Kaiser Guglielmo II e Henry Deterding diventa improvvisamente un importante alleato.

Solo un anno prima di questo cambiamento di opinione, i

britannici avevano invaso l'Iraq in flagrante violazione del diritto internazionale, ma non erano riusciti a raggiungere Mosul quando erano stati abbandonati dalla Francia, le cui truppe non avevano appoggiato gli invasori britannici. Invece di aiutare gli inglesi, la Francia firmò un accordo con la Turchia, cedendo a quest'ultima parte dei giacimenti petroliferi di Mosul. Immaginate la faccia tosta di questi aggressori! Hanno definito Stalin un "dittatore", ma nessuno ha agito in modo più dittatoriale nei confronti dell'Iraq di Gran Bretagna, Francia, Turchia e, più recentemente, degli Stati Uniti.

Le dispute tra i presunti ladri di petrolio iracheni continuarono fino alla conferenza di San Remo del 24 aprile 1920, in cui Gran Bretagna, Francia e Turchia concordarono che la maggior parte di Mosul sarebbe stata ceduta alla Gran Bretagna in cambio di alcune considerazioni su un conglomerato petrolifero, che non includeva l'Iraq e da cui l'Iraq non traeva alcun beneficio. Il governo iracheno non è stato consultato in nessun momento.

Nel maggio 1920, il Dipartimento di Stato si rivolse al Congresso degli Stati Uniti per denunciare il sequestro di Mosul e di altri importanti giacimenti petroliferi da parte della Gran Bretagna. Non che il Dipartimento di Stato si preoccupasse dei diritti del popolo iracheno. Ripeto, l'Iraq non è mai stato consultato mentre la sua terra e le sue ricchezze petrolifere venivano parcellizzate e vendute al miglior offerente - i membri del cartello del petrolio. Piuttosto, ciò che preoccupava il Dipartimento di Stato era che John D. Rockefeller e la Standard Oil fossero completamente esclusi dall'"affare" di Mosul.

Il Dipartimento di Stato fa pressioni per una nuova conferenza multipartitica a Losanna. Con il pretesto di concordare un incontro con gli Stati Uniti e altre "nazioni interessate", i britannici colgono l'occasione per lanciare una nuova invasione dell'Iraq e questa volta le truppe britanniche riescono a raggiungere e a prendere il controllo di Mosul. Finalmente la Gran Bretagna ha messo le mani sul gran premio! La stampa mondiale non ha detto nulla su questo sfacciato atto di aggressione.

Se c'era qualche dubbio sull'aggressività delle forze imperiali britanniche in Sudafrica nella loro spietata ricerca di strappare il controllo dell'oro alla Repubblica del Transvaal, è stato dissipato anni dopo dalle azioni delle forze armate britanniche in Iraq. La ricerca dell'oro iniziata da Cecil John Rhodes per conto dei suoi padroni, i Rothschild, si ripete ora in Iraq, questa volta per l'"oro nero". Non c'è stato alcun tentativo di invitare l'Iraq a Losanna per attenuare l'immagine del "grande furto di greggio". In effetti, la stampa britannica gongolava per il successo della cosiddetta diplomazia di Whitehall.

Per quanto la Turchia ci abbia provato, non è riuscita a distogliere gli inglesi da quello che considerava il suo legittimo diritto al petrolio iracheno! Pensateci un attimo. Solo il 23 aprile 1921, in occasione della seconda Conferenza di Losanna, la Turchia ammise che la Gran Bretagna aveva quello che definì pittorescamente "possesso legale" di Mosul, e questo senza il consenso del popolo iracheno, a cui Mosul apparteneva. Così, solo in virtù della sua superiore potenza militare, la Gran Bretagna si è impadronita di Mosul e dei ricchissimi giacimenti petroliferi di Ahwaz e Kirkuk.

Non c'è da stupirsi che il corrispondente britannico del *Financial Times* di Londra ne sia rimasto entusiasta:

> Noi britannici avremo la soddisfazione di sapere che tre enormi giacimenti vicini tra loro, in grado di soddisfare il fabbisogno petrolifero dell'Impero per molti anni, sono quasi interamente sviluppati dall'impresa britannica.

> Fonte: *Financial Times* di Londra,
> Il British Museum di Londra

Ma il trionfo britannico fu di breve durata. Quando la Società delle Nazioni fu costretta a riunirsi nuovamente da Francia, Russia e Turchia, rifiutò di riconoscere come legittima l'aggressione armata e l'acquisizione di Mosul da parte della Gran Bretagna e restituì la città ai suoi legittimi proprietari, il popolo iracheno. Da allora, la Gran Bretagna e gli Stati Uniti hanno cercato di rubare Mosul all'Iraq e i combattimenti odierni contro l'Iraq sono la speranza che il loro sogno diventi realtà.

Forse ora avremo una visione più equilibrata del motivo per cui George Bush senior ha ordinato alle forze statunitensi di attaccare l'Iraq, anche se doveva essere consapevole di non avere alcun mandato del Congresso, e quindi stava violando il suo giuramento e il diritto internazionale. La Camera dei Rappresentanti e il Senato degli Stati Uniti non sono riusciti a fermare questa azione illegale tagliando i fondi, un'azione costituzionale che avevano troppo timore di intraprendere per paura di ritorsioni da parte del Comitato dei 300. La paura gioca un ruolo enorme nel destino delle nazioni. La paura non è scomparsa. Quando i Rothschild ordinarono a un gruppo di uomini di spaventare il governo francese affinché accettasse le loro condizioni per il controllo finanziario della nazione, una grande forza di spietati comunisti si precipitò ai Comuni di Parigi. Spaventato dalla dimostrazione di forza, il governo francese capitolò alle richieste dei Rothschild. Sembra che il Congresso degli Stati Uniti si sia trovato nella stessa situazione: troppo spaventato dal cartello del petrolio per agire contro di esso. Se gli Stati Uniti d'America non fossero guidati dal Comitato dei 300, dai Rothschild, dai Rockefeller e dal loro cartello petrolifero, sostenuti dal potere dei banchieri internazionali, e se tanti membri chiave della Camera e del Senato degli Stati Uniti non fossero stati dettati dal Consiglio per le Relazioni Estere (CFR), la Camera e il Senato degli Stati Uniti avrebbero fermato la guerra genocida contro l'Iraq. Il seguente elenco parziale a nostra disposizione si riferisce al 2006, ma dà qualche indicazione sul controllo della CFR, che deve essersi intensificato negli ultimi due anni:

La Casa Bianca	5
Il Consiglio di sicurezza nazionale	9
Dipartimento di Stato	27

Ambasciatori statunitensi in servizio all'estero	25
Dipartimento della Difesa	12
I capi di stato maggiore delle forze armate	8
Dipartimento di Giustizia	6
Senato	15
Camera dei Rappresentanti	25

Poiché la Camera e il Senato degli Stati Uniti non hanno dichiarato guerra all'Iraq, né hanno dato il giusto consenso costituzionale sotto forma di dichiarazione di guerra vincolante, l'invasione dell'Iraq nel 1991 e nel 2003 è stata chiaramente illegale e illecita, e ha trasformato gli Stati Uniti in una nazione di banditi sotto il controllo del padrino di tutti i banditi, i magnati del cartello del petrolio. Gli uomini del cartello petrolifero, il cui motto è "Combattiamo per il petrolio", non hanno trascurato altre aree: Cina, Alaska, Venezuela, Indonesia, Malesia e Congo. Il loro turno arriverà.

CAPITOLO 18

L'ambiente perde l'Alaska a causa del petrolio

Nell'aprile del 1997, WIR ha riferito di un "accordo" con ramificazioni e portata molto più ampie di quelle in corso. Affinché Tommy Boggs, il lobbista che guidava l'accordo, e il governatore Tony Knowles riuscissero a liberare le enormi riserve di petrolio sotto i parchi statali dell'Alaska per lo sfruttamento finale da parte della British Petroleum (BP), avevano bisogno della piena collaborazione del Segretario agli Interni Bruce Babbitt.

Knowles discusse il piano di Tommy Boggs con il Presidente Clinton in un "caffè" della Casa Bianca e fu invitato a pernottare nel gennaio 1995. Il piano di gioco fu poi dettagliato dal vicegovernatore dell'Alaska Fran Ulmer in un altro di questi interminabili "caffè", questa volta, in modo piuttosto appropriato, nella Map Room della Casa Bianca la mattina del 28 febbraio 1996.

Dopo aver stabilito la linea d'azione - vendere le riserve petrolifere nazionali dell'Alaska alla British Petroleum, che le avrebbe utilizzate per soddisfare il crescente fabbisogno di petrolio greggio della Cina - Knowles ha iniziato a fare le sue dichiarazioni, utilizzando il suo messaggio sullo Stato del 1996 come forum:

> Solo cinque anni fa, si diceva che avremmo spento le luci sull'industria che impiega il maggior numero di persone nello Stato. Oggi il nostro motto dovrebbe essere quel vecchio adesivo per paraurti: 'Signore, fa' che ci sia un altro

boom petrolifero, e ti prometto che non lo rovineremo'".

Knowles ottenne una risposta alla sua preghiera: il 7 febbraio, il Segretario di Stato per gli Interni, Bruce Babbitt, si presentò al piatto di battuta proprio al momento giusto. Approfittando delle luci della ribalta, Babbitt ha cercato di giustificare il fatto di aver messo il carro davanti ai buoi: uno studio ambientale sulla nuova area di trivellazione proposta avrebbe dovuto essere effettuato in primo luogo, e Babbitt ha detto che avrebbe garantito il rispetto dell'ambiente, anche se ora era pronto ad approvare l'impresa, prima ancora che qualsiasi studio fosse iniziato, per non parlare del completamento.

Babbitt ha annunciato un nuovo modo di fare affari con i dittatori dell'industria petrolifera, mettendo al contempo il Congresso al suo posto e ignorando il National Environmental Policy Act, che stabilisce chiaramente che tali studi devono essere condotti e comunicati al Congresso prima che qualsiasi trivellazione possa iniziare nelle terre dei parchi nazionali. Con la sua aureola positiva, Babbitt ha detto alla gente dell'Alaska e alla nazione:

> Vorremmo rompere lo stile contraddittorio e vedere se possiamo mettere in atto un nuovo modo di fare affari con l'industria petrolifera. Penso che abbiamo molte possibilità.

Anche in questo caso, non è stato detto che il beneficiario finale sarebbe stato British Petroleum (BP). Il "noi" a cui Babbitt si riferiva era il gigante Shell Oil e un gruppo di multinazionali del petrolio che hanno sempre mostrato disprezzo per le leggi delle nazioni che spesso disobbediscono.

Il cartello petrolifero mette in prospettiva il "noi abbiamo" e dimostra senza ombra di dubbio che si tratta di un gruppo rapace, una cabala, capace di fare grandi danni senza badare alle conseguenze delle proprie azioni, e di raggiungere sempre il proprio obiettivo, indipendentemente da chi si oppone o da come minaccia la sicurezza nazionale degli Stati Uniti.

Il Congresso ha l'obbligo costituzionale di portare i moderni rapinatori davanti a commissioni speciali per proteggere un importante bene del popolo degli Stati Uniti e per sollevare serie obiezioni all'esportazione del petrolio dell'Alaska verso la Cina, una nazione comunista. Ma il Congresso ha fallito miseramente nel suo compito.

Continuando la farsa, Babbitt ha detto:

> Quest'estate voglio andare sul campo ed esaminare ogni centimetro quadrato (23 milioni di acri) della National Petroleum Reserve. Ho intenzione di volare fino ad Anchorage, cambiare aereo a Barrow e poi sparire nel NPR per tutto il tempo necessario a comprendere ogni struttura geologica, ogni lago ed esaminare ogni problema della fauna selvatica, in modo da essere pronto a partecipare in modo significativo a questo processo.

Questo è un esempio perfetto di come il popolo americano sia il più complice e ingannato del pianeta. Possiamo capire quanto fosse fuorviante la dichiarazione d'intenti di Babbitt, se consideriamo quanto tempo ci vorrebbe per esplorare "ogni centimetro" di 23 milioni di acri. La National Petroleum Reserve (NPR) è grande quanto l'Indiana, ma il Segretario non ha spiegato come intendeva "esplorarne ogni centimetro", né come poteva permettersi di stare lontano dal suo ufficio per almeno un anno. Il Segretario sarebbe stato accompagnato da rappresentanti della British Petroleum e avrebbe bloccato l'intera Baia Prudhoe, dalla quale le piccole compagnie di esplorazione petrolifera sarebbero state espulse in modo sommario?

Il popolo americano lo scoprirà presto: Il DNR stava per diventare appannaggio di BP, Shell (due delle più grandi compagnie petrolifere straniere del mondo), Mobil, ARCO e il resto dei cospiratori di Jackson Hole, Wyoming, a beneficio delle "Sette Sorelle". Si è trattato di un chiaro caso di prevalenza del profitto sulla sicurezza nazionale degli Stati Uniti. In altri tempi, questo sarebbe stato chiamato tradimento.

Poi il Presidente Clinton è diventato proprietà personale del cartello petrolifero, come dimostra il suo discorso di apertura a loro favore:

> Molti americani non lo sanno, ma una percentuale

significativa del petrolio e del gas naturale prodotti negli Stati Uniti proviene dalle terre federali. Finora, la burocrazia normativa e le decisioni contrastanti dei tribunali hanno scoraggiato molte aziende dal trarre pieno vantaggio da queste risorse.

Avrebbe dovuto anche sottolineare che l'accordo sul petrolio dell'Alaska riguardava il petrolio della nostra Riserva Nazionale di Emergenza, che non può essere toccata. È una delle nostre riserve strategiche nazionali! Ne seguì una delle più grandi truffe della storia degli Stati Uniti, che non ha nulla da invidiare allo scandalo del Tea Pot Dome, e, guarda caso, fu proprio la ARCO a fagocitare la vecchia società di Harry Sinclair nel 1969. Quello a cui Clinton si riferiva era l'inganno, l'imbroglio, il raggiro e la schiavitù intrapresi negli ultimi giorni della sessione estiva del 1996 del Congresso. Questo Congresso, senza alcun ostacolo da parte della stampa, senza alcuna protesta da parte dei gruppi ambientalisti, senza alcuna protesta da parte della ABC, della NBC, della CBS o di qualsiasi altro sciacallo dei media, ha approvato una delle proposte di legge dal titolo più arrogante e fuorviante che abbia mai macchiato le sale del potere, "The Federal Oil and Gas Simplification and Fairness Act". Questa legge è opera delle lobby petrolifere che infestano il Congresso.

La "legge sull'equità" ha fatto sì che il denaro venisse versato a getto continuo nelle casse già piene delle grandi compagnie petrolifere. Come ho detto in precedenza, questo scandalo mette in ombra lo scandalo Teapot Dome, un affare da due soldi rispetto al Federal Oil and Gas Simplification and Fairness Act.

Il sistema funziona così: è stata dichiarata una moratoria sui controlli federali per un periodo di sette anni sui pagamenti delle royalty al Tesoro per il petrolio estratto dalle terre federali. Inoltre - e ci siamo dovuti stropicciare gli occhi per assicurarci che quello che stavamo leggendo fosse effettivamente nella legge - c'è una clausola che prevede che le compagnie petrolifere possano fare causa al governo federale per il "pagamento eccessivo" delle royalties! E non è tutto. La legge consente ai baroni rapinatori di stabilire il proprio "prezzo equo di mercato" per il petrolio estratto dalle terre federali appartenenti al popolo americano. Forse i lettori non crederanno a questa incredibile clausola? Nemmeno io, ma dopo aver letto il disegno di legge più volte, ho visto che dice esattamente quello che farà: concedere enormi benefici a due delle più grandi compagnie petrolifere straniere del mondo (BP e Shell) su un piatto d'oro del Congresso.

Il prezzo di mercato del greggio determina l'ammontare delle royalties che le compagnie petrolifere devono pagare al governo federale, ma una disposizione legale approvata dal Congresso consente alle compagnie petrolifere di fissare il proprio prezzo, il che negli anni futuri priverà i cittadini di miliardi di dollari in royalties. È una truffa che comincia ad assomigliare al Federal Reserve Act del 1912. Questo era l'ordine del giorno dell'incontro dei cospiratori a Jackson Hole, in cui Clinton ha svolto il ruolo di geniale padrone di casa. Così, per una somma relativamente piccola di donazioni per la campagna elettorale - 350.000 dollari nel caso della ARCO - sono stati consegnati miliardi di dollari alle grandi compagnie petrolifere che avrebbero partecipato alla truffa del petrolio dell'Alaska per la Cina. Povero popolo americano, senza un leader al Congresso, senza un campione che difenda ciò che è meglio per gli Stati Uniti; alla mercé di un gruppo di super-ciarlatani che praticano una cosa e ne predicano un'altra; come potevano sapere quanto erano stati ingannati, quando Clinton aveva giurato di porre il veto a qualsiasi proposta di legge che avrebbe aperto ai trivellatori i 17 milioni di acri di natura selvaggia dell'Artico, mentre con l'altra mano, dietro la schiena, apriva la porta a un premio molto più ricco, il petrolio sotto le riserve dei parchi nazionali, conservato esclusivamente per il carburante di emergenza nazionale.

L'incontro a Jackson Hole, nel Wyoming, il parco giochi della famiglia Rockefeller, doveva servire a gettare le basi per l'accordo petrolio-Cina. Il Presidente Clinton ha svolto il ruolo di cortese padrone di casa e ha annunciato le sue intenzioni ai suoi onorati ospiti, compiacendosi del fatto che personaggi così stimati avessero accettato di godere della sua ospitalità, in un contesto molto simile a quello di un padrino mafioso che riunisce i capi delle "famiglie" nella sua tenuta sulle rive del lago Tahoe e li riceve come dei reali. In effetti, i reali non avrebbero potuto fare di meglio se la sede fosse stata il castello di Balmoral.

Così, pochi anni dopo aver promesso ai leader cinesi che avrebbero avuto il petrolio della nostra riserva nazionale di emergenza dell'Alaska, l'amministrazione Clinton ha mantenuto la promessa. Non aspettatevi che i repubblicani rinuncino all'accordo con BP, Shell, Mobil e ARCO. La politica petrolifera non conosce confini di partito. Il denaro è mobile. Guardate cosa è successo all'apice della guerra del Vietnam.

In cambio di concessioni petrolifere al largo delle coste del Vietnam, la Standard Oil di Rockefeller inviò dei medici ad Haiphong, nel nord del Vietnam, per visitare Ho Chi Min, molto malato. Si trattava di medici americani, che avrebbero dovuto essere processati per tradimento. Non abbiamo una seconda fonte per la verifica, ma la fonte ha indicato che la Kissinger Associates ha mediato l'accordo. In ogni caso, gli americani commerciavano con il nemico in tempo di guerra, mentre i nostri soldati morivano nelle giungle e nelle risaie del Vietnam del Sud. Guardate l'arroganza del cartello del petrolio. Sapevano già che gli Stati Uniti avrebbero perso la guerra! Come è potuto accadere? Semplicemente perché Henry Kissinger doveva andare a Parigi per fare un accordo di "pace" con i nordvietnamiti, che già conoscevano la data in cui si sarebbe recato a Parigi e sapevano esattamente come avrebbero consegnato il Vietnam al controllo comunista.

George Bush senior era coinvolto fin dall'inizio, avendo mantenuto un buon rapporto con Kissinger per tutta la durata della guerra. Kissinger potrebbe essere definito un traditore, ma era al servizio di un presidente repubblicano. Non è stato un caso che il petroliere George Bush sia stato mandato in Cina, quando c'erano altri più qualificati per svolgere il lavoro. Ma Bush conosceva il business del petrolio e il petrolio era ciò di cui la Cina aveva bisogno.

Al ritorno dalla sua visita in Cina, Bush ha messo in moto le ruote per conto del governo cinese, al quale era stata promessa la parte del leone del petrolio dell'Alaska. E ora passiamo dal Medio Oriente all'Alaska, dove troviamo il Cartello del Petrolio impegnato a derubare il popolo americano delle riserve petrolifere dell'Alaska in barba alla legge; dimostrando ancora una volta, come se fosse necessaria una prova, che il Cartello del Petrolio è una legge a sé stante, al di là della portata di qualsiasi governo su questo pianeta.

La Cina ha molti buoni amici nelle alte sfere della rapace industria petrolifera, che non conoscono né rispettano i confini nazionali e internazionali o la sovranità nazionale.

Uno di questi amici è ARCO, che si trova in cima alla scala aziendale del Comitato dei 300 e che, insieme a un altro gioiello della corona del Comitato dei 300, la BP, ha iniziato a tramare e a complottare per spedire il greggio dell'Alaska all'enorme raffineria Zhenhai, alla periferia di Shanghai, che era pronta a entrare in funzione.

Lodwrick Cook era l'ex amministratore delegato di ARCO e, come i vecchi soldati o i leader dei partiti politici che non tramontano mai, Cook fu attivo nel 1996, facendo campagna per la rielezione del suo vecchio amico, Bill Clinton, l'"outsider" dell'Arkansas. Nel 1994, lo stesso anno in cui Cook fece eleggere Tony Knowles a governatore dell'Alaska, fu invitato alla Casa Bianca per festeggiare il suo compleanno con Bill Clinton, che regalò all'amico una gigantesca torta di compleanno e poi gli permise di recarsi in Cina con il Segretario al Commercio Ron Brown, dove i due uomini comunicarono al governo cinese che ARCO avrebbe investito miliardi nella nuova raffineria di Zhenhai. In risposta alle domande della delegazione del governo cinese, le fonti hanno affermato che Cook ha assicurato che il greggio dell'Alaska sarebbe stato disponibile per la raffineria di Zhenhai, nonostante il divieto permanente di esportazione del petrolio dell'Alaska dell'agosto 1994. Circa un anno dopo il viaggio di Brown-Cook in Cina, Robert Healy, presidente degli affari governativi di ARCO, fu invitato alla White Coffee House per un caffè con Al Gore e Marvin Rosen, allora presidente finanziario del Comitato Nazionale

Democratico. Per dimostrare la gratitudine di ARCO, Healy ha lasciato una "mancia" di 32.000 dollari alla DNC.

È qui che entra in gioco Charles Manatt, ex presidente del Partito Democratico e direttore di Manatt, Phelps and Phillips, l'ex alma mater di Mickey Kantor, una società di lobbying che si rivolge alle grandi compagnie petrolifere, EXXON, Mobil, BP, ARCO e Shell. Il 26 maggio 1995, Manatt fu invitato in un altro caffè della Casa Bianca per un incontro con Clinton.

Manatt pagò 117.150 dollari come ringraziamento e poi, in modo del tutto indipendente, Kantor, in qualità di membro del gabinetto Clinton, fece sentire la sua voce per chiedere la revoca del divieto di esportazione del petrolio dell'Alaska. Finora, la legge federale proibiva l'esportazione di petrolio dalla National Petroleum Reserve, perché si supponeva che fosse una riserva per le emergenze nazionali.

Nel mio libro del 1987 "Environmentalism: The Second Civil War Has Begun" (Ambientalismo: la seconda guerra civile è cominciata), Big Oil viene smascherato come il maggior finanziatore dei movimenti ambientalisti "Earth First" e "Greenpeace". Le ragioni dell'apparente contraddizione tra i decenni di sostegno al movimento ambientalista e le ingenti somme di denaro versate da Big Oil sono spiegate in dettaglio. L'ambientalismo è un espediente quando si tratta di terre petrolifere.

Le grandi compagnie petrolifere volevano che le terre della riserva nazionale, molte delle quali contenevano enormi riserve di petrolio, fossero tenute al sicuro dagli "estranei", in modo che quando sarebbe arrivato il momento avrebbero potuto entrare e rilevare le riserve di petrolio sotto le terre del parco nazionale a prezzi stracciati. Nel caso delle riserve nazionali di fauna selvatica dell'Alaska, quel giorno è arrivato nel 1996. Le ipocrite major petrolifere hanno mostrato poca o nessuna preoccupazione per l'ecologia e la protezione della fauna selvatica di queste aree, come dimostra ciò che hanno fatto a Prudhoe Bay.

Nel 1996, il famoso lobbista Tommy Boggs fu chiamato a

GUERRE PER IL PETROLIO

lavorare sull'oracolo dell'abolizione del divieto sul greggio dell'Alaska. Boggs è il figlio del defunto senatore Hale Boggs, la cui misteriosa scomparsa nella natura selvaggia dell'Alaska nel 1972 non è mai stata risolta. Tommy Boggs è il principale lobbista di Washington per lo studio legale Patton Boggs e tra i suoi clienti figurano ARCO, EXXON, BP, Mobil e Shell e, per pura coincidenza, era un amico di golf di Bill Clinton.

Formidabile lobbista, Boggs è considerato il principale responsabile di aver fatto sì che il 104° Congresso annullasse il divieto di esportazione del greggio dell'Alaska, e così nel 1996 Clinton firmò un ordine esecutivo che revocava il divieto, come Ron Brown e Lodwrick Cook avevano promesso al governo cinese due anni prima. Bisognerebbe essere ciechi per non vedere che le mosse per privare la nazione delle riserve petrolifere dell'Alaska sono state avviate nel 1994. Nel 1996, dopo i "caffè" alla Casa Bianca, il Presidente Clinton ha concesso alle grandi compagnie petrolifere impegnate in Cina e in Alaska una sorprendente taglia. La stampa avrebbe dovuto gridare a questa svendita, ma Dan Rather, Peter Jennings e Tom Brokaw, per non parlare di Larry King, sono stati silenziosi come la tomba su questo evento epocale. In sordina e senza clamore, Clinton ha posto fine al divieto di esportare le nostre riserve di petrolio sotto la natura selvaggia dell'Alaska e ha fatto ai giganti del petrolio un regalo gratuito di svariati miliardi di dollari.

Nel 1996, con i prezzi del petrolio e del carburante ai massimi storici, Clinton e i suoi controllori erano impegnati a svendere gli Stati Uniti calpestando i nostri diritti in cambio di ingenti contributi in denaro per la sua campagna elettorale di rielezione.

In previsione di questo disastro nazionale - ma non lo chiamò così - Tommy Boggs scrisse una nota ai suoi clienti in cui prevedeva che avrebbe fatto revocare al Congresso il divieto di esportazione del petrolio dell'Alaska104 .

Ma questo non fu l'unico shock che il popolo americano ricevette: l'ultimo giorno della sessione estiva del 1996 del Congresso, Clinton firmò anche il Federal Oil and Gas Simplification and Fairness Act. Come suggerisce il nome,

189 |

questa proposta di legge è stata concepita per ingannare e rappresenta un'altra forma di frode su larga scala. La parte "equa" non era intesa a beneficio del popolo americano. In realtà, la legislazione è stata un totale tradimento del popolo americano da parte dell'amministrazione Clinton. In altre parole, la legislazione si proponeva di giocare d'anticipo sul prezzo del petrolio per il quale le compagnie dovevano pagare le royalties al governo federale.

Questo enorme furto, autorizzato dal governo, ai danni del popolo americano ha regalato miliardi di dollari alle major petrolifere. Questa legge è una delle più audaci rapine alla luce del sole mai perpetrate dall'industria petrolifera. E durante questo grande furto, gli sciacalli dei media - sia cartacei che elettronici - sono rimasti mortalmente in silenzio.

È qui che entra in gioco Tony Knowles, il governatore dell'Alaska. Non dimentichiamo che ARCO ha versato 352.000 dollari di contributi durante le elezioni del 1996. Nel 1994, Knowles ha ricevuto 32.000 dollari e questo ha contribuito alla sua elezione come primo governatore democratico dell'Alaska, probabilmente anche il primo governatore di uno Stato dormiente alla Casa Bianca, tutto parte della cospirazione globale per rubare al popolo americano.

CAPITOLO 19

Il petrolio libico e l'attentato alla Pan Am

Questa non è la fine della storia del dirottamento del petrolio dell'Alaska da parte di Big Oil. Si tratta piuttosto del primo capitolo di una saga in corso che si concluderà con il popolo americano come perdente, mentre la Cina e il cartello del petrolio se ne andranno con miliardi di dollari di bottino illecito.

Il capitolo successivo della nostra saga dell'industria petrolifera si svolge in Libia, poiché gli intrepidi membri del cartello, che non dormono mai e sono sempre in movimento, il cui slogan è "Combattiamo per il petrolio", avevano da tempo visto il petrolio libico come una manna, se solo fossero riusciti a metterci le mani sopra. Il leader libico Muammar Gheddafi ha dimostrato di essere più di un avversario per gli uomini del cartello petrolifero e, poiché tutti i loro sforzi per deporlo sono falliti, si cercano costantemente nuovi metodi e opportunità.

Non potevano avvelenarlo; Gheddafi faceva sempre assaggiare il suo cibo. L'assassinio sarebbe stato difficile, perché viaggiava sempre e solo con le sue guardie fidate, senza corruzione, e non usava mai i mezzi pubblici. Poi, in modo del tutto inaspettato, l'opportunità si è presentata con l'attentato al volo Pan Am 103, che si è schiantato sopra Lockerbie, in Scozia, uccidendo tutte le 270 persone a bordo. Aiutati (come sempre) dalla CIA, gli uomini del cartello si sono messi al lavoro.

Nella loro determinazione a strappare il controllo del petrolio libico ai suoi legittimi proprietari, gli uomini del Cartello del Petrolio hanno colto l'opportunità di incolpare Muammar

Gheddafi per il tragico attentato al volo Pan Am 103. Per perseguire il loro obiettivo, gli uomini del Cartello del Petrolio convinsero facilmente il Presidente Ronald Reagan che era auspicabile e necessario che l'aviazione statunitense bombardasse la capitale libica di Tripoli. A tal fine, i bombardieri statunitensi sono stati lanciati da basi in Gran Bretagna e hanno effettivamente bombardato Tripoli in flagrante violazione della Costituzione statunitense, dell'Atto di Neutralità del 1848, delle quattro Convenzioni di Ginevra e della Convenzione dell'Aia sui bombardamenti aerei di cui gli Stati Uniti sono firmatari. Tale è il potere del cartello petrolifero che questo attacco incostituzionale contro un Paese contro il quale gli Stati Uniti non hanno mai dichiarato guerra, un Paese che non ha mai compiuto un atto provato di belligeranza contro gli Stati Uniti, non è stato condannato come un atto illegale, ma è stato acclamato dal popolo americano, da tempo vittima dell'infernale macchina di lavaggio del cervello del Tavistock Institute, e dagli sciacalli della stampa. Gheddafi ha perso un familiare nell'attacco, che ha infranto la sua determinazione a mantenere la Libia indipendente. La tragedia del Pan Am 103 non verrà mai chiarita del tutto perché la vasta macchina propagandistica a disposizione dei governi statunitense e britannico farà in modo che la verità su questo crimine contro il popolo americano non venga mai rivelata. Vale la pena citare l'osservazione di Benjamin Disraeli nel 1859, agente di Lionel Rothschild:

> Tutti i grandi eventi sono stati distorti, la maggior parte delle cause importanti sono state nascoste, alcuni degli attori principali non appaiono mai, e tutti quelli che appaiono sono così fraintesi e distorti che il risultato è una completa mistificazione. Se la storia dell'Inghilterra verrà mai scritta da qualcuno con la conoscenza e il coraggio necessari, il mondo rimarrà stupito.

I governi britannico e americano hanno dimostrato la loro non comune capacità di tergiversare e offuscare nel modo più convincente. Questo talento non è nuovo, ma è stato notevolmente affinato dai dipendenti della Wellington House, di cui Bernays, parente dei Rothschild, era il principale propagandista. Questa grande opera di propaganda fu sviluppata all'inizio della Prima Guerra Mondiale, per contrastare la mancanza di entusiasmo del popolo britannico per la guerra contro la Germania.

La storia dell'attentato al Pan Am 103 iniziò il 3 luglio, quando un Airbus dell'Iranian Airways, che trasportava 290 passeggeri in viaggio per l'Haj alla Mecca, fu abbattuto dall'USS Vincennes. L'Airbus, decollato dall'aeroporto civile di Bandar Abbas in Iran, aveva appena raggiunto l'altitudine di crociera quando un missile Aegis sparato dalla USS Vincennes lo ha colpito. L'Airbus si è schiantato, uccidendo tutti i passeggeri a bordo. L'equipaggio del Vincennes sapeva che il suo obiettivo era un aereo di linea civile? Tutte le persone consultate sull'attacco, senza eccezioni, hanno confermato che l'Airbus non poteva essere scambiato per nient'altro che un aereo di linea civile. Un indignato Khomeini mantenne una relativa calma, ma aveva segretamente ordinato al capo dei Pasdaran (servizi segreti) di selezionare quattro compagnie aeree statunitensi da colpire per un attacco di vendetta. Il capo dei Pasdaran riferì ad Ali Akbar Mohtashemi di aver scelto come obiettivo la Pan American Airways.

Il piano è stato presentato a Mohtashemi a Teheran il 9 luglio 1988 e da lui approvato per un'azione immediata. È stata poi consegnata a un ex ufficiale dell'esercito siriano, il colonnello Ahmed Jabril, che comandava il Fronte Popolare per la Liberazione della Palestina (PFLP), con sede a Damasco, sotto la protezione del defunto presidente Hafez al Assad.

Il dado era tratto quando Jabril prese di mira il volo 103 della Pan Am, partito da Francoforte, in Germania, con scalo a Londra - la destinazione finale era New York. Sebbene la Gran Bretagna e gli Stati Uniti abbiano in seguito smentito, lo stesso Jibril ha affermato di essere stato pagato per 10 milioni di dollari per portare a termine la sua missione e alcuni rapporti hanno affermato che la CIA ha effettivamente rintracciato 10 milioni di dollari in trasferimenti verso un conto svizzero numerato detenuto da Jibril.

L'esperienza di Jibril è indiscutibile: era noto come maestro bombarolo che dal 1970 aveva compiuto una serie di attentati contro aerei britannici, svizzeri e americani. Inoltre, Jibril era molto orgoglioso dei suoi commutatori di bombe, che portavano il suo marchio e il suo metodo di attivazione, il che, secondo gli esperti di intelligence, rendeva il suo "lavoro" indiscutibile.

Due cittadini libici, Abdel Basset Ali al-Megrahi e Lamen Khalifa Fhimah, sono stati accusati dell'attentato, anche se non avevano alcuna esperienza nella costruzione di bombe e non disponevano delle strutture per fabbricare una bomba così sofisticata. Non c'è mai stata nessuna prova positiva, nessuna prova che collegasse la bomba e la caduta del Pan Am 103 ai due imputati. Al contrario, vi erano ampie prove che l'attentato fosse opera di Jibril e del PFLP. È stato chiaramente stabilito che la squadra di Jibril era composta da esperti nella costruzione di bombe, Hafez Kassem Dalkamoni e Abdel Fattah Ghadanfare, entrambi residenti a Francoforte, in Germania. Il 13 ottobre, Dalkamoni è stato raggiunto da un altro esperto nella costruzione di bombe, Marwan Abdel Khreesat, che risiedeva ad Amman, in Giordania. Khreesat era conosciuto tra gli ufficiali siriani e il PFLP come il miglior "esperto di esplosivi". Inoltre, Khreesat aveva recentemente iniziato a lavorare da entrambe le parti: era anche un informatore del servizio segreto tedesco, il BKA. Ho pubblicato l'intera storia con il titolo "PANAM 103, una scia mortale di inganni", nel 1994.

Una campagna internazionale di calunnie e denigrazioni è stata lanciata contro la Libia per la sua responsabilità nel bombardamento. Non è mai stata fornita alcuna base fattuale, se non i nomi dei due libici accusati del crimine. Quando la Libia si è rifiutata di consegnare gli "accusati" a un tribunale scozzese, è stato istituito un boicottaggio internazionale contro la vendita del greggio libico, accompagnato da una guerra di parole contro la Libia che non si vedeva dai tempi della Seconda guerra mondiale.

Come già detto, un impressionabile Presidente Reagan fu facilmente convinto ad accettare un bombardamento su Tripoli.

Sono stati congelati tutti i beni libici in banche estere, dove potevano essere localizzati. Di fatto, è stata lanciata una guerra totale contro il Paese. Un aereo civile libico in rotta verso Tripoli dal Sudan è stato abbattuto da "forze sconosciute" nell'errata convinzione che Gheddafi fosse a bordo. Tutti gli scambi commerciali tra la Libia e l'Occidente sono stati interrotti.

La Libia è stata falsamente accusata di fabbricare "armi di distruzione di massa" e inserita nella lista del Dipartimento di Stato degli sponsor ufficiali del terrorismo internazionale. Nel frattempo, la richiesta internazionale alla Libia di consegnare i due "sospetti" alla Gran Bretagna o alla Scozia è stata mantenuta e aumentata di intensità. Da tutte le parti arrivano accuse assurde e infondate contro la Libia. Nel frattempo, la Libia ha continuato a vendere petrolio all'Europa occidentale e alla Russia, ma alcuni Paesi, come la Francia e l'Italia, hanno iniziato a risentire delle restrizioni e hanno negoziato privatamente la fine del boicottaggio. Ma la Gran Bretagna e gli Stati Uniti non ci stanno e Robin Cook (ministro degli Esteri britannico) comunica ai ministri dell'UE che Gheddafi ha accettato di consegnare i due "sospetti", a condizione che siano processati da un tribunale scozzese, un annuncio che Gheddafi definisce inizialmente una "bugia". La Russia ha iniziato ad aumentare gli acquisti di greggio libico, tanto che Gran Bretagna e Stati Uniti si sono resi conto che il boicottaggio non sarà efficace ancora per molto.

Una squadra di negoziatori statunitensi si è recata a Tripoli per trovare un accordo con Gheddafi che permettesse alle due grandi potenze di salvare la faccia e alla Libia di uscire dall'impiccio, pur sembrando rispettare le richieste di consegnare i due "sospetti" a un tribunale scozzese in territorio neutrale. Questo soddisferebbe la legge musulmana secondo la quale i cittadini libici non vengono mai estradati per essere processati in Paesi stranieri che li accusano di un crimine, soluzione che ci si può aspettare da menti deviate.

Il "Tribunale scozzese" si è riunito a Camp Zeist, in Olanda, poiché l'Olanda non era tra i Paesi accusatori che volevano perseguire i due libici. Questo ha risolto la questione della legge musulmana. Camp Zeist è stato dichiarato "territorio scozzese" con uno spettacolo di magia che avrebbe reso orgogliosa Las Vegas. I due "sospetti" si sono quindi "offerti" di essere processati ed è stata fissata una data per l'apertura del procedimento contro di loro.

Perché la giurisdizione era di diritto scozzese? La risposta è che, oltre al fatto che la causa è sorta in Scozia, la legge scozzese consente un terzo verdetto speciale, quello di "non provato", che si colloca tra la colpevolezza e la non colpevolezza. A Gheddafi è stato assicurato che le prove presentate dall'accusa non sarebbero state sufficienti per condannare i libici. In questo modo, mentre si sarebbe vista "giustizia", i libici sarebbero stati liberi. Ma la promessa non è stata mantenuta.

Questo era il contesto del processo, che è iniziato con il botto. Il caso del pubblico ministero contro al-Megrahi e Khalifa era debole. L'avvocato difensore ha aspettato l'inizio del processo per annunciare la sua difesa. Avrebbero presentato le prove che Jabril e il PFLP avevano commesso l'attacco e avrebbero chiamato 32 testimoni a sostegno della loro difesa. Gli esperti con cui ho parlato erano del parere che se fosse emerso che i testimoni del PFLP sarebbero comparsi, il processo sarebbe stato interrotto con la motivazione "non provato". L'ultima cosa che Gran Bretagna e Stati Uniti volevano era che tutti i fatti fossero rivelati in un tribunale aperto. In cambio della sua "cooperazione", a Gheddafi è stato garantito che il boicottaggio contro la Libia sarebbe stato revocato e che il rubinetto del greggio libico sarebbe stato riaperto.

I principali beneficiari sarebbero ovviamente i membri del cartello petrolifero. Il vero responsabile dell'efferato crimine della Pan Am non è mai stato accusato. E la USS Vincennes e l'Airbus iraniano che ha distrutto? Anche questo faceva parte dell'accordo stipulato dal governo ombra. Secondo quanto dichiarato ufficialmente, l'equipaggio del Vincennes credette erroneamente di essere attaccato da un aereo militare.

Gli unici a beneficiarne sono stati i cartelli petroliferi, che hanno iniziato quasi subito a trarre enormi profitti dalla vendita del greggio libico. Per quanto riguarda i parenti delle persone morte per mano del PFLP di Jabril, non hanno ottenuto la soluzione che cercavano da dodici anni, anche se il verdetto ufficiale ha riconosciuto due uomini innocenti colpevoli dell'atroce attacco.

Va aggiunta un'ulteriore nota, ovvero il ruolo svolto da George Bush e Margaret Thatcher nel garantire una copertura per qualsiasi indagine completa sull'attentato al Pan Am 103 che potrebbe essere richiesta in seguito. Il deputato scozzese Tom Dalyell ha dichiarato alla Camera che

> "le autorità britanniche e americane non sono interessate a scoprire la verità perché le metterebbe a disagio".

Dalyell è il parlamentare che da solo ha perseguito la Thatcher per il suo atto criminale di ordinare a un sottomarino britannico di silurare e affondare la nave da crociera argentina "Belgrano" in acque internazionali, in chiara violazione della Convenzione di Ginevra.

A causa dell'insistenza di Dalyell, la Thatcher perse la fiducia dei suoi controllori e fu costretta a lasciare l'incarico in disgrazia e a ritirarsi prematuramente dalla vita pubblica. Non c'è dubbio che le due persone che soffrirebbero di maggiore imbarazzo se la verità venisse a galla sarebbero George Bush e Margaret Thatcher. Un altro tipo di terrorismo è stato poi messo in scena al confine tra Kuwait e Iraq. Il corrotto regime dittatoriale di Al Sabah ha ottenuto un grande trionfo convincendo George Bush a ordinare a una civile nazione cristiana per procura di far piovere nuovamente missili da crociera su un Iraq già sofferente come punizione collettiva per un presunto attentato a Bush senior. Non tutti accettano la parola degli spietati dittatori di Al Sabah secondo cui il presunto complotto per l'assassinio di Bush era autentico. Molti Paesi hanno espresso seri dubbi sulla validità della rivendicazione di Al Sabah. Ecco cosa ha detto una fonte dell'intelligence:

> ... Le "prove" presumibilmente detenute dagli Al Sabah sarebbero state respinte da qualsiasi tribunale americano o britannico. Le "prove" sono talmente truccate che non c'è da stupirsi che il governo statunitense non osi rivelarle in un

forum aperto. Questo caso (il presunto attentato alla vita di George Bush da parte di cittadini iracheni) è talmente truccato e scandaloso che ci si chiede a quale profondità di depravazione siano scesi gli Stati Uniti. Se ci fossero stati senatori indipendenti, avrebbero dovuto esigere che Clinton presentasse loro le sue prove in un'udienza aperta della commissione, ma ovviamente Clinton non ha prove che reggerebbero a un esame in un tribunale aperto con testimoni sotto giuramento, quindi i senatori hanno potuto sottrarsi al loro dovere.

Un osservatore che ha assistito al processo ha dichiarato:

Gli iracheni incriminati erano normali contrabbandieri senza alcuna esperienza di intelligence o di esplosivi. Sarebbe difficile trovare un gruppo più improbabile, non il tipo di persone che il governo iracheno assumerebbe se volesse uccidere George Bush. Il camion che si supponeva contenesse esplosivi era in realtà pieno di contrabbando ed è stato "trovato" a chilometri dall'Università del Kuwait, il luogo dove gli "agenti dell'intelligence irachena" avrebbero dovuto recarsi per portare a termine il "complotto" per assassinare George Bush.

Il caso contro i due contrabbandieri iracheni è così pieno di buchi, e così avvolto da doppi sensi, offuscamenti e "prove" inventate, che sarebbe una buona trama per una commedia di Stanlio e Ollio se non fosse così tragica. Gli investigatori statunitensi hanno interrogato i due uomini che hanno confessato di aver tentato di compiere un attentato contro George Bush, ma qualsiasi confessione ottenuta mentre gli imputati erano nelle mani degli Al Sabah doveva essere trattata con il massimo scetticismo. Il Kuwait ha una storia infame di torture, linciaggi, odio per gli stranieri - specialmente per gli iracheni - propaganda intelligente e vere e proprie bugie. La famiglia Al Sabah è crudele, vendicativa, dittatoriale e barbara come nessun'altra al mondo. Non ci si può fidare della loro parola. L'intero episodio ha il sapore di una messa in scena frettolosa e maldestra per far credere che Bush fosse in pericolo.

In ogni caso, supponiamo per un momento che gli aspiranti

terroristi inetti siano venuti in Kuwait con l'intenzione di assassinare George Bush. Perché allora l'Iraq non è stato portato davanti alle Nazioni Unite o alla Corte internazionale di giustizia dell'Aia?

Se Bush e gli Al Sabah erano così desiderosi di avvolgere le loro azioni nel manto delle Nazioni Unite, perché gli Stati Uniti e il Kuwait non sono andati all'Aia e al Consiglio di Sicurezza dell'ONU per presentare il loro caso? Gli Stati Uniti non avrebbero dovuto partecipare a questa crudele farsa. Al "processo" di questi due poveri capri espiatori non è stato prodotto uno straccio di prova verificabile. L'intera vicenda è stata una vergogna, un atto politico che non ha nulla a che vedere con la punizione giudiziaria di un crimine.

Gli Stati Uniti hanno iniziato a punire qualsiasi nazione che osi essere in disaccordo con loro, e operiamo con la dubbia premessa che il potere è giusto. Stiamo diventando il bullo numero uno al mondo. È risaputo che i magnati del cartello petrolifero hanno pagato a diversi Paesi ingenti somme di denaro per partecipare alla guerra illegale contro l'Iraq. I Paesi che hanno ricevuto una tangente sono stati elencati nei rapporti, compresi gli importi pagati.

Uno di questi rapporti riguardava l'accordo di Al Sabah con Hill and Knowlton, la famosa agenzia pubblicitaria, che aveva ricevuto la somma di 10 milioni di dollari per convincere il popolo americano che i dittatori di Al Sabah dovevano essere salvati.

È attraverso la menzogna di Nayira Al Sabah, ben addestrata e ben preparata davanti a una commissione del Senato, che Hill e Knowlton hanno venduto il loro caso contorto all'America, con il sostegno delle prostitute mantenute dei media controllati. Poi una fonte molto affidabile, il *Financial Times* di Londra, ha confermato le accuse mosse ai dittatori di Al Sabah e ai loro scagnozzi americani nel 1990 e 1991. Secondo il *Financial Times* del 7 luglio, gli Al Sabah hanno utilizzato il Kuwait Investment Office (KIO) di Londra per distribuire denaro ai Paesi disposti a farsi corrompere per difendere il Kuwait nella

Guerra del Golfo. Il *Financial Times ha* affermato che "300 milioni di dollari sono stati utilizzati all'ONU per comprare voti per il Kuwait", notizia riportata all'apice della febbre della Guerra del Golfo. "Questo (i voti delle Nazioni Unite) ha fornito la base legale per la liberazione del Kuwait da parte di forze multinazionali".

L'Al Sabah, colto in flagrante, ha lanciato un furioso contrattacco contro l'articolo del *Financial Times*. Il Ministro delle Finanze Nasser Abdullah al-Rodhan ha dichiarato:

> Il Kuwait non ha mai fatto ricorso a questi mezzi, né in passato né oggi. L'accusa mirava a infangare l'immagine del Paese e il suo diritto a ristabilire la propria sovranità dopo l'invasione irachena del 1990.

Il ministro delle Finanze ha poi affermato che i 300 milioni di dollari sono stati rubati dall'Organizzazione delle Industrie Culturali e che i responsabili stanno semplicemente cercando di coprire le loro tracce accusando il Kuwait di comprare voti. Le commissioni competenti del Senato avevano il dovere di indagare su queste accuse e un dovere ancora più grande di scoprire perché gli Stati Uniti hanno assecondato i despoti del Kuwait e hanno sganciato due volte missili da crociera su Baghdad, quando non avevamo alcun diritto costituzionale, legale o morale di intraprendere tale azione. È assolutamente necessario, anche a quest'ora tarda, che la verità sul Kuwait e sull'Iraq venga presentata al popolo americano, cosa che i magnati del petrolio sono determinati a impedire. Muoveranno cielo e terra per proteggere i dittatori di Al Sabah e continueranno a mentire sull'Iraq finché sarà necessario. Il rimedio è nelle mani di We the People. Il modo in cui il Congresso è stato disposto a piegarsi ai dittatori di Al Sabah è a dir poco una vergogna nazionale.

CAPITOLO 20

Una storia che deve essere raccontata

L a storia del Venezuela merita di essere raccontata, perché è un Paese in cui lo squilibrio tra estrema povertà ed estrema ricchezza è più evidente del solito. Il Venezuela è sempre stato spudoratamente sfruttato e dissanguato dal cartello del petrolio, senza alcun beneficio per il Paese e per il suo popolo. Questa era la situazione quando nel 1998 i poveri furono federati da un ex paracadutista, Hugo Chavez, e incoraggiati a recarsi alle urne in numero record. Chavez è stato eletto presidente con una vittoria schiacciante che ha scosso i padroni del cartello del petrolio.

Una volta al potere, Chavez non ha perso tempo a mantenere le sue promesse elettorali. Il Congresso venezuelano, da 30 anni nelle tasche dei baroni del petrolio, è stato sciolto. Chavez ha denunciato gli Stati Uniti come nemici dei poveri del Paese. Il nuovo presidente ha istituito una legge sugli idrocarburi molto simile a quella approvata dal patriota messicano Carranza, che ha tolto il controllo dell'industria petrolifera al cartello petrolifero e lo ha messo nelle mani del popolo venezuelano.

Poi Chavez ha colpito il cartello petrolifero nel punto più dolente, ovvero nel portafoglio, introducendo un aumento del 50% delle royalties che le compagnie petrolifere straniere devono pagare. La Petroleos de Venezuela, di proprietà statale, ha subito un rimpasto che ha lasciato senza lavoro la maggior parte dei dirigenti d'azienda filoamericani. Questo fu un duro colpo per gli Stati Uniti e per il resto del mondo.

Il Venezuela non è un attore da poco nell'industria petrolifera.

Nel 2004 era il quarto esportatore di petrolio al mondo e il terzo fornitore di greggio agli Stati Uniti. Petroleos de Venezuela impiega 45.000 persone e ha un fatturato annuo di 50 miliardi di dollari. L'ex paracadutista dalla voce tonante salì coraggiosamente in sella a un cavallo selvaggio. La domanda principale era quanto tempo ci sarebbe voluto prima che i magnati del cartello petrolifero lo disarcionassero. Assumendo il controllo di questa grande industria, Chavez si è improvvisamente imposto sulla scena mondiale come un uomo da tenere in considerazione, un po' come il dottor Mossadegh.

Maracaibo è il centro del potere di Chavez. I lavoratori del settore petrolifero lo hanno fortemente sostenuto e, pur non avendo soldi, hanno ottenuto la maggioranza alle elezioni. Come il gigantesco geyser petrolifero che esplose dalla terra il 14 dicembre 1922 (un centinaio di migliaia di barili al giorno si riversarono nell'aria per tre giorni prima di essere contenuti), i lavoratori del settore petrolifero devono essere organizzati e controllati. Chavez avrebbe molto lavoro da fare per fermare il petrolio.

Nei quarant'anni successivi, il Venezuela è passato da essere un Paese sudamericano povero e indigente a uno dei Paesi più ricchi del continente. L'embargo petrolifero dell'OPEC ha triplicato il bilancio nazionale del Venezuela, attirando l'attenzione degli squali predatori che solcano le sue acque internazionali. Gli agenti del cartello petrolifero hanno convinto il Paese a spendere troppo. Il Fondo Monetario Internazionale (FMI) ha inondato il governo venezuelano di enormi prestiti.

Le premesse per il sabotaggio economico erano state poste e sono arrivate con il crollo dei prezzi del greggio a livello mondiale. Il Venezuela stava per scoprire che i simpatici uomini in giacca e cravatta che portavano con sé la valigetta con la scritta "IMF" avevano anche dei pugnali affilati. Al Venezuela sono state imposte le misure di austerità più impossibili. Di conseguenza, i poveri hanno dovuto restituire i prestiti e il reddito pro capite del Paese è diminuito di quasi il 40%.

Si stava creando il classico modello di acquisizione da parte di un cartello petrolifero. Il risentimento e la rabbia sono cresciuti fianco a fianco fino a quando la pressione non è stata più contenuta. Scoppiarono rivolte in cui rimasero uccise oltre duecentomila persone. La classe media emergente fu colpita più duramente e la maggior parte delle persone fu ridotta in povertà nei due anni successivi. Sorprendentemente, Chavez è rimasto al potere. Gli Stati Uniti organizzerebbero un'altra operazione del tipo "Kermit Roosevelt" o il paese sarebbe semplicemente invaso da mercenari dell'esercito americano? Ma mentre il cartello petrolifero stava valutando le sue opzioni, è intervenuto l'11 settembre. Il Venezuela ha dovuto aspettare. Ma non ha aspettato a lungo. I primi colpi sono stati sparati dal *New York Times*, che ha dipinto Chavez come un nemico della libertà. I commentatori americani hanno previsto massicce agitazioni sindacali che avrebbero portato alla caduta di Chavez. Qualsiasi analista degno di nota poteva vedere che il modello iraniano veniva applicato al Venezuela; in effetti, Washington non sembrava incline a nasconderlo.

Come nel caso del generale Huyser a Teheran, gli agitatori americani esortavano i lavoratori del settore petrolifero a scioperare, e lo fecero. Il *New York Times* non è riuscito a contenere la sua gioia. I titoli urlanti dichiaravano:

> Centinaia di migliaia di venezuelani hanno riempito le strade oggi dichiarando il loro impegno in uno sciopero nazionale, giunto al 28° giorno, per costringere il presidente Hugo Chavez a sparire. Negli ultimi giorni, lo sciopero ha raggiunto una sorta di stallo, con Chavez che ha utilizzato i lavoratori non in sciopero per cercare di normalizzare la gestione della compagnia petrolifera statale. I suoi oppositori, guidati da un gruppo di leader aziendali e sindacali, sostengono che lo sciopero spingerà l'azienda, e quindi il governo Chavez, al collasso.

Se si dovesse sovrapporre il piano di Kermit Roosevelt, della CIA e del generale Huyser (l'uomo che ha fatto cadere lo Scià), alla situazione di Caracas, si adatterebbe perfettamente. I provocatori addestrati dagli Stati Uniti erano al lavoro. Ma questa volta non si trattava di Kermit Roosevelt, bensì di Otto J.

Reich, un veterano della rivolta con una vasta esperienza nella fomentazione di rivoluzioni in Guatemala, Ecuador, Filippine, Sudafrica, Cile, Nicaragua, Panama e Perù. A Washington, l'amministrazione Bush ha alzato i calici di champagne per celebrare il successo di Reich in Venezuela. Ma i loro festeggiamenti sono durati poco. Riuscendo a radunare i suoi sostenitori più accaniti tra i lavoratori del settore petrolifero, Hugo Chavez, l'ex paracadutista, riesce a tenere i militari dalla sua parte. Tutti i tentativi di Reich di mettere il corpo degli ufficiali contro il loro presidente sono caduti nel vuoto. Reich è dovuto tornare con la coda tra le gambe e volare a Washington in fretta e furia.

Settantadue ore dopo, il presidente Chavez ha preso il controllo del suo governo e ha iniziato immediatamente a eliminare i traditori e i mercenari dell'agente Otto Reich. I dirigenti delle compagnie petrolifere che si erano prematuramente schierati sono stati espulsi dal Paese, insieme a una manciata di ufficiali dell'esercito sleali. Due dei leader del colpo di Stato, che hanno ammesso la loro complicità con Reich e i suoi capi di Washington, sono stati condannati a vent'anni di carcere. Per una volta, la CIA ha dovuto uscirne con un occhio nero.

In un altro Paese, sotto attacco da parte dei magnati del cartello petrolifero, l'Iran era impegnato in una battaglia con gli eredi degli Illuminati. I loro piani, accuratamente elaborati, hanno avuto un apparente successo con l'ascesa al potere del leader fondamentalista Ayatollah Khomeini e sono serviti da modello per futuri attacchi ad altri Stati nazionali selezionati con ambite risorse naturali.

In questo libro esamineremo chi erano i cospiratori, quali erano le loro motivazioni e cosa hanno guadagnato distruggendo lo Scià e installando al suo posto un fanatico fondamentalista. Cercherò di svelare il mistero di come l'Iran sia tornato ai tempi bui da cui aveva cercato faticosamente di emergere sotto la guida dello Scià, basandosi sulla modernizzazione dell'industria petrolifera.

I cospiratori sono gli eredi dell'ordine segreto del XVIII secolo, il cui progetto fu tracciato da Adam Weishaupt e dal suo ordine degli Illuminati, gli Illuminati. L'elenco degli uomini di spicco del cartello petrolifero che sono membri degli Illuminati non è mai stato reso pubblico, ma tutto indica che si tratta di un numero significativo. In questa sede ci limiteremo a un breve resoconto sugli Illuminati.

L'obiettivo dell'Illuminismo è stabilire un governo unico mondiale rovesciando l'ordine esistente e distruggendo tutte le religioni, in particolare il cristianesimo. Il documento chiede un nuovo ordine mondiale, il "Novus Seclorum" stampato sul retro delle banconote da 1 dollaro della Federal Reserve. Chiede di riportare l'uomo ai secoli bui, sotto un sistema feudale, dove si esercita un controllo assoluto su ogni persona nel mondo. Un sistema del genere è stato sperimentato nell'Unione Sovietica, gestita dai signori feudali del Partito Comunista, e quasi replicato dagli Stati Uniti, dalla Gran Bretagna e dall'URSS prima di crollare, perché ritenuto inattuabile. È da questo sistema che George Orwell aveva messo in guardia.

I cospiratori sono conosciuti con diversi nomi: la nobiltà nera veneziana, gli aristocratici e le famiglie reali, il Consiglio per le Relazioni Estere, la Fondazione Cini, i Fondi, ecc. Le vecchie famiglie hanno esercitato il potere assoluto negli ultimi cinque secoli, in Europa, Messico, Gran Bretagna, Germania o Stati Uniti. In Unione Sovietica, le vecchie famiglie ("raskolniks") sono state rovesciate e sostituite da una nuova serie di aristocratici molto più repressivi. Il piano prevede che tutte le nazioni siano poste sotto la guida del "Comitato dei 300".

La maggior parte dei membri della vecchia nobiltà europea professa il cristianesimo come fede, ma in realtà non crede in esso e non ne pratica i principi. Al contrario, la maggior parte di loro sono adoratori di culti. Non credono che Dio esista davvero. Pensano che la religione sia solo uno strumento da usare per manipolare le masse di persone comuni e mantenere così il loro controllo sulla popolazione.

A Karl Marx viene erroneamente attribuito il merito di aver detto che la religione è l'oppio delle masse. Ma questa dottrina era stata formulata e seguita centinaia di anni prima, dalle famiglie reali che frequentavano regolarmente la Chiesa cristiana, con uno spettacolo esteriore di sfarzo e cerimonia, molto prima che a Marx fosse permesso di copiare il piano di Weishaupt e rivendicarlo come proprio.

Uno dei culti più antichi che la Nobiltà Nera segue da vicino è il culto di Dioniso, che insegna che alcune persone sono state poste sulla Terra come dominatori assoluti del pianeta e che tutte le ricchezze e le risorse naturali della Terra appartengono a loro. Questa credenza si è radicata circa 4000 anni fa e, allora come oggi, i suoi seguaci sono chiamati Olimpici.

Gli olimpionici fanno parte del Comitato dei 300. La perpetuazione della linea familiare e del suo regno è il primo articolo di fede degli Olimpici. Sono convinti della scarsità delle risorse naturali, soprattutto del petrolio, che è riservato alla loro esclusiva proprietà. Sostengono che le risorse petrolifere vengono consumate ed esaurite troppo rapidamente da una popolazione in rapida espansione di "mangiatori inutili", persone di scarso valore. Gli Olimpici si differenziano da Weishaupt perché, mentre quest'ultimo voleva un gruppo formalizzato, un Novus Seclorum, un corpo, che governasse apertamente la terra, gli Olimpici si sono accontentati di un'organizzazione sciolta e difficile da identificare. Gli olimpionici di oggi hanno ripreso da dove Weishaupt aveva lasciato, e si chiamano con i nomi più disparati: il Club di Roma, i comunisti, i sionisti, i massoni, il Consiglio per le Relazioni Estere, il Royal Institute for International Affairs, la Tavola Rotonda, il Gruppo Milner, la Trilaterale, il Gruppo Bilderberg e la Mont Pelerin Society, per citare solo alcuni dei principali. Ci sono molti altri organismi cospiratori che si intrecciano e si sovrappongono. I membri selezionati formano il Comitato dei 300 con le teste coronate d'Europa. Tutte queste organizzazioni hanno una cosa in comune: il controllo di tutte le risorse naturali, con il petrolio in cima alla lista.

Il Club di Roma è la principale organizzazione di politica estera che supervisiona tutti gli altri organismi cospiratori del mondo.

Il lavaggio del cervello di intere nazioni è la specialità del Tavistock Institute, che utilizza i metodi sviluppati dal generale di brigata John Rawlings Reese nel 1925 e ancora oggi in uso nel 2008. Fu uno degli apprendisti di Reese a far credere al popolo americano che un piccolo e oscuro politico della Georgia, James Earl Carter, potesse riuscire a guidare la nazione più potente del mondo. Si pensava che Carter sarebbe stato uno strumento delle compagnie petrolifere.

La decisione dello Scià di liberare il suo Paese dalla morsa che le compagnie petrolifere imperialiste britanniche e americane, guidate da membri di spicco degli Illuminati, esercitavano sull'Iran ha portato alla sua caduta, come nel caso del dottor Verwoerd in Sudafrica e del generale Somoza in Nicaragua.

Come descritto in dettaglio in questo libro, lo Scià fece un accordo petrolifero separato con la società italiana ENI attraverso il suo presidente, Enrico Mattei. Lo fece nonostante gli ordini britannici di trattare solo con Philbro, un gigantesco conglomerato, e British Petroleum, che fanno parte di quelle che Mattei chiamava le "sette sorelle" delle compagnie petrolifere. Lo Scià ha anche avviato un programma di energia nucleare da 90 miliardi di dollari, in barba agli ordini di non farlo dei dirigenti petroliferi degli Illuminati britannici e americani. Averell Harriman, il decano del corpo diplomatico, viene inviato a Teheran per consegnare allo Scià un messaggio personale da parte di Washington: "obbedisci alla linea o sarai il prossimo". Tra i rivoltosi nelle strade di Teheran c'era anche un mullah di nome Ayatollah Khomeini, ma questa volta si stava rivoltando contro lo scià, non per conto proprio. Per far sì che lo scià recepisca il messaggio, uno sciopero degli insegnanti di Teheran viene organizzato da Richard Cottam, professore dell'Università di Pittsburgh. In questo modo, gli Stati Uniti hanno interferito negli affari sovrani dell'Iran, in flagrante violazione della Costituzione statunitense e del diritto internazionale, il tutto in nome del potere dei "capi Illuminati" del cartello petrolifero.

In risposta a questo tradimento da parte della potenza imperiale americana, lo Scià telefonò a Kennedy e fu invitato alla Casa

Bianca nel 1962. Fu raggiunto un accordo tra Kennedy e lo Scià. L'Iran avrebbe posto fine alle trattative indipendenti con compagnie come l'ENI e avrebbe lavorato solo con BP e Philbro; in cambio, lo Scià sarebbe stato autorizzato a licenziare il Primo Ministro Amini.

Ma al suo ritorno a Teheran, lo Scià non rispettò la sua parte dell'accordo. Licenziò Amini e continuò a trattare con l'ENI mentre cercava attivamente accordi petroliferi con diversi altri Paesi. Furioso per essere stato ingannato, Kennedy fece intervenire il generale Bakhtiar, allora in esilio a Ginevra. Bakhtiar arrivò a Washington nel 1962 e andò direttamente alla Casa Bianca.

Poco dopo, a Teheran scoppiarono gravi disordini, con lo Scià che denunciò i signori feudali che volevano riportare l'Iran ai tempi bui di uno Stato laico. In totale, circa 5.000 persone sono morte a causa delle rivolte fomentate da Bakhtiar e dagli Stati Uniti. Ma nel 1970 la fortuna di Bakhtiar si esaurisce: si avvicina troppo al confine con l'Iraq e viene colpito da un cecchino.

La stampa mondiale lo dichiarò un "incidente di caccia", una copertura per le attività di Bakhtiar contro lo scià, che nel suo libro di memorie "In Response to History" scrisse:

> "All'epoca non lo sapevo, forse non volevo saperlo, ma ora mi è chiaro che gli americani volevano che me ne andassi. Cosa dovevo pensare dell'improvvisa nomina di Ball alla Casa Bianca come consigliere per l'Iran? Sapevo che Ball non era amico dell'Iran. Ho capito che Ball stava lavorando a un servizio speciale sull'Iran. Ma nessuno mi ha mai informato delle aree che il rapporto doveva coprire, né tantomeno delle sue conclusioni. Li ho letti mesi dopo, quando ero in esilio, e i miei peggiori timori sono stati confermati. Ball era uno di quegli americani che volevano abbandonare me, e in definitiva il mio Paese. "

Lo Scià si è reso conto troppo tardi che chiunque abbia stretto amicizia con l'America è destinato al tradimento, come dimostrano gli esempi di Vietnam, Corea, Zimbabwe (Rhodesia), Angola, Filippine, Nicaragua, Argentina, Sudafrica,

Jugoslavia e Iraq. A questo punto, è necessario citare nuovamente il nome del generale americano Huyser. Dal 4 gennaio al 4 febbraio 1972, il generale Huyser è stato a Teheran. Cosa ci faceva lì? Il suo ruolo non è mai stato spiegato, né dal generale stesso né da altri membri del governo, ma in seguito è emerso che stava lavorando con la CIA per condurre un'operazione di "disturbo". L'esercito iraniano fu privato del suo comandante in capo, lo Scià, e quindi senza un leader, mentre Huyser riempì il vuoto, interpretando il ruolo di Giuda.

Convinse lo Scià a lasciare Teheran per una "vacanza", che secondo lui avrebbe contribuito a raffreddare gli animi della folla. Lo Scià accettò quello che riteneva un consiglio amichevole e partì per l'Egitto. In quel periodo il generale Huyser parlava quotidianamente con i generali iraniani. Ha detto loro che non dovevano attaccare i rivoltosi, altrimenti gli Stati Uniti avrebbero tagliato le forniture militari, i pezzi di ricambio e le munizioni. A tempo debito, Washington avrebbe dato l'ordine, attraverso lo scià, di attaccare i rivoltosi, ha detto Huyser. Ma quell'ordine non è mai arrivato.

L'esercito iraniano, forte di 350.000 uomini, è stato di fatto messo da parte e l'uomo che ha compiuto questa incredibile impresa è stato il generale Huyser, che non è mai stato chiamato a rispondere, nemmeno dal Senato degli Stati Uniti. Quando il Presidente Reagan arrivò alla Casa Bianca negli anni successivi, voleva sinceramente andare a fondo della storia iraniana; avrebbe potuto ordinare al generale Huyser di comparire davanti a una commissione del Senato per spiegare il suo ruolo. Ma il Presidente Reagan non fece nulla. Dietro le quinte, il burattinaio James Baker III di Baker and Botts tirava i fili. Questo vecchio studio legale di Houston era al centro della "protezione" degli interessi dei suoi potenti clienti delle compagnie petrolifere in Iran.

James Baker III avrebbe avuto un ruolo decisivo nella preparazione della Guerra del Golfo del 1991. Nel 1990, James Baker III fece sapere al mondo perché gli Stati Uniti desideravano il petrolio iracheno e iraniano:

L'ancora di salvezza economica del mondo industriale passa dal Golfo e non possiamo permettere che un dittatore come questo (Saddam Hussein) sieda su questa ancora di salvezza. Per scendere al livello del cittadino americano medio, direi che si tratta di posti di lavoro. Se si vuole riassumere il tutto in una parola, si tratta di lavori.

La Costituzione statunitense stabilisce che gli Stati Uniti non possono intromettersi negli affari di una nazione sovrana, ma Baker and Botts, attraverso James Baker III, ritiene di non dover obbedire alla Costituzione. Lo Scià stava ostacolando le grandi compagnie petrolifere e non poteva essere lasciato "con le mani in mano" su questa "ancora di salvezza economica".

Altrettanto preoccupante è il ruolo svolto dall'amministrazione Carter nel rovesciamento dello Scià. Il Presidente Carter sapeva in anticipo che l'ambasciata statunitense sarebbe stata presa d'assalto se lo Scià fosse stato ammesso negli Stati Uniti, ma non fece nulla per proteggere l'ambasciata dagli attacchi. Infatti, dopo il ritorno di Khomeini in Iran, gli Stati Uniti trasportarono per via aerea armi e pezzi di ricambio in Iran, utilizzando aerei cargo Hercules e 747 da New York, con scali di rifornimento nelle Isole Azzorre.

Il portavoce del governo britannico, il *Wall Street Journal* e il *Financial Times* di Londra lo hanno poi ammesso. Hanno anche rivelato che David Aaron della CIA aveva messo insieme una squadra di sessanta agenti, che furono inviati in Iran nel gennaio 1979, proprio quando il generale Huyser arrivò a Teheran. È stato soprattutto l'Aspen Institute, sede del Comitato dei 300 in America, a tradire la fiducia dello scià. Lo lusingava come leader moderno, e se lo Scià aveva un tallone d'Achille, era la sua suscettibilità all'adulazione. In seguito alle lusinghe di Aspen, donò diversi milioni di dollari all'istituto. Aspen ha promesso di organizzare un simposio in Iran sul tema "Iran, passato, presente e futuro". Aspen ha mantenuto la promessa e il simposio si è svolto a Persepolis, in Iran. Si è trattato di un evento di gala, in cui lo Scià e sua moglie hanno offerto un pasto all'illustre gruppo di partecipanti. Se lo Scià fosse stato informato correttamente, li avrebbe mandati via immediatamente. Ma chi dice la verità è penalizzato, non occupa le cattedre prestigiose di università famose.

Lo scià ha ricevuto un ritratto verbale entusiasmante del suo governo illuminato. Ma dietro le quinte è emerso un quadro molto diverso. Dieci membri di spicco del Club di Roma, tra cui il suo capo, Aurelio Peccei, sono presenti a Persepoli.

Tra gli altri personaggi di spicco si annoverano Sol Linowitz dello studio legale Coudet Brothers e l'uomo che più tardi ci regalò il Canale di Panama (membro del Comitato dei 300), Harlan Cleveland e Robert O. Anderson. Entrambi erano membri di spicco dell'Aspen Institute.

Altri che erano a conoscenza del complotto erano Charles Yost, Catherine Bateson, Richard Gardner, Theo Sommer, John Oakes e Daniel Yankelovitch, l'uomo che plasma l'opinione pubblica attraverso le attività di sondaggio. L'MI6 ha definito questo evento l'inizio della "riforma" del Medio Oriente.

CAPITOLO 21

La Riforma e uno sguardo alla storia

Nel XX secolo, la "riforma" è guidata dagli auspici degli anglofili americani - le élite al potere - che erano incentrati su un gruppo centrale attorno alle dinastie familiari Handyside Perkins, Mellon, Delano, Astor, Morgan, Straight, Rockefeller, Brown, Harriman e Morgan, che hanno accumulato fortune incalcolabili grazie al commercio dell'oppio con la Cina. Molte delle grandi compagnie petrolifere provengono da questo contesto. La famiglia Bush, a partire da Prescott Bush, ha sempre fatto da satrapo alla cabala.

Il "Comitato dei 300", composto da imperialisti americani e dai loro servitori della cabala britannica e americana, decise poco prima della Prima Guerra Mondiale che il petrolio sarebbe stato il carburante della Marina britannica e della Marina mercantile. Lord "Jacky" Fisher fu il primo a riconoscere che il carburante per i bunker della Royal Navy doveva provenire dal petrolio grezzo e non dal carbone, come ho spiegato sopra.

Quando Winston Churchill divenne Primo Lord dell'Ammiragliato, diede istruzioni all'MI6 di elaborare un piano per impadronirsi dei vasti giacimenti petroliferi della Mesopotamia, con il trasparente pretesto di "impedire che tali vaste riserve di petrolio cadessero in mano tedesca". Dopo che la Prima guerra mondiale era riuscita a "mettere il mondo in sicurezza per la democrazia", all'alba del 1919 l'impero del petrolio, che non aveva alcuna responsabilità nei confronti di paesi o nazioni, essendo di fatto un gruppo di corporazioni private fasciste che dominavano il mondo, voleva il controllo totale e indiscutibile delle vaste riserve petrolifere del Medio

Oriente e della parte meridionale dell'Unione Sovietica. A tal fine, i "300" finanziarono i movimenti nazionalisti che sorsero in Germania, Italia e Giappone nella speranza di invadere e controllare la Russia. I dirigenti del settore petrolifero progettavano di sconfiggere i governi tedesco, italiano e giapponese e di assumere il controllo delle riserve petrolifere dell'Unione Sovietica. Il circolo Rockefeller progettava di assumere il controllo del petrolio del Golfo Persico dal cartello petrolifero britannico-persiano e di assumere il controllo del petrolio del Sud-Est asiatico dalla Royal Dutch Shell. Nel 1939 e nel 1940, i tedeschi e gli italiani non attaccarono la Russia come avevano pianificato i "Tre Grandi" (un'etichetta creata da Tavistock). Invece, il brillante generale tedesco Irwin Rommel lanciò la sua armata del deserto attraverso il Nord Africa per impadronirsi del Canale di Suez e controllare tutte le spedizioni di petrolio attraverso di esso. Rommel non aveva intenzione di fermarsi a Suez, ma intendeva proseguire verso la Persia e spodestare gli inglesi dai giacimenti petroliferi della Persia-Mesopotamia. Nel frattempo, dopo un fallito attacco alla Russia nel 1939, i giapponesi attraversarono il sud-est asiatico e si impadronirono di tutte le proprietà petrolifere di Royal Dutch Shell. Ma con la sconfitta del Giappone nel 1945, la maggior parte di questi giacimenti della Royal Dutch passò sotto il controllo della Standard Oil di Rockefeller.

L'alto comando di Hitler aveva pianificato di impadronirsi dei giacimenti petroliferi della Romania e di Baku prima della fine del 1939, assicurando così alla Germania le proprie fonti di petrolio. È stato fatto. Poi il brillante generale Irwin Rommel, al comando dell'esercito in Nord Africa, avrebbe catturato i giacimenti petroliferi persiani nel 1941 e quelli russi nel 1942. Solo allora Hitler avrebbe avuto abbastanza carburante per garantire il futuro della Germania. Ma meno di una settimana dopo l'attacco a Pearl Harbor, i giapponesi convinsero Hitler a dichiarare guerra agli Stati Uniti. Si trattava di una mossa strategica, poiché Hitler non aveva le risorse e gli uomini per entrare in guerra con gli Stati Uniti.

Fu anche il peggior errore che potesse fare, perché diede a

Roosevelt la scusa per entrare in guerra a fianco degli Alleati, come avevano pianificato Stimson, Knox e Roosevelt. Hitler accettò solo se i giapponesi avessero attaccato la Russia, poiché le truppe tedesche erano ormai impantanate in Russia e Hitler avrebbe ottenuto un vantaggio strategico se i russi si fossero difesi dal Giappone sul loro fianco orientale. Quando i giapponesi non attaccano la Russia, l'esercito tedesco viene respinto con perdite molto pesanti e non ha sufficienti scorte di carburante.

I giacimenti petroliferi rumeni di Ploesti non erano sufficienti alla Germania per combattere una guerra su due fronti e lo sforzo bellico tedesco cominciò a crollare di fronte ai terribili bombardamenti delle abitazioni dei lavoratori tedeschi, deliberatamente mirati da Churchill e dal "Bomber Harris" della RAF. L'ultima grande campagna tedesca della Seconda Guerra Mondiale è stata la Battaglia del Diluvio, brillantemente pianificata ed eseguita, in cui il Feldmaresciallo Gerd von Rundstedt doveva attaccare gli Alleati invasori con i suoi mezzi corazzati, attraversare il porto di Anversa e catturare i depositi di carburante alleati. In questo modo si sarebbero fermate le forze americane e britanniche e si sarebbe ottenuto il carburante necessario alla Germania per continuare il suo sforzo bellico. Ma il generale Eisenhower ordinò di bruciare i depositi di carburante alleati e la Germania fu sconfitta da massicci bombardamenti aerei, dai suoi aerei da combattimento (compresi i nuovi caccia bimotore) incapaci di decollare perché privi di carburante e da un lungo periodo di maltempo.

Tornando alla Russia, all'inizio degli anni Cinquanta, Armand Hammer della Occidental Petroleum, un satrapo di Rockefeller, mediò con il leader russo Joseph Stalin per acquistare il petrolio russo, di fatto rubandolo al popolo russo, proprio come sarebbe successo con "Yukos" e il piano della Wharton School di Chicago del 2000 per "privatizzare" la proprietà nazionale russa. Il petrolio russo fu quindi venduto sul mercato mondiale a un prezzo molto più alto di quello che Stalin avrebbe ottenuto commercializzandolo da solo, poiché pochi Paesi erano disposti ad acquistare petrolio da Stalin.

La Occidental Petroleum e i russi costruirono due grandi oleodotti dai giacimenti siberiani in Russia lungo entrambe le sponde del Mar Caspio fino agli ex serbatoi della British-Persian - ora Standard Oil - in Iran.

Per i successivi 45 anni, la Russia inviò segretamente il suo petrolio attraverso questi oleodotti e la Standard Oil lo vendette sul mercato mondiale ai prezzi del West Texas Crude, fingendo che fosse petrolio iraniano. Per quasi cinquant'anni, la maggior parte degli americani ha utilizzato il gas raffinato dalla Russia dalle raffinerie della Standard Oil nei principali porti marittimi come San Francisco, Houston e Los Angeles, dove veniva trasportata la maggior parte del petrolio del Golfo Persico.

Sono stati costruiti altri oleodotti attraverso l'Iraq e la Turchia. Il petrolio russo si chiamava ora petrolio arabo, iracheno e mediorientale dell'OPEC e cominciò a essere scambiato sotto forma di quote OPEC, al prezzo ancora più alto del "mercato spot". L'enorme truffa iniziata da Kissinger con la "crisi petrolifera" del 1972 era ormai pienamente riconosciuta e accettata.

Così, tra il 1972 e il 1979, decine di milioni di americani ed europei ingannati si trovarono improvvisamente di fronte a carenze di benzina e a enormi aumenti di prezzo che accettarono docilmente senza battere ciglio. È stata una delle truffe su larga scala di maggior successo della storia, e lo è ancora oggi. Nel 1979, gli interessi petroliferi russi hanno cercato di assicurarsi un'altra via di oleodotto breve e sicura dalla Russia attraverso il vicino Afghanistan. Ma la CIA è venuta a conoscenza del progetto e ha creato dal nulla un'organizzazione che ha chiamato "Talebani". Uno dei suoi leader era un saudita di nome Osama bin Laden, la cui famiglia aveva da tempo legami molto stretti con la famiglia Bush.

Armati dalla CIA, finanziati da Washington e addestrati dalle forze speciali statunitensi, i Talebani si scatenarono contro i russi, che i giornalisti americani chiamavano "gli invasori". I Talebani si sono dimostrati guerriglieri formidabili e hanno ostacolato la costruzione dell'oleodotto.

Ma c'era un rovescio della medaglia: i Talebani, che sono musulmani molto rigidi, insistevano per fermare il commercio di papaveri ed eroina dalla Gran Bretagna e dalle famiglie liberali della costa orientale degli Stati Uniti. Fin dall'inizio, quindi, c'è stata un'obsolescenza programmata per i Talebani, che, non ingannati, si sono aggrappati a tutte le armi fornite dagli americani - e alla grande scorta di dollari americani. Molti dei loro leader hanno visitato gli Stati Uniti e sono stati ricevuti come ospiti d'onore nel ranch texano di Bush.

Quando il nuovo regime iraniano di Khomeini, controllato dagli inglesi, è salito al potere, l'industria petrolifera statunitense, che fa la politica estera imperialista del governo degli Stati Uniti, ha immediatamente minacciato di sequestrare 7,9 miliardi di dollari di beni iraniani in banche e istituzioni finanziarie statunitensi. Il 27 gennaio 1988, il *Wall Street Journal* riportò la notizia della fusione tra Standard Oil e British Petroleum.

Si trattava infatti della vendita di Standard Oil a British Petroleum, con il nome della nuova società risultante dalla fusione, BP-America. Il *Wall Street Journal* non ha ritenuto opportuno menzionare le preoccupazioni relative alle pratiche di marketing globale predatorio della Standard Oil, dal nome fuorviante, né ha menzionato le politiche imperialiste della Standard Oil. Negli ultimi 13 anni, BP-America si è fusa con, e ora controlla, tutte le "mini-compagnie" dell'ex Standard Oil che esistevano prima dello smembramento iniziale da parte del governo statunitense nel 1911.

Milioni di americani non hanno idea di come siano stati ingannati e raggirati da bugie, connivenze, tradimenti e imbrogli. Continuano a sventolare la bandiera americana e a dichiarare il loro patriottismo come i meravigliosi cittadini buoni, patriottici e fiduciosi che sono. Non sapranno mai come sono stati ingannati e derubati. Ora è possibile capire come il presidente George Bush abbia potuto condurre ancora una volta una nazione, sempre pronta a seguire ciecamente, in un pantano in Iraq.

La lotta per la sopravvivenza delle piccole nazioni non è solo una lotta per la sopravvivenza contro un nemico spietato che bombarderà e distruggerà le loro infrastrutture civili, come gli Stati Uniti e i loro proxy, Israele e Gran Bretagna, hanno dimostrato in Iraq, Serbia e Libano. Oggi, la lotta disperata delle piccole nazioni contro gli Stati Uniti e la Gran Bretagna è per il dominio di tutta la terra. Solo la Russia si frappone tra gli Stati Uniti imperialisti e la sicurezza del mondo. Non si tratta di una lotta tra singole nazioni, ma di una lotta contro il Nuovo Ordine Mondiale imposto dagli Stati Uniti - un governo mondiale.

Bin Laden e Saddam Hussein sono diventati i portavoce delle nuove guerre contro l'imperialismo statunitense, in realtà una nuova e ben più grande guerra per il petrolio del Mar Caspio, dell'Iraq e dell'Iran, la "guerra illimitata" promessa da Bush senza che il Congresso degli Stati Uniti emettesse un mormorio o protestasse per l'incostituzionalità di quanto Bush stava proponendo. Con 600 teste legislative che annuiscono, a Bush sono stati conferiti poteri a cui non aveva diritto in base alla legge suprema del Paese, la Costituzione degli Stati Uniti.

Tornando alle macchinazioni petrolifere in Estremo Oriente:

Alla fine della Seconda Guerra Mondiale, il generale Douglas MacArthur fu nominato dal presidente Truman governatore militare del Giappone. Il ruolo di MacArthur era quello di assistente di Laurence Rockefeller, nipote del vecchio "John D.". Durante gli ultimi sei mesi di guerra, erano in corso i preparativi per l'invasione delle isole giapponesi. Okinawa fu trasformata in un grande deposito di munizioni. Alcuni cronisti vicini a MacArthur ritengono che Truman abbia dato istruzioni a Laurence Rockefeller di consegnare gli armamenti a Ho Chi Minh del Vietnam del Nord per la somma simbolica di un dollaro USA, in cambio della "cooperazione e della buona volontà" di Ho. Se i 55.000 soldati che sarebbero morti in Vietnam avessero saputo dell'accordo, avrebbero alzato il tetto. Ma come tutte le grandi cospirazioni, la puzza era accuratamente nascosta sotto tonnellate di "deodorante" sotto forma di "buone relazioni" con i comunisti nel linguaggio diplomatico. Tradotto, significava "mettere le mani dei Rockefeller sui considerevoli giacimenti di petrolio della regione".

E la Francia? Non era uno degli "alleati"? La Francia non era una potenza coloniale in Vietnam? Non è buffo come la "nostra parte" sia sempre "gli alleati", mentre il blocco avversario è un "regime" oscuro, cattivo, malvagio.

Ci sono poche risposte alla domanda sul perché MacArthur si sia messo da parte e abbia lasciato che Rockefeller tradisse i morti della Seconda guerra mondiale. Un uomo che avrebbe potuto avere la risposta a questa domanda era Herbert Hoover, che in seguito divenne Presidente degli Stati Uniti. Ha condotto uno studio che ha dimostrato che alcuni dei più grandi vilayet petroliferi si trovavano al largo dell'allora Indocina francese, nel Mar Cinese Meridionale. Sembra che la Standard Oil fosse a conoscenza di questo prezioso studio. Questo accadeva prima che venissero concepite le trivellazioni offshore e, in una revisione degli eventi degli anni '20, un uomo di nome George Herbert Walker Bush sarebbe diventato l'amministratore delegato di una società di trivellazione offshore globale chiamata Zapata Drilling Company.

Alla fine della Seconda guerra mondiale, nel 1945, il Vietnam era ancora occupato dai francesi. Non c'era alcun segno di insurrezione da parte dei vietnamiti, che sembravano apprezzare i francesi e avevano persino adottato la loro lingua e molti dei loro costumi. Ma le cose stavano per cambiare. A Lawrence Rockefeller fu ordinato di consegnare a Ho Chi Minh, il leader vietnamita, una grande scorta di armi dell'esercito americano conservate a Okinawa. Così le massicce, estese e costose armi americane furono consegnate a Ho Chi Minh nella speranza che il Vietnam scacciasse i francesi dall'Indocina e che la Standard Oil potesse impadronirsi dei giacimenti offshore non sfruttati.

Nel 1954, il generale vietnamita Giap sconfisse i francesi a Dien Bien Phu con gli armamenti forniti dall'esercito statunitense tramite Lawrence Rockefeller. Le disperate richieste di aiuto da parte dei francesi sono rimaste senza risposta. L'amministrazione Truman era a conoscenza di questo piano? Certo che sì! Il popolo americano, ingannato, lo sa? Certo che no! Ora gli accordi segreti fatti a porte chiuse sono diventati una pratica standard per il governo imperiale americano.

Tuttavia, la cabala imperialista alle porte di Washington non aveva tenuto conto dell'impenetrabilità dell'Est. Proprio mentre la cabala di Rockefeller iniziava a congratularsi per un lavoro ben fatto, Ho Chi Min rinnegò l'accordo.

Istruito e ben informato, Ho Chi Minh era in qualche modo a conoscenza del Rapporto Hoover, che dimostrava l'esistenza di una vasta riserva di petrolio al largo delle coste vietnamite, e aveva abilmente usato gli Stati Uniti per aiutarlo a sbarazzarsi dei francesi prima di dare la caccia a Rockefeller. Negli anni Cinquanta è stato sviluppato un metodo di esplorazione petrolifera sottomarina che utilizza piccole esplosioni in profondità e registra gli echi sonori che rimbalzano sui diversi strati di roccia sottostanti. I topografi potevano così determinare l'esatta posizione delle cupole di sale ad arco che contenevano il petrolio.

Ma se questo metodo venisse utilizzato al largo delle coste vietnamite, su una proprietà che Standard non possiede o di cui non ha i diritti, i vietnamiti, i cinesi, i giapponesi e probabilmente anche i francesi si precipiterebbero alle Nazioni Unite per denunciare che l'America sta rubando il petrolio, e questo basterebbe a fermare l'operazione.

Non volendo rinunciare ai suoi interessi nel petrolio offshore lungo la costa vietnamita, Rockefeller e i suoi scagnozzi, tra cui Henry Kissinger, si impegnarono a dividere il Vietnam in Nord e Sud, convincendo altre nazioni a seguirne l'esempio. Dopo la divisione artificiale del Vietnam in Nord e Sud, la "situazione artificiale" formulata da Stimson e Knox, e utilizzata per costringere gli Stati Uniti a entrare nella Seconda Guerra Mondiale a Pearl Harbor, è stata nuovamente messa all'opera. Le premesse per l'espulsione dei nordvietnamiti dall'intera regione erano state poste dagli Stati Uniti. Su istigazione del presidente Johnson, gli Stati Uniti inscenarono un finto attacco ai cacciatorpediniere della Marina statunitense nel Golfo del Tonchino da parte di torpediniere "fantasma" che pretendevano di appartenere alla Marina nordcoreana. Il Presidente Johnson interrompe le regolari trasmissioni televisive per annunciare l'attacco, dicendo al suo attonito pubblico americano che "anche mentre parlo, i nostri marinai stanno combattendo per le loro vite nelle acque del Golfo del Tonchino".

Era un buon teatro, ma niente di più. Non c'era un briciolo di verità nel drammatico annuncio di Johnson. Era tutta una grande bugia. L'incidente del Golfo del Tonchino non fu ovviamente percepito come una menzogna dal popolo americano e, senza ulteriori indugi, gli Stati Uniti si tuffarono in una nuova guerra petrolifera imperialista, con risultati disastrosi.

Le portaerei statunitensi furono ancorate al largo del Vietnam nelle acque sopra le cupole petrolifere e iniziò la lotta degli interessi petroliferi statunitensi per estromettere i nordvietnamiti dai vilayet ricchi di petrolio sotto la sabbia del fondo marino. Naturalmente non si chiamava così. Non è forse necessario ricordare che la guerra è stata descritta nei soliti termini patriottici. È stata combattuta per "difendere la libertà", "per la democrazia", per "fermare la diffusione del comunismo", ecc.

A intervalli regolari, i bombardieri a reazione decollavano dalle portaerei e bombardavano località del Vietnam del Nord e del Sud. Poi, secondo la normale procedura militare, al ritorno hanno sganciato le bombe non assicurate o non utilizzate nell'oceano prima di atterrare nuovamente sulle portaerei. A questo scopo sono state designate zone di lancio delle munizioni sicure, lontane dai vettori, direttamente sopra le cupole di sale sotto le quali si trova il petrolio.

Anche gli osservatori più attenti non hanno potuto fare a meno di notare le numerose piccole esplosioni che si verificavano quotidianamente nelle acque del Mar Cinese Meridionale e hanno pensato che facessero parte della guerra. Le portaerei della Marina statunitense avevano lanciato l'operazione Linebacker One e la Standard Oil aveva iniziato la sua indagine decennale sui fondali marini al largo delle coste del Vietnam. E i vietnamiti, i cinesi e tutti gli altri, compresi gli americani, non ne sapevano nulla. L'indagine petrolifera è costata appena un centesimo alla

Standard Oil, poiché è stata pagata dai contribuenti americani.

Vent'anni dopo, al costo di 55.000 vite americane e di mezzo milione di morti vietnamiti, Rockefeller e la cabala della Standard Oil avevano raccolto dati sufficienti per mostrare esattamente dove si trovavano i giacimenti di petrolio e la guerra in Vietnam poteva finire.

I negoziatori vietnamiti non erano disposti ad arrendersi senza concessioni, così Henry Kissinger, assistente personale di Nelson Rockefeller, fu inviato a Parigi come "negoziatore americano" (leggi agente di Rockefeller) ai colloqui di pace di Parigi e vinse il premio Nobel per la pace.

Una tale ipocrisia, eresia e ciarlataneria è impossibile da eguagliare. Dopo che gli echi malinconici della lunga guerra si sono affievoliti, il Vietnam ha diviso le sue aree costiere offshore in numerosi lotti petroliferi e ha permesso alle compagnie straniere di fare offerte per questi lotti, a condizione che il Vietnam ricevesse una royalty concordata. La norvegese Statoil, la British Petroleum, la Royal Dutch Shell, la Russia, la Germania e l'Australia si sono aggiudicate le gare d'appalto e hanno iniziato a trivellare nelle loro aree.

Stranamente, nessuno dei "concorrenti" ha trovato olio. Tuttavia, i lotti per i quali la Standard Oil fece un'offerta e che si aggiudicò si rivelarono contenere vaste riserve di petrolio. Le loro approfondite ricerche sismiche sottomarine condotte dai bombardieri della Marina statunitense avevano dato i loro frutti.

Si sarebbe potuto pensare che dopo tutti gli orribili inganni che il popolo americano ha subito per mano della cabala decisa a tradirlo per renderlo schiavo di un governo mondialista, alla fine degli anni '70 avrebbe imparato a non avere un briciolo di fiducia nel proprio governo e a dubitare al 100% di tutto ciò che Washington faceva e diceva, indipendentemente dal partito che si trovava alla Casa Bianca.

Non si trattava più di un conflitto tra singole nazioni, ma di un conflitto per stabilire il dominio totale dell'intera razza umana attraverso un Nuovo Ordine Mondiale in un Governo Unico Mondiale.

Il buon senso avrebbe imposto una totale sfiducia nel governo, l'avrebbe addirittura richiesta. Ma no, l'ammutolimento e il massacro dovevano continuare con un ritmo e una ferocia sempre maggiori e con una portata più ampia che mai, per quarantacinque anni. Questo è il punto in cui si trova oggi il popolo americano. Completamente perduta, senza possibilità di ricorso, con ogni speranza apparentemente infranta. Purtroppo, l'appetito e l'avidità dell'industria petrolifera non accennano a diminuire. Gli affiliati americani e britannici del Comitato dei 300 avevano sviluppato una strategia che, secondo le loro previsioni, avrebbe dato loro il controllo totale dell'approvvigionamento energetico mondiale e dei continenti eurasiatici. Tutto ebbe inizio nel 1905, quando i Rothschild lanciarono i giapponesi contro la Russia a Port Arthur. Mettere Mao al potere in Cina faceva parte della loro visione. La strategia "lungimirante" postulata dall'imperialista Donald Rumsfeld si basa sull'approccio dialettico.

Gli Stati Uniti iniziano vendendo armi a un governo "amico", ad esempio a Panama, in Iraq, in Jugoslavia/Kosovo, in Afghanistan, in Pakistan, ai mujaheddin talebani, in Arabia Saudita, in Cile e in Argentina, tra gli altri. Poi, mentre il direttore del coro alza la bacchetta, l'orchestra sinfonica dei media inizia l'ouverture: il governo "amico" ha un segreto oscuro; terrorizza il suo stesso popolo, e ora dobbiamo cambiare il rating delle sue obbligazioni in "spazzatura".[9]

La sezione di batteria suona un rullo di tamburi mentre la sezione di ottoni spiattella la verità: questo è un "regime malvagio", che non è bello. È un'inversione di rotta completa, ma gli americani, con la loro notoriamente breve attenzione, non si accorgono che questo è lo stesso governo a cui poco tempo prima ci siamo congratulati con gioia e a cui abbiamo venduto armi. Cheney sta suonando un assolo di oboe per far capire che questo "regime" è ora un pericolo molto reale per gli Stati Uniti. Dobbiamo entrare e sradicare questa nazione proprio ora, senza nemmeno preoccuparci di rispettare la Costituzione degli Stati Uniti; non

---

[9] Termine deprecativo che significa "senza valore".

dichiariamo guerra. Stranamente non rispettiamo le nostre leggi, ma non importa, l'orchestra sinfonica dei media suona una Gotterdammerung in piena regola! Panama è stata invasa per ordine dell'imperatore G.W. Bush: l'Iraq, l'Afghanistan risuonano al suono della marcia dei marines statunitensi che hanno stabilito basi nel Paese appena sconfitto, con l'obiettivo dichiarato di portare la "democrazia" nelle nazioni occupate.

Una valutazione più realistica mostra presto che l'intera operazione non è stata altro che un'aggressione imperialista e che i potenti conquistatori hanno dato vita a un'occupazione militare permanente che non ha nulla a che fare con la "democrazia", ma con il petrolio che giace sotto le sabbie di questi Paesi.

Naturalmente, non ci viene detto che le basi militari sono lì per controllare le risorse energetiche di quella nazione e dei Paesi circostanti. L'attuale politica estera statunitense è governata dalla dottrina del "dominio totale"; gli Stati Uniti devono controllare ovunque gli sviluppi militari, economici e politici come parte del loro ruolo imperialista.

Questa nuova era di strategia imperiale è iniziata con l'invasione di Panama, poi ha creato la cosiddetta Guerra del Golfo, è proseguita con la guerra nei Balcani approvata dalle Nazioni Unite e ora si sta espandendo con le nuove guerre al terrorismo: Afghanistan, Iraq e oltre, fino all'Iran, il cui petrolio è da tempo ambito. Il 20 gennaio 2001, l'allora Segretario alla Difesa Donald Rumsfeld si disse pronto a dispiegare le forze militari statunitensi in "altri 15 Paesi" se ciò fosse stato necessario per "combattere il terrorismo".

La guerra dei Balcani, approvata dall'ONU, è stata scatenata dal petrolio e dalla servitù di oleodotto per il petrolio dal Mar Caspio ai mercati dell'Europa occidentale, passando per il Kosovo, fino al Mar Mediterraneo. Il conflitto ceceno riguarda la stessa questione: chi controllerà l'oleodotto? Quando la Jugoslavia si è rifiutata di capitolare e di piegarsi ai dettami del Fondo Monetario Internazionale (FMI), gli Stati Uniti e la Germania hanno lanciato una campagna sistematica di destabilizzazione, utilizzando in questa "guerra" anche alcuni dei veterani dell'Afghanistan.

La Jugoslavia fu divisa in mini-stati conformi, come previsto dalla conferenza di Bellagio del 1972, e l'ex Unione Sovietica fu contenuta, o almeno così pensavano gli Stati Uniti. Era in corso l'occupazione americana de facto della Serbia (dove l'America ha costruito la sua più grande base militare dopo la guerra del Vietnam).

Passiamo ora ad esaminare le aree specifiche in cui l'industria petrolifera dell'impero imperialista cerca di esercitare il proprio controllo.

La regione del Mar Caspio è nel mirino dell'America imperiale, in quanto possiede riserve petrolifere accertate tra i 15 e i 28 miliardi di barili, a cui si aggiungono riserve stimate tra i 40 e i 78 miliardi, per un totale di 206 miliardi di barili - il 16% delle potenziali riserve petrolifere mondiali (rispetto ai 261 miliardi di barili dell'Arabia Saudita e ai 22 miliardi di barili degli Stati Uniti). Questo potrebbe rappresentare un totale di 3.000 miliardi di dollari di petrolio.

Finora, nessuno è in vista e con una nuova fonte di petrolio e gas nel Caucaso, la Standard Oil sta cercando di creare una "democrazia" in Arabia Saudita mentre sviluppa un nuovo centro operativo in Asia meridionale. Le enormi riserve di petrolio e gas del Mar Caspio devono essere trasportate a ovest verso i mercati europei o a sud verso i mercati asiatici. La rotta occidentale prevede di portare il petrolio dalla Cecenia al Mediterraneo attraverso il Mar Nero e il Bosforo, ma lo stretto canale del Bosforo è già congestionato dalle petroliere provenienti dai giacimenti del Mar Nero.

Un percorso alternativo consisterebbe nel far passare le petroliere dal Mar Nero, aggirando il Bosforo, attraverso il Danubio e poi un brevissimo oleodotto attraverso il Kosovo fino al Mediterraneo a Tirana, in Albania. Tuttavia, questo processo è stato bloccato dalla Cina. Come riportato in un'indagine di intelligence.

L'altro problema della rotta occidentale è che l'Europa occidentale è un mercato difficile, caratterizzato da prezzi elevati dei prodotti petroliferi, dall'invecchiamento della popolazione e dalla crescente concorrenza del gas naturale. Inoltre, la regione è molto competitiva, essendo ora servita da petrolio proveniente da Medio Oriente, Mare del Nord, Scandinavia e Russia.

Sappiamo che la Russia sta per avviare un programma che prevede l'eliminazione del tubo che attraversa l'Ucraina, un record mondiale di furto di gas e petrolio russo, che ha reso multimilionaria la "signora della rivoluzione arancione", Julia Tymoshenko.

L'unico altro modo per far arrivare il petrolio e il gas del Caspio ai mercati asiatici è attraverso la Cina, il cui percorso è troppo lungo, o attraverso l'Iran, politicamente ed economicamente ostile agli obiettivi petroliferi standard degli Stati Uniti.

Non appena i sovietici scoprirono nuovi e vasti giacimenti di petrolio nel Mar Caspio alla fine degli anni '70, cercarono di negoziare con l'Afghanistan la costruzione di un massiccio sistema di oleodotti nord-sud per portare il loro petrolio attraverso l'Afghanistan e il Pakistan fino all'Oceano Indiano. Ma gli Stati Uniti, con l'aiuto dell'Arabia Saudita e del Pakistan, hanno poi creato i "Talebani", un'organizzazione che prima non esisteva.

Le strategie petrolifere imperialiste statunitensi sono nate lì. Gli Stati Uniti hanno fatto leva sulla religione musulmana, dipingendo la Russia come malvagia e contraria ai musulmani di tutto il mondo.

Quando l'esercito russo entrò in Afghanistan, la CIA armò e addestrò i suoi "amici" e inviò Osama bin Laden a Kabul per guidare la resistenza talebana agli invasori. I Talebani divennero una forza potente che vedeva gli Stati Uniti come il "Grande Satana". Il risultato è una guerra prolungata tra i Talebani e gli invasori russi, che vede la vittoria dei Talebani. La CIA, attraverso il suo ex capo, George Bush il Vecchio, pensava di poter contare su Bin Laden, grazie ai suoi numerosi legami d'affari con la famiglia Bush, ma quando gli Stati Uniti lo hanno spietatamente abbandonato dopo la partenza dei russi, Bin Laden si è amareggiato e si è rivoltato contro Washington e Riyadh, diventando il loro peggior incubo.

Questa fu solo una delle tante "guerre segrete" imperiali in cui l'industria petrolifera imperiale definì la politica estera degli Stati Uniti e utilizzò l'esercito americano per farla rispettare. Altre guerre di questo tipo hanno avuto luogo in Messico, Iraq, Iran, Italia e Venezuela. Oggi sappiamo che la Standard Oil ha influenzato la CIA per attirare l'attenzione del governo statunitense sul pericolo di un oleodotto russo nord-sud attraverso l'Afghanistan e per fornire l'autorizzazione e i finanziamenti per l'addestramento di gruppi armati di fondamentalisti musulmani, tra cui Osama Bin Laden.

Il piano alternativo russo prevedeva il controllo del flusso di petrolio e gas verso l'Europa occidentale attraverso i propri oleodotti che attraversavano le repubbliche dell'Asia meridionale dell'ex Unione Sovietica, ovvero Turkmenistan, Kazakistan, Uzbekistan, Tagikistan e Kirghizistan. Queste repubbliche erano state completamente trascurate dagli Stati Uniti in precedenza, ma improvvisamente ricevettero una notevole attenzione da parte della CIA, che le corteggiò con grosse somme di dollari e promesse di un futuro.

La CIA ha corteggiato queste nazioni come un ardente corteggiatore e, con questo stratagemma, ha convinto i loro leader che la Russia non li avrebbe trattati come partner. Così, gli ex Stati dell'Estremo Oriente dell'URSS iniziarono a consultarsi con le compagnie petrolifere statunitensi e presto scoprirono che questa era la vera fonte della politica estera degli Stati Uniti. L'industria petrolifera imperiale rivolgeva ora tutta la sua attenzione agli ex Stati sovietici dell'Estremo Oriente, proprio come aveva fatto nei giorni pionieristici con l'Iraq e l'Iran. Guidata dalla Standard Oil, ha elaborato piani e scenari per la spinta degli Stati Uniti in queste repubbliche dell'Asia meridionale. L'esercito statunitense aveva già stabilito una base operativa permanente in Uzbekistan, sempre su richiesta dell'industria petrolifera. Il Tavistock Institute fu chiamato a nascondere le reali intenzioni con un "bluff" in cui fu coinvolto l'ex capo della massoneria italiana P2 di Kissinger, Michael Ledeen. Si ritiene che Ledeen (che ora ha cancellato le sue tracce trotzkiste e bolsceviche e si è trasformato in un "neo-conservatore") abbia definito la manovra "una misura antiterroristica".

Affinché tale strategia funzionasse, l'Afghanistan doveva essere incolpato dell'11 settembre, il che forniva la copertura perfetta per la "situazione inventata". Il Presidente Bush ha detto al mondo che "i Talebani" erano responsabili dell'attacco alle Torri Gemelle, aggiungendo che il quartier generale mondiale dei Talebani era in Afghanistan.

Naturalmente, "portare la democrazia" agli afghani ignorando la mancanza di democrazia della porta accanto, in Pakistan, con un dittatore al timone, è stata una sfida, ma il "pensiero innovativo" se ne è occupato. Ora l'esercito statunitense si trovava esattamente dove l'industria petrolifera aveva bisogno che fosse.

CAPITOLO 22

La NATO viola il suo stesso statuto

Prima di passare a cosa c'è dietro il bombardamento della Serbia da parte della NATO, aggiungiamo che, per quanto Ledeen e i suoi compagni neo-bolscevichi, Kristol, Feith, Perle, Wolfowitz e Cheney possano pensare di essere intelligenti nei loro giorni migliori, non possono nemmeno essere paragonati al Presidente russo Vladimir Putin con il mal di testa. Ciò che è emerso con l'attacco della NATO (leggi Stati Uniti) alla Serbia nel 1999 è stato il forte sospetto che Stati Uniti e Gran Bretagna agissero per conto del governo albanese, che da tempo cercava di strappare alla Serbia il controllo del Kosovo. L'Albania aveva la carta vincente nel progetto di gasdotto che la Gran Bretagna e gli Stati Uniti intendevano far passare dal Mar Caspio attraverso l'Albania.

Il gasdotto avrebbe dovuto attraversare Bulgaria, Macedonia e Albania, dal porto di Burgas sul Mar Nero a quello di Viore sull'Adriatico. A piena produzione, il gasdotto trasporterebbe 750.000 barili al giorno. Il progetto è stato approvato dal governo britannico in nome e per conto di BP (British Petroleum) e dei suoi partner statunitensi.

Quando Robin Cook, l'allora ministro degli Esteri britannico, fu interpellato al riguardo, si disse beffato dell'"idea" e definì assurda l'indagine. "Non c'è petrolio in Kosovo", ha detto Cook. Naturalmente questo era vero e, rendendo la questione del petrolio in Kosovo una nozione molto semplicistica e facilmente liquidabile, gli investigatori sono stati messi fuori gioco. Il progetto del gasdotto trans-balcanico non ha mai visto la luce in nessun giornale americano o britannico.

Nel maggio 2005, il Dipartimento del Commercio e dello Sviluppo degli Stati Uniti ha pubblicato un documento che, pur non confermando le vere ragioni della guerra contro la Jugoslavia, contiene alcune osservazioni significative.

È interessante notare che ... il petrolio proveniente dal Mar Caspio supererà rapidamente la capacità di sicurezza del Bosforo come via di navigazione ... il (progetto) fornirà una fonte costante di greggio alle raffinerie statunitensi e darà alle aziende americane un ruolo chiave nello sviluppo del vitale corridoio est-ovest, farà avanzare la privatizzazione del governo statunitense nella regione e faciliterà la rapida integrazione dei Balcani con l'Europa occidentale.

Il primo passo del piano è stato compiuto nel luglio 1993 con l'invio di truppe statunitensi al confine settentrionale della Macedonia. La cosa poteva essere considerata quantomeno strana, ma il popolo americano non sembrò accorgersi che la forza di "peacekeeping" statunitense non era stata inviata in zone dove c'era un conflitto tra la Serbia e gli albanesi. Il popolo americano non era a conoscenza, quando si supponeva che tutte le violazioni dei "diritti umani" avvenissero in Serbia, che il progetto del gasdotto trans-balcanico avrebbe attraversato la Macedonia fino a Skopje, a soli 15 miglia dal confine serbo.

Washington ha dichiarato di voler impedire l'espansione serba in Macedonia, che non è mai stata prevista. Ma come le bugie dell'amministrazione Bush nel periodo precedente la Guerra del Golfo del 1991, quando Bush avvertì i sauditi che Saddam Hussein non si sarebbe fermato all'invasione del Kuwait, ma che una volta compiuta avrebbe invaso l'Arabia Saudita, la bugia funzionò.

Non è stato detto nulla sul vero scopo della presenza del contingente militare statunitense al confine macedone, e soprattutto sul fatto che fosse parte di un accordo del maggio 1993 per la costruzione del gasdotto trans-balcanico. Sebbene l'oleodotto non attraversi la Serbia, il presidente albanese che ha partecipato all'incontro che ha dato il via al progetto ha lanciato un messaggio per la Gran Bretagna e gli Stati Uniti, forte e chiaro nelle sue implicazioni:

> Personalmente credo che nessuna soluzione confinata all'interno dei confini serbi porterà una pace duratura.

I diplomatici presenti all'incontro sono stati unanimi nel concludere che il discorso era che se gli Stati Uniti e la Gran Bretagna volevano il consenso dell'Albania per il gasdotto transbalcanico, il Kosovo doveva essere posto sotto la giurisdizione albanese. Con 600 milioni di dollari al mese in gioco, gli Stati Uniti e la Gran Bretagna hanno lanciato il loro vile attacco alla Serbia, priva di petrolio, sotto la maschera della NATO, con la falsa motivazione di porre fine agli abusi serbi contro i cittadini albanesi in Kosovo. Le parole di Robin Cook suonano oggi ancora più vuote di quando gli fu chiesto perché la Gran Bretagna stesse attaccando la Serbia:

> "Abbiamo dimostrato che siamo pronti all'azione militare, non per prendere il territorio, non per espanderci, non per le risorse minerarie. Non c'è petrolio in Kosovo. Il Partito Socialista dei Lavoratori continua a dire che lo stiamo facendo per il petrolio, cosa che lascia molto perplessi, perché c'è solo lignite sporca, e prima li incoraggiamo a usare qualcosa di diverso dalla lignite sporca, meglio è. Questa guerra è una guerra combattuta non per la difesa del territorio, ma per la difesa dei valori. Quindi posso dire che... la politica estera è stata guidata da queste preoccupazioni. "

Bukarian sarebbe stato orgoglioso che Robin Cook potesse mentire in modo così convincente.

L'energia del Caspio, che rappresenta le riserve del Mare del Nord (circa il 3% del petrolio totale del mondo e l'1% del suo gas), è strategicamente importante per la Gran Bretagna e gli Stati Uniti, tanto da decidere di iniziare una guerra contro la Jugoslavia per accogliere l'Albania. Il vero motivo per cui ci si è liberati del leader serbo Slobodan Milosevic è stata la sua determinazione a espellere gli albanesi dalla provincia del Kosovo. Questo avrebbe significato continui disordini per gli anni a venire e avrebbe reso le banche finanziatrici riluttanti a impegnarsi in finanziamenti su larga scala per l'oleodotto trans-balcanico.

Dall'inizio degli anni '90, compagnie petrolifere britanniche e americane come Chevron-Amoco Socar e BP hanno investito pesantemente nel bacino del Caspio. Il TRACEA (Corridoio di trasporto Europa-Caucaso-Asia) è stato creato nel 1993. IOGATE (Interstate Oil and Gas Transportation to Europe) è stata fondata nel 1995. SYNERGY è stata fondata nel 1997. L'AMBO (Albanian Macedonian Bulgarian Oil Pipeline Corp) è stata finanziata dall'OPIC (Overseas Private Investment Corporation). Non sorprende che le truppe statunitensi siano state inviate al confine macedone per servire come mercenari per l'industria petrolifera.

Ma il Rapporto sull'energia nell'Europa orientale 20, giugno 1995, Secondo oleodotto del Mar Nero, affermava che "i combattimenti in Jugoslavia sono come un enorme ostacolo a tutto", il che ha messo in crisi questo promettente sviluppo per il quale l'amministrazione Clinton aveva già stanziato 30 milioni di dollari nell'ambito dell'Iniziativa per lo sviluppo dei Balcani meridionali (SBDI).

Un anno prima dell'inizio dei bombardamenti della NATO, il Consiglio dell'Unione Europea (UE) si è riunito per discutere una "Dichiarazione sul gasdotto energetico del Caspio". Presieduta da Robin Cook, è stata di fatto una dichiarazione che i combattimenti serbi dovevano essere risolti. Le conclusioni da trarre non possono essere sopravvalutate.

La propaganda che ha preceduto il bombardamento è stata totale e globale. Al mondo intero è stato fatto credere, ed è stato fatto credere, che la guerra della NATO (leggi Stati Uniti) contro la Jugoslavia servisse a fermare la violenza etnica che si stava presumibilmente verificando in Serbia e le violazioni dei diritti umani degli albanesi che vivevano in Kosovo. Willi Munzenberg l'avrebbe appoggiata pienamente. Nel mio libro "Il Comitato dei 300" e "L'Istituto Tavistock per le Relazioni Umane", viene trattata la carriera del più grande maestro di propaganda mai esistito, Willi Munzenberg.

Aveva accompagnato Lenin in esilio in Svizzera e, dopo che Lenin fu rimandato in Russia con il "treno sigillato", Munzenberg divenne il suo direttore dell'Illuminismo popolare. È stato responsabile dell'addestramento di molti ufficiali e spie del GRU, tra cui il famigerato Leon Tepper, capo spia del Rot Kappell ("Orchestra Rossa") che ha ingannato tutte le agenzie di intelligence occidentali, compreso l'MI6, per tre decenni.

John J. Maresca. Vicepresidente delle relazioni internazionali della Unocal Corporation, ha commentato così il petrolio del Caspio:

> "Signor Presidente, la regione del Caspio contiene enormi riserve di idrocarburi non sfruttate. Per dare un'idea dell'entità, le riserve accertate di gas naturale equivalgono a più di 236 trilioni di piedi cubi. Le riserve petrolifere della regione potrebbero superare i 60 miliardi di barili di petrolio. Alcune stime parlano di 200 miliardi...

> Rimane un problema importante: come far arrivare le vaste risorse energetiche della regione ai mercati in cui sono necessarie. L'Asia centrale è isolata... Ciascuno di questi Paesi deve affrontare difficili sfide politiche. Alcuni hanno guerre irrisolte o conflitti in corso... Inoltre, l'infrastruttura di oleodotti esistente nella regione rappresenta un ostacolo tecnico importante per il trasporto del petrolio. Poiché gli oleodotti della regione sono stati costruiti durante il periodo sovietico incentrato su Mosca, tendono a dirigersi verso il nord e l'ovest della Russia, mentre non ci sono collegamenti verso il sud e l'est. Fin dall'inizio abbiamo chiarito che la costruzione dell'oleodotto da noi proposto in Afghanistan non sarebbe potuta iniziare fino a quando non fosse stato insediato un governo riconosciuto che godesse della fiducia dei governi, dei finanziatori e della nostra azienda. "

Ora sappiamo perché gli Stati Uniti sono impegnati in una guerra in Afghanistan. Non ha molto a che fare con l'11 settembre e con i talebani, ma con l'istituzione di un governo fantoccio statunitense in quel Paese nell'ambito della geopolitica petrolifera imperiale. Ora conosciamo anche il vero motivo per cui la NATO ha attaccato la Serbia. La sua faida con l'Albania ha turbato il governo coinvolto nel progetto del gasdotto del bacino del Caspio, "i finanziatori e la nostra società".

La Russia, facendo leva sulla falsa affermazione che gli Stati Uniti sono "l'unica superpotenza", ha fatto finta di non opporsi alle incursioni statunitensi in Afghanistan, essendo ben felice di vedere l'America impantanata contemporaneamente in Iraq e in Afghanistan. Il Presidente Putin è un maestro della "maskirovka" (inganno) e mentre l'amministrazione Bush a Washington si congratulava con se stessa per aver sconfitto la Russia, Putin stava negoziando con la Cina e gli ex territori asiatici dell'URSS per formare un blocco di alleanze per frenare i piani espansionistici imperialisti degli Stati Uniti. Sotto la guida di Putin, la Cina e la Russia hanno aderito all'Organizzazione per la Cooperazione di Shanghai (SCO), che comprende Cina, Russia, Kazakistan, Kirghizistan, Tagikistan e Uzbekistan. La Cina ha aderito alla SCO per allinearsi alla Russia, dal punto di vista economico, militare e politico. Il nuovo patto SCO sostituisce quello della famiglia Rockefeller-Li, durato quasi quattro decenni.

L'adesione della Russia alla SCO è un tentativo di mantenere la sua tradizionale egemonia in Asia centrale. La logica alla base della SCO è il controllo delle enormi riserve di petrolio e gas dei suoi membri. I timori di Russia, Cina, India e altri Paesi della SCO che l'Afghanistan e l'Iraq siano destinati a diventare la base operativa per destabilizzare, isolare e controllare i regimi dell'Asia meridionale e del Medio Oriente si sono rivelati fondati, ma sono stati più facili da dissipare da quando la SCO è stata istituita e funziona sotto la guida del Presidente Putin.

Uno sguardo alla mappa del Medio Oriente mostra che l'Iran si trova tra l'Iraq e l'Afghanistan, motivo per cui Bush ha incluso l'Iran nell'"Asse del Male". La strategia imperialista statunitense si basa sul fatto che la Russia deve rimanere fuori dai piedi mentre gli Stati Uniti completano la conquista di questa regione e le postazioni militari permanenti vengono installate senza obiezioni da parte di Russia e Cina. La fase successiva è l'inizio della costruzione di un oleodotto che attraversi il Turkmenistan, l'Afghanistan e il Pakistan per portare il petrolio sui mercati eurasiatici.

A capo del progetto dell'oleodotto c'è l'Unocal per gli interessi della Standard Oil. Unocal sta cercando da decenni di costruire un oleodotto nord-sud attraverso l'Afghanistan e il Pakistan fino all'Oceano Indiano. Il presidente Karzai, presidente fantoccio di Washington in Afghanistan, era un ex dirigente di alto livello nelle avventure afghane di Unocal. Karzai era infatti l'alto dirigente di Unocal che negoziava per conto della sua azienda. È anche il leader della tribù pashtun Durrani.

Membro dei mujahideen che hanno combattuto i sovietici negli anni '80, Karzai è stato un contatto chiave per la CIA, mantenendo stretti rapporti con il direttore della CIA William Casey, con il vicepresidente George Bush e con l'Inter Service Intelligence (ISI) pakistano. Dopo che l'Unione Sovietica ha lasciato l'Afghanistan, la CIA ha sponsorizzato il trasferimento di Karzai e di alcuni suoi fratelli negli Stati Uniti.

Secondo un articolo del *New York Times* :

> Nel 1998, la società californiana Unocal, che aveva una partecipazione del 46,5% nel Central Asia Gas (Cent Gas), un consorzio che progettava un lunghissimo gasdotto attraverso l'Afghanistan, si è ritirata dopo diversi anni di tentativi falliti. Il gasdotto doveva percorrere 7277 km dai giacimenti di Dauletabad in Turkmenistan a Multan in Pakistan, per una distanza di 1271 km. Il suo costo è stato stimato in 1,9 miliardi di dollari.

L'azienda non ha chiarito subito che la forte opposizione di Bin Laden e dei Talebani aveva fatto fallire il progetto dell'oleodotto. Altri 600 milioni di dollari avrebbero potuto portare il gasdotto fino all'India, affamata di energia.

È qui che entra in gioco Haliburton, la società del vicepresidente Dick Cheney. L'intelligence militare russa aveva riferito fin dal 1998 che gli americani stavano pianificando una grande impresa petrolifera in Azerbaigian e che Dick Cheney stava per firmare un contratto con la compagnia petrolifera nazionale dell'Azerbaigian per costruire una base marina di 6.000 metri quadrati a supporto delle piattaforme di trivellazione petrolifera offshore da costruire nel Mar Caspio.

Il 15 maggio 2001, una dichiarazione dell'ufficio di Cheney indicava che la nuova base di Haliburton sarebbe stata utilizzata per "assistere la nave catamarano con gru di Haliburton, la Qurban Abbasov, nelle prossime attività di posa di condotte offshore e sottomarine". Come già detto, il precedente accordo di Unocal con i Talebani nel 1998 è stato interrotto perché era diventato chiaro che i Talebani avrebbero potuto mettere tutte le altre tribù afghane contro la compagnia, destabilizzando così il contesto politico per un progetto di gasdotto nord-sud.

Anche se non posso esserne assolutamente certo, ci sono prove che suggeriscono che fu in questo momento critico che Unocal-Haliburton e Standard Oil idearono un nuovo stratagemma di "guerra al terrorismo". Dick Cheney ha fornito "la soluzione" al governo degli Stati Uniti. L'11 settembre ha fornito il pretesto per inviare le truppe statunitensi a combattere la "guerra al terrore" in Afghanistan.

I mulini della propaganda hanno sciorinato una litania di "ragioni" per cui le truppe statunitensi dovevano precipitarsi in Afghanistan. Sembra che i Talebani guidati da Bin Laden stessero pianificando "grandi attacchi terroristici in tutto il mondo e contro strutture statunitensi all'estero". Non è stato prodotto uno straccio di prova reale a sostegno di questa affermazione, ma il popolo americano, sempre complice e illuso, l'ha accettata come "vangelo".

Nel 2006, le motivazioni trasparenti della guerra dell'industria petrolifera all'Afghanistan erano chiare a tutti. Il 2 gennaio 2002, il progetto dell'oleodotto ha fatto un altro passo avanti quando l'ambasciatore statunitense in Pakistan, Wendy Chamberlain, a nome della Standard Oil, ha rispettato un impegno preso da tempo: incontrare il ministro del petrolio pakistano, Usman Aminuddin. L'incontro si è incentrato sui piani di avanzamento dell'oleodotto Nord-Sud e sui finanziamenti statunitensi per la costruzione di terminali petroliferi pakistani nel Mar Arabico per l'oleodotto.

Il Presidente Bush ha ripetutamente affermato che l'esercito statunitense rimarrà in Afghanistan. Perché dovrebbe essere così quando le forze dell'ONU dovrebbero prendere il controllo in modo che l'esercito americano possa tornare a casa? La risposta è che le forze ONU serviranno come forza di polizia paramilitare, in modo da liberare i soldati statunitensi per monitorare la costruzione dell'oleodotto Nord-Sud. Si dice che monitoreranno anche i campi di papavero da oppio, ma non ho avuto conferma di questa missione. Questo compito è stato assegnato a una forza britannica.

La recente nomina da parte del Presidente Bush di Zalmay Khalilzad, un afghano sconosciuto, nella sua squadra di sicurezza nazionale ha sollevato delle perplessità. Crediamo di poter spiegare questa nomina apparentemente insolita. Khalilzad era un ex membro del progetto CentGas. Khalilzad è stato recentemente nominato inviato speciale del Presidente per l'Afghanistan. È un pashtun, figlio di un ex funzionario governativo sotto il re Mohammed Zahir Shah, e aveva il compito di assicurare che il progetto dell'oleodotto procedesse in modo tempestivo e di riferire direttamente al presidente su eventuali ritardi o intoppi nell'avanzamento del piano.

La sua nomina è stata sostenuta da Condoleezza Rice, che era membro del consiglio di amministrazione di Chevron, anche se non è mai stato chiarito quale fosse il suo ruolo esatto in Chevron. Oltre a essere un consulente della Rand Corporation, Khalizad è stato un collegamento speciale tra l'Unocol e il governo talebano e ha lavorato a diverse analisi dei rischi per il progetto.

Ora che il settore afghano della "guerra al terrore" è considerato "risolto", anche se a quanto ci risulta è tutt'altro che così, e che in Uzbekistan e in Afghanistan sono presenti basi militari permanenti degli Stati Uniti, in quale paese ricco di petrolio possiamo aspettarci che gli esploratori della Standard Oil si infiltrino alla ricerca di altro petrolio? Il governo degli Stati Uniti dice che deve continuare a cercare petrolio, e idealmente (da questo punto di vista) la maggior parte di questi luoghi si trova in Paesi che sono stati designati come rifugio per i terroristi: Iraq, Siria, Iran e Sud America, in particolare Venezuela e Colombia. Qualcuno potrebbe dire: "Comodo".

Ma i guerrieri imperiali del petrolio hanno iniziato a guardare anche nel cortile di casa della Russia, in Siberia. EXXON, Mobil, Royal Dutch Shell e la francese Total SA si sono aggiudicate negli anni '90 contratti con l'allora URSS per la ricerca di petrolio e gas naturale nella regione artica. La guerra non dichiarata, incostituzionale e quindi criminale di Bush il Vecchio, la Guerra del Golfo del 1991, ha fatto sì che il Kuwait si appropriasse dell'enorme giacimento di petrolio di Rumaila, nel sud dell'Iraq, in misura ancora maggiore rispetto alla prima volta.

Questo è stato fatto estendendo unilateralmente i confini del Kuwait dopo la guerra. Il sequestro illegale delle proprietà irachene ha portato a molte rappresaglie indesiderate da parte dell'Iraq. La "nuova frontiera" ha permesso al Kuwait, controllato da BP e Standard Oil, di raddoppiare la produzione di petrolio del periodo prebellico. Il resoconto storico e veritiero della creazione del "Kuwait" da parte dell'esercito britannico nel 1921 consiste nel tracciare una linea arbitraria attraverso il centro dei giacimenti petroliferi di Rumaila e poi chiamare la terra rubata "Kuwait".

Il testo seguente è tratto da un articolo pubblicato su Oil Analyst:"

> Si ritiene che l'Iraq, che ha recentemente scoperto un giacimento di petrolio nel deserto occidentale, abbia più petrolio dell'Arabia Saudita una volta che i suoi giacimenti saranno sviluppati.

Prima dell'invasione illegale dell'Iraq da parte degli Stati Uniti nel 2003, il Paese produceva 3 milioni di barili al giorno, la maggior parte dei quali veniva convogliata verso i mercati mondiali attraverso un programma supervisionato dalle Nazioni Unite che spendeva una piccola parte dei proventi in cibo e medicine per la popolazione irachena nell'ambito del programma Oil for Food. L'Iraq era ancora in grado di esportare parte del suo petrolio in Siria, che vendeva come petrolio siriano.

Nel settembre 2001, il regime di Bush iniziò a minacciare l'Iraq, ma in realtà il piano di emergenza per invadere l'Iraq era stato preparato diversi mesi prima. La minaccia era rivolta a Francia e Russia. Entrambi i Paesi avevano iniziato a sviluppare un commercio significativo con l'Iraq e questo non piaceva affatto a Dick Cheney, il nuovo principe imperiale del petrolio. La realtà è che le aziende statunitensi, in particolare la Haliburton Oil Company e la General Electric (GE) di Cheney, stanno guadagnando miliardi in Iraq vendendo beni e servizi. Non sono ammesse interferenze. Prima della guerra del 2003, l'Iraq ha cercato di accattivarsi il favore dei membri del Consiglio di cooperazione del Golfo arabo (CCG): Bahrein, Kuwait, Oman, Qatar, Arabia Saudita ed Emirati Arabi Uniti (EAU), al fine di ottenere il sostegno per la revoca delle sanzioni ONU nei suoi confronti.

Allarmati da questo sviluppo inatteso, i funzionari di politica estera della Standard Oil chiesero al Grande Fratello americano di minacciare i membri del CCG di non permettere l'ingresso dell'Iraq o di affrontarne le conseguenze. La Russia ha iniziato a chiedere una "soluzione globale" della questione delle sanzioni, comprese misure che portino alla revoca dell'embargo militare contro l'Iraq. Il 24 gennaio 2002, il ministro degli Esteri russo Igor Ivanov si è opposto fermamente a qualsiasi intervento militare statunitense in Iraq. La compagnia petrolifera russa Lukoil e due agenzie governative russe avevano firmato un contratto di 23 anni per la gestione del giacimento petrolifero di West Qurna in Iraq.

Secondo i termini del contratto, Lukoil avrebbe dovuto ricevere la metà, l'Iraq un quarto e le agenzie governative russe un quarto dei 667 milioni di tonnellate di greggio provenienti dal giacimento, un mercato potenziale di 20 miliardi di dollari. L'Iraq deve ancora alla Russia almeno 8 miliardi di dollari, risalenti all'epoca della Guerra Fredda, quando la Russia armò l'Iraq come Stato cliente. Ma la Russia si oppose all'"imperialismo americano" per altre ragioni. Sdegnato dalla brutalità del bombardamento notturno della Serbia, durato 76 giorni, su istigazione del Segretario di Stato americano Madeline Albright, l'esercito russo era determinato a non lasciare che gli Stati Uniti la facessero franca con un secondo assalto a una piccola nazione.

Le forze speciali russe si erano precipitate a Pristina, in Serbia, per mettere in sicurezza l'aeroporto contro l'arrivo delle forze statunitensi, nella speranza di essere attaccate e di poter entrare in guerra con la Serbia. Solo la moderazione del comandante britannico sul campo ha impedito lo scoppio della Terza Guerra Mondiale. La Russia, ancora provata dal saccheggio e dallo stupro della Serbia, cercava vendetta.

Una Washington ansiosa ha fatto la spola con Mosca per cercare di placare la Russia e, dopo negoziati ancora segreti, la situazione si è sbloccata. Nel 2001, la Russia si è aggiudicata 1,3 miliardi di dollari in contratti petroliferi nell'ambito del programma delle Nazioni Unite "Petrolio in cambio di cibo", che ha permesso all'Iraq di vendere petrolio per acquistare forniture per aiutare i civili iracheni.

Nel settembre 2001, il Ministero del Petrolio iracheno ha annunciato l'intenzione di assegnare alle società russe contratti per un valore aggiuntivo di 40 miliardi di dollari non appena le sanzioni ONU fossero state revocate.

Nel febbraio 2002, il ministro degli Esteri russo Igor S. Ivanov ha dichiarato che la Russia e l'Iraq erano d'accordo sulle questioni dell'estremismo e del terrorismo e che le sanzioni sostenute dagli Stati Uniti contro l'Iraq erano controproducenti e dovevano essere revocate. Ha poi sottolineato che la Russia si oppone fermamente "all'estensione o all'applicazione dell'operazione internazionale antiterrorismo a qualsiasi Stato scelto arbitrariamente, compreso l'Iraq". La retorica si sta scaldando mentre la Russia cerca di usare il suo potere di veto nel Consiglio di Sicurezza delle Nazioni Unite per fermare tutte le sanzioni contro l'Iraq.

Poi, nel 2003, il partito imperiale repubblicano Standard Oil-Bush, sostenuto dai suoi alleati neobolscevichi, ha violato gravemente la Costituzione statunitense, il diritto internazionale e le quattro Convenzioni di Ginevra, lanciandosi in un bombardamento su Baghdad. La guerra illegale contro l'Iraq ha posto fine a tutti gli accordi permanenti dell'Iraq con Russia, Germania e Francia. All'insaputa del cartello petrolifero delle Sette Sorelle, solo tre anni dopo sarebbero seguite gravi ritorsioni. La protesta delle nazioni europee contro Bush e l'attacco neobolscevico all'Iraq è stata immediata.

La scusa infantile fornita al mondo fu che l'Iraq aveva "armi di distruzione di massa" che si stava preparando a usare contro la Gran Bretagna. La signora Rice, inesperta, sciocca e politicamente disinformata, ha aggiunto i suoi minacciosi avvertimenti che, se non fermati, gli americani avrebbero visto "nuvole a fungo" sulle loro principali città. Sei anni dopo, stiamo ancora aspettando che queste "nuvole" appaiano. La grande bugia generata dal Tavistock è stata accettata da circa il 75% del popolo americano. Nonostante decine di esperti si siano fatti avanti per deridere e smentire le affermazioni di Bush e Blair sulle armi di distruzione di massa, i due uomini hanno perseverato nella loro menzogna fino a quando questa si è letteralmente sgretolata sotto i loro piedi d'argilla. Ma non importava. La diplomazia imperiale della Standard Oil aveva prevalso, l'aggressione americana aveva assicurato loro il petrolio iracheno e la guerra non sarebbe durata comunque, così si disse al mondo. Le truppe americane stavano attraversando il deserto dal Kuwait e presto avrebbero invaso Baghdad.

I pianificatori di Bush non hanno tenuto conto del cambiamento di lealtà della Cina. Bush vedeva la Cina ancora legata al patto tra Rockefeller e la famiglia Li del 1964. Ma i piani di espansione dell'imperialismo petrolifero della Standard Oil/Bush si scontrarono con il crescente interesse della Cina a sostenere le nazioni del Medio Oriente nella loro lotta contro gli Stati Uniti. Durante la visita del re giordano Abdullah II in Cina nel gennaio 2002, il presidente cinese Jiang Zemin ha dichiarato che la Cina vuole legami più forti con i Paesi arabi per contribuire a promuovere la pace tra Israele e i palestinesi. Questa dichiarazione ha scioccato il Dipartimento di Stato americano. Per lo sgomento del Presidente Bush e del Segretario di Stato Rice, la Cina era pronta a intervenire se i neobolscevichi avessero portato avanti il loro folle piano di attaccare l'Iran, senza tener conto del fatto che l'autorità costituzionale per impegnare le forze armate statunitensi in qualsiasi Paese era totalmente assente.

La Cina ha chiarito la sua posizione fornendo all'Iran la sua versione del missile da crociera a salto d'onda "Exocet", che ha il potenziale di danneggiare gravemente la Marina statunitense. Gli imperialisti del petrolio continuano a espandere il loro impero in Medio Oriente, in particolare attraverso l'Iraq. Bolton è stato insediato all'ONU, per gentile concessione della Casa Bianca, con un abuso di potere, con una nomina per ordine esecutivo, anche se la sua idoneità alla carica era stata respinta dal Senato degli Stati Uniti (qualche anno dopo è stato sommariamente rimosso). Il Presidente è ben lungi dall'essere costituzionalmente autorizzato a fare nomine per ordine esecutivo, tranne quando è "necessario e appropriato" e una questione di emergenza. Nel caso di Bolton, non era assolutamente "necessario" o "appropriato", perché il Senato si era già rifiutato di confermare Bolton e la nomina a sorpresa è stata quindi un abuso del potere e della procedura costituzionale. Ma gli imperialisti della Standard Oil/Bush si sono rifiutati di lasciare che questa preoccupazione fermasse i loro piani per affrontare la minaccia della Cina in Medio Oriente. Hanno interrotto i loro sforzi solo temporaneamente, in attesa che Bolton si insediasse all'ONU. Bolton era necessario all'ONU per molestare e intimidire le nazioni affinché si schierassero a sostegno delle azioni statunitensi in Iraq e anche in Iran. Inoltre, è l'agente speciale dello studio legale Baker and Botts, incaricato di rilevare le garanzie di tutti i prestiti inesigibili che James Baker III ha ceduto.

Il cartello petrolifero imperialista statunitense ha preso il controllo del petrolio iracheno e ora ha messo gli occhi sulla Siria e sul petrolio iraniano. Siamo ora nella fase due della guerra al terrorismo: invadere i Paesi che secondo Bush ospitano i terroristi, con la reale intenzione di impadronirsi delle fonti energetiche di questi Paesi. La terza fase arriverà quando gli Stati Uniti si scontreranno con la Russia per il petrolio del Caspio e gli sforzi per farlo arrivare sul mercato europeo. Quel giorno memorabile potrebbe non essere così lontano.

Ora i russi hanno accelerato il passo. Il 28 agosto 2006, il Presidente Putin si è recato in visita ad Atene, in Grecia, per portare avanti il progetto dell'oleodotto del Caspio, in stallo da diversi anni. Ad Atene, il Presidente Putin ha incontrato il Primo Ministro greco Costas Karamantis e il Presidente bulgaro Gregory Parvanov. I colloqui tripartiti si sono concentrati sul rapido completamento di un gasdotto dal Mar Caspio al porto bulgaro di Burgas e da lì al porto greco di Alexandroupolis, sulla costa del Mar Egeo. Una volta completato, l'oleodotto sarà in grado di trasportare 35 milioni di tonnellate di petrolio all'anno e di far risparmiare almeno 8 dollari al barile sui costi di trasporto. L'oleodotto permetterà alla Russia di mantenere una morsa sul petrolio del Caspio per il mercato europeo, mettendo da parte il grande oleodotto Baku-Tblisi-Ceyhan, sostenuto dagli Stati Uniti. Gli Stati Uniti hanno quindi deciso di concentrarsi, per il momento, sull'oleodotto nord-sud dell'Afghanistan, che viene costruito e sorvegliato dai soldati statunitensi, i quali devono affrontare una dura resistenza da parte dei Talebani, che sono più forti e meglio equipaggiati di prima di essere cacciati dalla cosiddetta Alleanza del Nord. La leadership talebana è determinata a impedire la realizzazione dell'oleodotto. I nuovi combattimenti, iniziati nel luglio 2006, hanno raggiunto il culmine in agosto, con le battaglie descritte dai media sponsorizzati dagli Stati Uniti come sforzi per stroncare i proventi del commercio dell'oppio che sarebbero andati ai Talebani. Non è questo il caso, ma con l'enorme macchina propagandistica a disposizione dell'amministrazione Bush, è probabile che venga percepito come tale da un pubblico americano ottuso.

CAPITOLO 23

La Russia affronta le Sette Sorelle

A questo punto la Russia, sotto la guida di Vladimir Putin, il più astuto stratega geopolitico del mondo attuale, ha deciso di togliere il tappeto da sotto le Sette Sorelle. Il ministro degli Esteri russo ha annunciato che il suo governo sta per frenare i principali progetti di investimento occidentali nel settore del petrolio e del gas in Siberia, mettendo in dubbio il rispetto degli accordi presi con l'ex URSS nel 1991.

Il Dipartimento di Stato degli Stati Uniti ha reagito immediatamente, con il portavoce Tom Casey che ha dichiarato che l'amministrazione Bush stava

> "molto preoccupato per la decisione del governo russo di cancellare i permessi ambientali per i progetti di gas naturale liquefatto da 20 milioni di dollari sviluppati dalla Royal Dutch Shell e da due gruppi giapponesi sull'isola di Sakhalin".

La risposta del governo russo è stata quella di annunciare che stava valutando la cancellazione di un progetto della Exxon-Mobil a Sakhalin. Gli Stati Uniti hanno sostenuto di avere dei diritti in base a un accordo con l'ex URSS del 1991 e del 1994. L'Europa occidentale e gli Stati Uniti sono preoccupati che la Russia del presidente Putin stia compiendo uno sforzo concertato per affermare il controllo sulle vaste risorse energetiche del Paese.

Il Presidente Putin si è recato in visita di Stato in Francia per rassicurare il Presidente Chirac che Total SA non è stata inclusa nelle modifiche. Gli osservatori hanno notato che durante la visita a Parigi i due leader si sono avvicinati.

Senza dubbio Putin stava dicendo agli Stati Uniti che la Francia veniva premiata per essersi opposta alla guerra in Iraq e per aver rifiutato di aderire al boicottaggio dell'Iran da parte delle Nazioni Unite. Il Presidente Chirac ha consegnato a Putin una medaglia - la Gran Croce della Legione d'Onore - in una cerimonia molto pubblica al Palazzo dell'Eliseo. Durante la visita, il Presidente Putin ha espresso le gravi preoccupazioni della Russia per la situazione in Kosovo. È stato raggiunto un accordo per la costruzione di un'autostrada tra Mosca e San Pietroburgo da parte di una società francese e un accordo che impegna la Russia ad acquistare 22 aerei Airbus A350. Il 24 settembre 2006 è emerso che la Shell rischiava di vedersi sospendere la licenza per la gestione del progetto petrolifero e gassoso Sakhalin-2, del valore di 20 miliardi di dollari, a causa del ritiro dei permessi ambientali da parte del Ministero delle Risorse Naturali. Il progetto Sakhalin-2 è stato completato per circa l'80%. Nel frattempo, Gazprom, il gigante del gas di proprietà statale, sta negoziando l'acquisto di Sakhalin-1. Sembra che se l'offerta non verrà accettata, Sakhalin-2 potrebbe essere bloccato. Gazprom sta cercando di possedere fino al 25% di Sakhalin-2, il che significa che la principale società del cartello delle Sette Sorelle diventerebbe un azionista di minoranza. Sakhalin-2 ha riserve di 4,5 miliardi di barili. Si tratta quindi di un ricco premio che la Russia sicuramente rivendicherà. È solo questione di tempo.

A nome della Royal Dutch Shell, il Primo Ministro Blair ha espresso profonda preoccupazione per il fatto che la Shell sarebbe stata esclusa dai ricchi bonus di Sakhalin-1 e Sakhalin-2. Il Dipartimento di Stato americano continua a fare pressioni per Shell ed Exxon, ma la Russia potrebbe avere altri piani. Fonti di Gazprom hanno dichiarato di essere in trattative segrete con una società indiana, l'Indian National Oil and Natural Gas Corporation (ONGG), per l'acquisto della sua quota del 20% in Sakhalin-1. In caso di accordo, Gazprom otterrà enormi partecipazioni nei progetti di petrolio e gas più produttivi del mondo, lasciando i membri del cartello delle Sette Sorelle in una posizione molto debole.

Nel frattempo, l'ipocrisia della "guerra al terrore" di Bush è evidente a tutti in Colombia, dove le proposte di Bush includono la spesa di 98 milioni di dollari per proteggere l'oleodotto di 480 miglia della Occidental Petroleum dal secondo più grande giacimento petrolifero della Colombia alla costa caraibica.

Questi 98 milioni di dollari si aggiungono agli 1,3 miliardi di dollari che gli Stati Uniti hanno già dato al governo colombiano, apparentemente per combattere i "terroristi della droga" delle FARC. Nel 2001, l'oleodotto Cano Limon è stato interrotto per 266 giorni perché i guerriglieri delle Forze Armate Rivoluzionarie della Colombia (FARC) continuavano a farlo saltare in aria per aumentare l'importo delle tangenti. I ribelli delle FARC hanno interrotto l'oleodotto a intervalli regolari negli ultimi 15 anni per sottolineare che le loro minacce non sono vuote e per guadagnare sempre più denaro per la loro "protezione". Nel frattempo, i 2,5 milioni di barili di petrolio riversati nei fiumi e nei torrenti della Colombia superano di gran lunga il volume della fuoriuscita di petrolio della Exxon Valdez in Alaska nel 1989.

Nonostante le distrazioni nei Balcani, nel Mar Caspio e in Afghanistan, il cartello petrolifero non ha rinunciato alla sua intenzione di impadronirsi del petrolio iraniano. Secondo fonti del BDN (servizio segreto) tedesco, l'amministrazione Bush ha elaborato piani per colpire i reattori nucleari iraniani, i siti di armi di distruzione di massa e i siti militari con bombardamenti intensivi a saturazione, utilizzando bunker buster e armi nucleari tattiche. L'attacco sarà coordinato con il sabotaggio di infrastrutture critiche urbane e rurali da parte di elementi del Mojahedin-e Khalq (MEK), unità operative speciali del Pentagono e altri gruppi dissidenti iraniani.

I dettagli delle informazioni di intelligence tedesche che esprimono preoccupazione provengono da briefing classificati forniti da elementi della CIA. A quanto pare, il timore è che i neo-bolscevichi dell'amministrazione Bush, attaccando l'Iran, mettano in moto una catena di eventi che porterà a una guerra mondiale.

Gli agenti della CIA hanno trasmesso informazioni sui piani statunitensi di attacco all'Iran anche alle loro controparti in Francia, Gran Bretagna, Canada e Australia. I piani di guerra imperialisti statunitensi contro l'Iran comprendono anche la rapida presa della provincia di Khūzestān, nell'Iran sud-occidentale, dove si trova la maggior parte delle riserve petrolifere e delle raffinerie iraniane.

Il Khūzestān ha una popolazione a maggioranza araba sciita con stretti legami con i loro fratelli etnici e religiosi in Iraq. I piani di Bush prevedono un attacco militare statunitense attraverso il confine iracheno e dalle forze navali nel Golfo Persico in risposta alla richiesta di aiuto delle forze ribelli del Fronte Democratico Popolare e dell'Organizzazione per la Liberazione di Al Ahwaz nel Khūzestān, che dichiareranno uno Stato arabo indipendente della Repubblica Democratica di Ahwaz e riceveranno il riconoscimento diplomatico di Stati Uniti, Gran Bretagna e Israele, oltre che di alcuni altri stretti alleati statunitensi.

Dopo la Prima guerra mondiale, Khūzestān fu annessa all'Iran e venne chiamata con il suo precedente nome storico, Persia. Nella Bibbia è citata più volte con il suo nome precedente. Ci sono anche piani per fomentare ribellioni tra le altre minoranze iraniane, tra cui gli azeri e i turkmeni nella regione del Mar Caspio, ricca di petrolio.

Alcuni analisti ritengono che la Guerra del Golfo del 1991 sia stata iniziata dagli Stati Uniti come "sipario" prima del grande evento, ossia l'invasione dell'Iran da parte degli Stati Uniti, con il sostegno di Israele, Francia e Germania, motivo per cui gli Stati Uniti hanno dato a Hussein il via libera per entrare in guerra con l'Iran. Lo scopo di spingere l'Iraq ad attaccare l'Iran dovrebbe essere chiaro a tutti: l'Iraq e l'Iran combatterebbero una guerra che li lascerebbe entrambi disperatamente indeboliti. Come minimo, gli Stati Uniti segnalarono a Hussein che una certa aggressione era accettabile - che gli Stati Uniti non si sarebbero opposti a un'invasione irachena per riprendere il giacimento petrolifero di al-Rumaila, la striscia di confine contesa e le isole del Golfo, compresi i territori dei giacimenti petroliferi di Bubiyan che l'Iraq rivendicava come se fossero sempre stati parte dell'Iraq e non del Kuwait o dell'Iran. Più tardi, una solitaria April Glaspie fu messa alle strette dai giornalisti britannici che la bombardarono di domande sul suo ruolo nell'iniziare la guerra con l'Iraq nel 1991, ma senza una parola Glaspie salì su una limousine, si chiuse la porta alle spalle e se ne andò.

Due anni dopo, durante il terzo turno di dibattiti presidenziali nel programma "Decision 92" di NBC News, il candidato alla presidenza Ross Perot fu citato per aver detto:

> ... Abbiamo detto a (Saddam) che poteva prendere la parte nord-orientale del Kuwait; quando l'ha presa tutta, siamo impazziti. E se non glielo abbiamo detto, perché non abbiamo nemmeno permesso alla Commissione per le Relazioni Estere del Senato e alla Commissione per l'Intelligence del Senato di vedere le istruzioni scritte per l'ambasciatore Glaspie?

A questo punto, (Perot) fu interrotto dall'allora presidente George Bush Senior, che esclamò:

> Devo rispondere a questo. È una questione di onore nazionale. È assolutamente assurdo.

Assurdo o meno, il fatto è che April Glaspie lasciò Baghdad alla fine di agosto del 1990 e tornò a Washington dove fu tenuta in isolamento per otto mesi, non le fu permesso di parlare con i media e non ricomparve fino alla fine della Guerra del Golfo (11 aprile 1991) quando fu chiamata a testimoniare in modo informale (non sotto giuramento) davanti alla Commissione Esteri del Senato sul suo incontro con il Presidente Hussein. Glaspie ha affermato di essere stata vittima di un "inganno deliberato su vasta scala" e ha denunciato la trascrizione del suo incontro come "un'invenzione" che travisa la sua posizione, pur ammettendo che contiene "molto" materiale accurato.

Glaspie fu poi inviato a Città del Capo, in Sudafrica, come console generale degli Stati Uniti. Non si hanno più notizie di lei dal suo ritiro dal servizio diplomatico nel 2002. È quasi come se Glaspie fosse diventato una non-persona. Perché il Senato non è intervenuto e non ha fatto il suo lavoro? Perché il Dipartimento di Stato l'ha fatta franca nel trattenere e nascondere informazioni a cui il popolo americano aveva e ha pieno diritto?

Dopo l'inganno di Glaspie, il presidente George Bush iniziò a coltivare un clima di guerra, bombardando l'Iraq nelle cosiddette "no-fly zone" che, oltre a violare la sovranità dell'Iraq, erano illegali secondo la Costituzione degli Stati Uniti. All'ONU, Bush si è occupato della delegazione araba con le sue squadre di "guerra ad ogni costo", sostenendo che se l'invasione del Kuwait non fosse stata risolta, sarebbero stati i prossimi sulla lista di Hussein, una completa e palese falsità senza fondamento.

Bush è riuscito a far imporre un embargo all'Iraq. Il 29 gennaio 1991, Bush ha usato il suo discorso sullo Stato dell'Unione come veicolo per infiammare i sentimenti contro l'Iraq. Sorprendentemente, ha aggiunto le seguenti osservazioni:

> "Il mondo può quindi cogliere l'opportunità dell'attuale crisi nel Golfo Persico per realizzare la promessa di lungo corso di un nuovo ordine mondiale".

Il fatto che Bush abbia rivelato il vero motivo della cosiddetta "crisi del Golfo Persico" era ormai noto a tutti, ma gli sciacalli dei media statunitensi non hanno riportato ciò di cui il presidente stava parlando. Il concetto di Nuovo Ordine Mondiale non è nuovo, risale a Re Giorgio III, i cui piani furono interrotti dalla Rivoluzione Americana. I piani di Bush per precipitare la nazione in guerra in Iraq erano abbastanza palesi, tanto che un certo numero di persone importanti a Washington ha iniziato a nutrire seri dubbi e ad opporsi ai tamburi di guerra. Uno di loro, l'ex Segretario della Marina James H. Webb, ha espresso pubblicamente le sue preoccupazioni in un dibattito televisivo il 12 novembre 1990:

> Lo scopo della nostra presenza nel Golfo Persico è quello di favorire il Nuovo Ordine Mondiale dell'amministrazione Bush, non mi piace.

Un'altra figura di Washington molto critica nei confronti della corsa alla guerra dell'amministrazione Bush è stata James Atkins, ex ambasciatore in Arabia Saudita e vero esperto di questioni mediorientali. In un articolo firmato pubblicato dal *Los Angeles Times* il 17 settembre 1990, ha accusato il Segretario alla Difesa Richard Cheney di aver deliberatamente ingannato il re Fahd facendogli credere che un attacco all'Arabia Saudita da parte dell'Iraq fosse imminente. Atkins ha anche raccontato le sue esperienze con Henry Kissinger, che si opponeva ad Atkins ogni volta che attaccava i piani di guerra contro l'Iraq.

Sulla scena internazionale, alcuni Paesi, in particolare la Francia, sono preoccupati per il bombardamento sistematico e quotidiano dell'Iraq. L'ex ministro dell'Agricoltura di Charles De Gaulle ha espresso la sua preoccupazione a un giornalista tedesco:

> Vorrei che non fosse così (il bombardamento). Sono profondamente scioccato dal fatto che una nazione sia potente solo perché possiede armi. Gli Stati Uniti, in estrema difficoltà economica, sono riusciti a mettere a tacere il Giappone e l'Europa perché sono militarmente deboli. Per quanto tempo il mondo accetterà che i vari paesi debbano pagare un poliziotto per far rispettare il proprio ordine mondiale?

Ciò che disturba gli osservatori è il silenzio della Russia che, se avesse resistito alle intimidazioni statunitensi, avrebbe probabilmente potuto evitare la guerra contro l'Iraq. Come minimo, la Russia avrebbe potuto fornire all'esercito iracheno il suo modernissimo sistema di difesa aerea "Tamara", che avrebbe abbattuto gli aerei britannici e americani e posto fine al regno del terrore aereo che era diventato un fenomeno quotidiano in Iraq. Nessun membro dell'opposizione al Senato e alla Camera dei Rappresentanti è stato in grado di fermare la corsa alla guerra di Bush, che ha causato danni che vanno ben oltre l'effettiva invasione dell'Iraq e le cui onde d'urto si fanno ancora sentire nel 2008. Nella giusta prospettiva, l'invasione dell'Iraq, su ordine del Comitato dei 300, aveva lo scopo di imporre un Nuovo Ordine Mondiale al mondo e in particolare all'Europa.

Il caos scatenato dai "300" grazie alla volontà di Tony Blair, George Bush senior e suo figlio G.W. Bush di attaccare l'Iraq è ancora da misurare. Nel suo pieno effetto, che si manifesterà solo tra una decina d'anni, si assisterà a grandi cambiamenti, tutti riconducibili alle politiche petrolifere imperiali degli Stati Uniti e della Gran Bretagna, iniziate seriamente con l'invio da parte del presidente Wilson dei marines statunitensi a Tampico e Vera Cruz per strappare il greggio messicano ai suoi legittimi proprietari.

Questo perseguimento di politiche petrolifere imperiali è stato evidente in quella che molte migliaia di americani ritengono una situazione artificiale, il disastro dell'11 settembre. Se l'11 settembre è stato davvero una situazione artificiale alla maniera di Pearl Harbor, allora è stata essenzialmente la fase successiva della stessa presentazione, una strategia per gli Stati Uniti per prendere il controllo dei giacimenti petroliferi mondiali, specialmente quelli in Medio Oriente, Asia Centrale, Sud America, Malesia, Borneo e Afghanistan, trasformando al contempo gli Stati Uniti da una repubblica confederata a una dittatura del Nuovo Ordine Mondiale con il pretesto di "combattere il terrorismo".

Gli Stati Uniti hanno raggiunto il "punto di svolta" nella loro trasformazione da repubblica confederata a dittatura mondialista con l'attacco al World Trade Center di New York, e il fatto che lo abbiano fatto con poca o nessuna opposizione sottolinea l'importanza del ruolo svolto da questo evento. Poiché, secondo l'opinione di molti astuti osservatori, era troppo facile che fosse casuale, questo evento rafforza la convinzione di molti che l'11 settembre sia stata una situazione indotta artificialmente.

CAPITOLO 24

L'ingresso del Venezuela nell'equazione

Quali sono le prospettive se la produzione di petrolio raggiungerà il suo picco tra cinquant'anni? Ci sarà una giostra ancora peggiore, con guerre regionali in tutto il mondo, o le forze contrapposte si renderanno conto che la salvezza del mondo industrializzato sta nella cooperazione assoluta nel campo delle materie prime essenziali, soprattutto del petrolio greggio. Se dobbiamo giudicare sulla base del comportamento degli Stati Uniti e della Gran Bretagna negli ultimi 50 anni, siamo costretti a concludere che, con la fine delle riserve petrolifere mondiali in gioco, la politica estera degli Stati Uniti sarà quella di impegnarsi in un militarismo di dimensioni pari a quelle dell'Impero Romano, reprimendo al contempo il dissenso all'interno. Questo è ciò che stiamo già vedendo. In effetti, il gran numero di leggi approvate dall'inizio dell'invasione dell'Iraq testimonia la direzione intrapresa per ridurre l'opposizione alle guerre del petrolio e, allo stesso tempo, minimizza la legge suprema della terra eliminando il diritto del popolo a protestare.

È certamente vero che le misure restrittive introdotte dall'amministrazione Bush hanno avuto un effetto raggelante sui diritti costituzionali del popolo americano. A metà del 2008 è apparso chiaro che le leggi repressive approvate dall'avvento delle Guerre del Golfo stavano avendo l'effetto desiderato. Forse è questo che ha smorzato ogni segno di protesta contro la politica dell'amministrazione Bush nei confronti del Venezuela e del suo intransigente leader Hugo Chavez.

Data la marcata ostilità di Washington nei confronti del

Venezuela, non è impossibile che questo Paese sia il prossimo obiettivo della lotta imperialista per il petrolio. A questo proposito, diamo un'occhiata al Venezuela nel 2008. Ci sono stati alcuni cambiamenti. Non credo che siano spettacolari. È probabilmente la prima volta nella storia del Venezuela che un governo fa qualcosa di più di un semplice gesto per utilizzare le sue enormi risorse per aiutare le fasce più povere della popolazione. Questi aiuti sono destinati principalmente alla sanità, all'istruzione, alle cooperative, ecc. È difficile dire quanto sia grande l'impatto. Ma di certo sappiamo come le persone reagiscono ad essi, che è poi la domanda più importante. L'importante non è quello che pensiamo noi, ma quello che pensano i venezuelani. E lo sappiamo bene.

Ci sono alcuni sondaggisti piuttosto validi in America Latina, il principale dei quali è Latino Barometro, che si trova in Cile. Monitorano gli atteggiamenti in tutta l'America Latina su ogni tipo di questione cruciale. Il più recente, condotto in Cile, ha rilevato che il sostegno alla democrazia e al governo è aumentato in modo molto significativo in Venezuela dal 1998. Il Venezuela è ora quasi a pari merito con l'Uruguay come Paese che sostiene il governo e la democrazia.

È molto più avanti di altri Paesi latinoamericani in termini di sostegno alle politiche economiche del governo e anche in termini di convinzione che queste politiche aiutino i poveri, cioè la grande maggioranza, piuttosto che le élite. E ci sono giudizi simili anche su altre questioni, e il fenomeno è aumentato in modo piuttosto marcato. Nonostante gli ostacoli, si è registrato un certo grado di progresso che è stato considerato molto significativo dall'opinione pubblica, e questa è la misura migliore. Con l'annuncio della creazione del Partito Socialista Unificato del Venezuela (PSUV) e l'accelerazione del tentativo di acquisizione di vari servizi e imprese, si sta verificando una maturazione di questa rivoluzione? Non è facile da dire. Ci sono tendenze contraddittorie e la domanda per il Venezuela è quale prevarrà. Ci sono tendenze alla democratizzazione, alla devoluzione del potere, alle assemblee popolari, alle comunità che assumono il controllo dei propri bilanci, alle cooperative di lavoratori, ecc. Tutto questo va nella direzione della democrazia. Ci sono anche tendenze autoritarie: accentramento, figura carismatica, ecc. Queste politiche di per sé non permettono di giudicare in quale direzione andranno. È certamente perfettamente ragionevole che un Paese controlli le proprie risorse. Quindi, se il Venezuela assume un maggiore controllo delle proprie risorse, questo potrebbe essere uno sviluppo molto positivo. D'altra parte, potrebbe non esserlo. Così, ad esempio, quando l'Arabia Saudita ha nazionalizzato il suo petrolio negli anni '70, non significava che controllasse il proprio petrolio al posto delle compagnie straniere - principalmente ARAMCO. D'altra parte, l'Arabia Saudita è nelle mani di una severa tirannia. Il principale e più apprezzato alleato di Washington nella regione è una brutale tirannia e lo Stato fondamentalista islamico più estremo del mondo. La storia dipende quindi da come vengono utilizzate le risorse. Il Mercosur, il Mercato Comune del Cono Sud, è un gruppo con le maggiori economie del Sud America. Si basa su accordi di libero mercato, come il NAFTA, e non sembra muoversi verso un'alternativa alla dottrina neoliberista dominante.

Per il momento, il Mercosur è più una speranza che una realtà. Il Mercosur ne fa parte, gli incontri di Cochabamba sono un altro passo e ce ne sono altri. L'integrazione è un passo importante verso il mantenimento della sovranità e dell'indipendenza. Quando i Paesi sono separati l'uno dall'altro, possono essere estirpati, con la forza o con lo strangolamento economico. Se sono integrati e cooperano, sono molto più liberi dal controllo esterno, cioè dal controllo degli Stati Uniti nell'ultimo mezzo secolo - ma la storia va ben oltre.

Si tratta quindi di un passo importante, ma non mancano gli ostacoli. Uno è che anche l'America Latina ha un disperato bisogno di integrazione interna. Ognuno di questi Paesi presenta un forte divario tra una piccola élite ricca, europeizzata e prevalentemente bianca e un'enorme massa di persone profondamente impoverite, di solito indiane, nere o di razza mista. La correlazione tra le razze non è perfetta, ma è una correlazione. L'America Latina presenta alcune delle peggiori disuguaglianze al mondo, che stanno iniziando a essere superate. La strada da percorrere è ancora lunga, ma passi nella giusta direzione sono stati fatti in Venezuela, in Bolivia, in qualche misura in Brasile e in Argentina, ma al momento non molto altrove. Ma l'integrazione interna e l'integrazione esterna tra Paesi sono passi piuttosto importanti, e questa è la prima volta dalla colonizzazione spagnola di 500 anni fa, il che non è indifferente.

Torniamo ad alcune delle critiche di autoritarismo che hanno seguito l'estensione dei mandati e la recente cosiddetta legge di abilitazione. Queste leggi sono state approvate dal Parlamento. Il parlamento è quasi interamente dominato da Chavez, ma il motivo è che l'opposizione si rifiuta di parteciparvi, probabilmente su pressione degli Stati Uniti. Queste leggi possono non piacere. Il loro esito dipende dalla pressione popolare. Potrebbero essere passi verso l'autoritarismo. Potrebbero essere passi verso l'attuazione di programmi costruttivi. Non sta a noi dirlo, ma al popolo venezuelano, e conosciamo bene la sua opinione.

La ricchezza petrolifera del Venezuela ha dato al Paese l'opportunità di estendere gli aiuti alle comunità povere dell'Occidente, tra cui New York e Londra, e gli ha permesso di acquistare il debito di Argentina, Bolivia ed Ecuador.

Cominciamo con gli aiuti all'Occidente, il che è un po' ironico. Ma c'è un contesto in tutto questo. È iniziato con un programma a Boston. Un gruppo di senatori ha contattato le otto principali compagnie energetiche chiedendo loro se potevano fornire assistenza a breve termine ai poveri degli Stati Uniti per aiutarli a superare il difficile inverno in cui non potevano pagare le bollette del petrolio a causa degli alti prezzi. Hanno ottenuto una sola risposta, dalla CITGO, la compagnia venezuelana, che ha fornito temporaneamente petrolio a basso costo a Boston e poi nel Bronx di New York e altrove. Questo è l'aiuto occidentale. Quindi ora è solo Chavez a dare aiuti ai poveri in America.

Per il resto, sì, Chavez ha comprato un quarto o un terzo del debito argentino. Si trattava di uno sforzo per aiutare l'Argentina a liberarsi del FMI, come ha detto il presidente argentino. Il FMI, che è una sorta di emanazione del Dipartimento del Tesoro degli Stati Uniti, ha avuto un effetto devastante in America Latina. I suoi programmi sono stati seguiti con maggior rigore in America Latina che in qualsiasi altra parte del mondo.

La Bolivia ha seguito le politiche del FMI per 25 anni e il risultato finale è stato un reddito pro capite inferiore a quello iniziale. L'Argentina è stata il manifesto del FMI. Ha fatto tutto bene e ha esortato tutti gli altri a seguire le politiche stabilite dalla Banca Mondiale e dal Dipartimento del Tesoro degli Stati Uniti. Ebbene, ciò che è accaduto è stato che ha portato a una catastrofe economica totale. L'Argentina è riuscita a sfuggire alla catastrofe violando radicalmente le regole del FMI e ha deciso di liberarsi del FMI, come ha detto Kirchner, e il Venezuela l'ha aiutata. Il Brasile ha fatto la stessa cosa a modo suo e ora la Bolivia la sta facendo con l'aiuto del Venezuela. Il FMI è in realtà nei guai perché molti dei suoi finanziamenti provengono dalla riscossione del debito e se i Paesi si rifiutano di accettare i suoi prestiti perché le sue politiche sono troppo negative, non è chiaro cosa farà.

C'è anche Petrocaribe, un programma per fornire petrolio a condizioni favorevoli, con pagamenti dilazionati, a molti Paesi caraibici e ad altri. Un altro programma si chiama Operazione Miracolo. Utilizza i fondi venezuelani per inviare medici cubani - i medici cubani sono molto preparati e hanno un sistema medico molto avanzato, paragonabile ai sistemi del primo mondo - in luoghi come la Giamaica e altri Paesi della regione. Il progetto è iniziato trovando persone cieche che hanno perso completamente la vista, ma che potrebbero essere trattate chirurgicamente per riacquistarla. Queste persone vengono identificate dai medici cubani, portate a Cuba, curate nelle loro strutture mediche di alto livello e riportate nel loro Paese in grado di vedere. Lascia un'impressione.

Sembra che gli Stati Uniti e il Messico abbiano tentato di fare qualcosa di simile, ma non si è mai arrivati a nulla. In effetti, l'impatto dei programmi di Chavez può essere visto molto chiaramente nell'ultimo viaggio di George Bush. La stampa ha parlato del suo nuovo riorientamento dei programmi verso l'America Latina, ma in realtà, a ben guardare, Bush ha ripreso parte della retorica di Chavez. Questo è il nuovo meraviglioso programma, che prende un po' della retorica di Chavez, ma non la applica, o la applica a malapena.

Ogni vecchia storia - purché promuova una causa di guerra - è in voga. Con l'eccezione di Hugo Chavez e dell'islamista iraniano Mahmoud Ahmadinejad, nessun altro leader mondiale ha perfezionato meglio il ruolo di "antagonista degli Stati Uniti" di chi lascia un'impressione impressionante. Insieme a uno stretto gruppo di amici che comprende alcuni dei più noti antagonisti degli Stati Uniti, come l'anziano dittatore cubano Fidel Castro e il presidente nazionalista boliviano Evo Morales, Chavez è diventato rapidamente uno dei principali portavoce del movimento globale pro-nazionalista e anti-americano. Nei suoi pochi anni di potere, Chavez ha reso pubblico il suo atteggiamento nei confronti dell'amministrazione Bush.

> "L'America è l'impero più perverso, assassino, genocida e immorale che il pianeta abbia mai visto negli ultimi 100 secoli", ha detto Chavez a un pubblico del Forum sociale mondiale di Caracas.

In risposta, Washington ha descritto gli sfoghi antiamericani di Chavez e le ripetute minacce di diffondere una "rivoluzione bolivariana" in tutta l'America Latina come i deliri di un leader disperato che cerca di distogliere l'attenzione dell'opinione pubblica dalle sue fallimentari politiche sociali ed economiche.

Naturalmente, le politiche del Venezuela non sono fallite e non sembra esserci alcuna probabilità di un'invasione del Paese da parte degli Stati Uniti. Ma i recenti sforzi di Chavez per rafforzare le relazioni energetiche, di difesa, nucleari e politiche con l'Iran potrebbero costringere Washington a rivedere le proprie idee. In un appassionato discorso ai suoi sostenitori a Caracas, Chavez ha detto:

> Ho avuto stretti rapporti con Mohammad Khatami,

Presidente dell'Iran dal 1997 al 2005, che considero un fratello, e ora ho stretti rapporti con il suo successore, il Presidente Mahmoud Ahmadinejad, che considero anch'egli un fratello.

Sebbene questa dichiarazione non sia insolita per l'entusiasmo e il candore di Chavez, essa mostra la direzione in cui si stanno dirigendo le relazioni. Dopo tutto, ogni nazione sovrana e indipendente ha il diritto di scegliere i propri amici e di stringere alleanze.

In occasione della 141a riunione ministeriale dell'Organizzazione dei Paesi esportatori di petrolio (OPEC), tenutasi a Caracas alla fine di maggio, alti funzionari iraniani e venezuelani hanno discusso una serie di accordi bilaterali, tra cui la partecipazione della compagnia petrolifera statale iraniana Petropars a progetti petroliferi nella sottosviluppata Cintura dell'Orinoco e a progetti di gas nel Golfo del Venezuela. I due Paesi dovrebbero iniziare l'esplorazione in una delle aree della cintura dell'Orinoco, con l'obiettivo finale di consentire a Petropars di esportare carburante finito in Iran. Gli esperti iraniani dovrebbero arrivare presto in Venezuela per sostenere i progetti di ingegneria sponsorizzati dal governo. Mi affretto ad aggiungere che l'Iran e il Venezuela, in quanto nazioni sovrane e indipendenti, hanno il diritto di perseguire i propri interessi, anche se ciò è scomodo per altre nazioni. Questa è la premessa del diritto internazionale. Mentre le relazioni energetiche del Venezuela con l'Iran sono fiorite, quelle con l'Occidente si sono mosse nella direzione opposta. Chavez ha recentemente annunciato che le tasse sulle compagnie petrolifere straniere che operano in Venezuela aumenteranno dal 16,7% al 33%, definendole una "tassa sull'estrazione". Chavez ha accusato le compagnie straniere di sfruttare le risorse petrolifere del suo Paese senza compensare adeguatamente il popolo venezuelano. Questa accusa è fondata.

Nonostante l'aumento delle tasse e la posizione di Chavez, il Venezuela rimane un importante partner energetico per gli Stati Uniti. Secondo le statistiche pubblicate dall'Energy Information Administration (EIA), il Venezuela è al quarto posto per le esportazioni totali di greggio (1,2 milioni di barili al giorno) e al terzo posto per le esportazioni totali di prodotti petroliferi (1,5 milioni di barili al giorno) verso gli Stati Uniti (il Canada è al primo posto, ma non ce ne facciamo un problema). Data la continua dipendenza dell'America dal petrolio venezuelano per la sopravvivenza quotidiana e le difficoltà di ottenere risorse energetiche da altre parti del mondo, qualsiasi coinvolgimento di Teheran nel settore energetico venezuelano dovrebbe essere visto come una minaccia alla sicurezza nazionale degli Stati Uniti, o almeno così sostiene Washington. Prima di tutto, quello che fa il Venezuela non è affare dell'amministrazione Bush. Il Venezuela non è il 51° Stato dell'Unione.

Oltre alla cooperazione energetica, le relazioni militari e di intelligence tra Caracas e Teheran si sono intensificate. A maggio, il Dipartimento di Stato americano ha accusato il Venezuela di avere un rapporto di condivisione di informazioni con l'Iran e Cuba, due Paesi che gli Stati Uniti hanno identificato come sponsor del terrorismo. Questa è solo un'opinione, non necessariamente un fatto. Nel suo rapporto annuale sul terrorismo internazionale, il Dipartimento di Stato americano ha citato Chavez per aver condiviso una "affinità ideologica" con due gruppi guerriglieri di sinistra operanti in Colombia - le FARC e l'Esercito di Liberazione Nazionale - entrambi considerati organizzazioni terroristiche da Washington. Se questo è il caso, la domanda sorge spontanea: Perché Washington ha lavorato spesso con questi due gruppi colombiani che sono indubbiamente gruppi terroristici? Di conseguenza, tutte le vendite di armi e pezzi di ricambio a Caracas, che nel 2005 ammontavano a 33,9 milioni di dollari, sono state interrotte. Perché questo atto di guerra? Quali prove ci sono per sostenere che il Venezuela ha "affinità ideologiche" con gruppi terroristici? In risposta, il generale venezuelano Alberto Muller Rojas, consigliere anziano di Chavez, ha raccomandato al suo Paese di vendere i suoi 21 caccia F-16 all'Iran. Sebbene questi jet da combattimento vecchi di 20 anni siano obsoleti rispetto agli standard odierni, la proposta ha peggiorato le relazioni già tese tra i due Paesi. Che cosa c'entra l'America se gli altri paesi decidono chi saranno i loro clienti e amici? La notizia che l'Iran e il Venezuela hanno aumentato la loro cooperazione in materia di tecnologia nucleare ha suscitato allarme a Washington. Suggeriamo che l'intera amministrazione Bush sia costretta a leggere il discorso di addio di George Washington, e il più presto possibile!

Il quotidiano argentino *Clarin ha* riferito che il governo Chavez ha chiesto a Buenos Aires di vendergli un reattore nucleare. Come il governo iraniano, i funzionari di Caracas hanno dichiarato che le discussioni hanno avuto luogo, ma hanno aggiunto che si trattava solo di esplorare "usi scientifici pacifici dell'atomo". E perché no? Perché India, Pakistan, Corea del Nord, Israele e non il Venezuela?

Alla fine del 2005, è stato riferito che i depositi di uranio venezuelani erano destinati a Teheran nell'ambito di un accordo da 200 milioni di dollari firmato tra i due Paesi. Alcune persone, presumibilmente missionari, hanno inviato in patria informazioni sulla costruzione di una piccola struttura militare e di una pista d'atterraggio vicino al luogo in cui si trovavano i giacimenti di uranio. Chiunque siano, non sembrano proprio dei missionari.

L'Iran e il Venezuela condividono un'intensa antipatia nei confronti dell'America, come è naturale che sia vista l'enorme ingerenza nei loro affari interni nel corso dei decenni. Non sorprende che cerchino modi per vendicarsi sostenendo alleanze antiamericane in Medio Oriente e in America Latina.

Durante un tour di otto giorni in America Latina, il presidente del Majiis iraniano Gholam-Ali Haddad Adel ha affermato che l'unità strategica forgiata tra i due Paesi è radicata in una risposta alle "minacce di potenze intimidatorie come gli Stati Uniti". L'Iran e il Venezuela hanno concluso che il modo migliore per raggiungere il loro obiettivo comune di destabilizzazione globale da parte degli Stati Uniti è quello di unire le forze, rendendo molto più complessa e costosa qualsiasi risposta mirata da parte di Washington.

Gli sforzi dell'amministrazione Bush sarebbero meglio spesi per ripristinare New Orleans e per colmare il divario tra i poveri e i ricchissimi in America, uno stato che è emerso come risultato del NAFTA, del GATT e dell'Organizzazione Mondiale del Commercio.

Con un Iran entusiasta come partner, Chavez, l'ex rivoluzionario paracadutista, ha risvegliato il fantasma di Simon Bolivar, con le sue posizioni antiamericane. L'amministrazione Bush dovrà farsene una ragione o rischierà di riaccendere una guerra di 330 anni fa in America Latina. Forse l'idea è proprio questa.

Nel 2007 è arrivato il primo lotto di 100.000 fucili Kalashnikov che il presidente venezuelano Hugo Chavez aveva ordinato a Mosca.

L'esercito venezuelano sta subendo una profonda trasformazione, con una grande campagna di reclutamento e nuove tecnologie. Questa decisione potrebbe preoccupare gli Stati Uniti, che vedono in Chavez un'influenza destabilizzante nella regione.

La maggior parte degli esperti di difesa concorda sul fatto che il Presidente Chavez debba rivedere il suo obsoleto equipaggiamento militare. Ma gli Stati Uniti e la Colombia, paese confinante con il Venezuela, vedono nell'arrivo di 33.000 fucili Kalashnikov un'ulteriore prova del fatto che Chavez sta cercando di fare il passo più lungo della gamba nella regione. I fucili AK103 di fabbricazione russa sono dotati di oltre mezzo milione di munizioni, occhiali per la visione notturna e baionette avanzate. Ma ciò che preoccupa maggiormente Washington sono i piani del Venezuela di costruire qui una fabbrica per assemblare ed esportare questi fucili e proiettili Kalashnikov.

L'amministrazione Chavez è attualmente in trattativa con il produttore russo che detiene la licenza per la produzione delle armi. Gli Stati Uniti, che hanno recentemente ordinato il divieto totale di vendita di armi al Venezuela, hanno accusato il presidente Chavez di cercare di destabilizzare l'America Latina. Ma il Venezuela insiste sul diritto di acquistare armi per scopi difensivi. Il Presidente Chavez ha ripetutamente avvertito che l'amministrazione Bush sta progettando di invadere il Venezuela per mettere le mani sulle risorse petrolifere del Paese.

Sir Maurice Hankey, primo segretario del gabinetto di guerra britannico, disse nel 1918:

> "Il petrolio nella prossima guerra prenderà il posto del carbone nella guerra attuale, o almeno un posto parallelo al carbone. L'unico approvvigionamento potenziale significativo che possiamo ottenere sotto il controllo britannico è quello della Persia (oggi Iran) e della Mesopotamia (oggi Iraq)... Il controllo di queste riserve petrolifere diventa un obiettivo bellico primario per la Gran Bretagna. "

Alan Greenspan, presidente della Federal Reserve, 1987-2006:

> "A prescindere dalla pubblicizzata angoscia per le armi di distruzione di massa di Saddam Hussein, le autorità statunitensi e britanniche erano anche preoccupate per la violenza in una regione che ospita una risorsa vitale per il funzionamento dell'economia globale. "

Non possiamo lasciare l'Iraq perché gli estremisti potrebbero usare il petrolio come strumento di ricatto per l'Occidente... e lo faranno se non abbandoniamo Israele.

George W. Bush, 1° novembre 2006:

> Quando ci sarà un cambio di regime in Iraq, si potrebbero aggiungere dai 3 ai 5 milioni di barili di produzione all'offerta mondiale.

Lawrence Lindsey, ex consigliere economico capo di George W. Bush, 2002:

> La sicurezza dell'approvvigionamento energetico è essenziale per la nostra prosperità e sicurezza. La concentrazione del 65% delle riserve petrolifere mondiali conosciute nel Golfo Persico significa che dobbiamo continuare a garantire un accesso affidabile al petrolio a prezzi competitivi e rispondere in modo rapido e adeguato a qualsiasi grave interruzione delle forniture di petrolio.

CAPITOLO 25

L'America non può continuare a fare guerre per il petrolio all'infinito

Quando l'amministrazione Bush-Cheney si è insediata nel gennaio 2001, il prezzo internazionale del petrolio era di circa 22 dollari al barile. Oggi, quasi otto anni dopo, il prezzo del petrolio si aggira intorno ai 150 dollari al barile, con un aumento di oltre il cinquecento per cento. Quindi, per quanto riguarda il petrolio, le cose non sono andate come previsto dai neo-bolscevichi dell'amministrazione Bush-Cheney in Iraq. In primo luogo, pensavano che il petrolio iracheno avrebbe pagato l'invasione e l'occupazione del Paese. Si prevede invece che le spese per questa avventura raggiungano i mille miliardi di dollari e che il costo totale per l'economia statunitense superi i tremila miliardi di dollari.

In secondo luogo, i prezzi del petrolio sono a livelli record senza alcun picco in vista, minacciando di far precipitare l'economia statunitense e globale in una prolungata recessione economica. Ciò è dovuto in parte al fatto che la produzione petrolifera irachena non è aumentata come previsto ed è piuttosto inferiore a quella che si registrava quando gli Stati Uniti hanno invaso e occupato l'Iraq nel 2003. Dal punto di vista macroeconomico, questa guerra illegale e sbagliata è stata un disastro.

Tuttavia, nonostante le sporadiche dichiarazioni pietistiche sull'abbandono dell'Iraq, l'amministrazione Bush-Cheney ha in programma un'occupazione militare statunitense di 50 anni. Non vogliono fissare una data per la fine dell'occupazione dell'Iraq, poiché la considerano un'occupazione militare a tempo indeterminato. Questo è prevedibile, dato che le vere ragioni dell'invasione dell'Iraq erano il perseguimento dell'obiettivo a lungo termine di controllare il petrolio del Medio Oriente e di proteggere lo Stato di Israele dai suoi vicini musulmani. Infatti, tutti sanno che l'invasione militare dell'Iraq da parte delle forze statunitensi non ha avuto nulla a che fare con la "democrazia" o con la volontà del popolo. Aveva tutto a che fare con la sicurezza delle riserve petrolifere irachene e con l'eliminazione di uno dei nemici di Israele, Saddam Hussein.

Il 31 maggio 2007, il Segretario alla Difesa Robert Gates ha confermato questi piani a lungo termine affermando che gli Stati Uniti volevano una "presenza lunga e sostenuta" in Iraq. Per questo gli Stati Uniti hanno costruito a Baghdad la più grande ambasciata del mondo, con 21 edifici su un'area di 100 acri sulle rive del fiume Tigri, che ospiterà circa 1.000 persone. È anche il motivo per cui sta consolidando oltre 100 basi militari in quel Paese musulmano in 14 basi super-militari permanenti, tutte progettate per controllare militarmente quella parte del mondo per molto tempo.

Questo è anche il motivo per cui l'amministrazione Bush-Cheney sta spingendo con forza il Parlamento iracheno ad approvare una legge che privatizzi l'industria petrolifera irachena. Se l'attuale regime fantoccio iracheno si rifiutasse di approvare tale legge, la cosiddetta "legge sugli idrocarburi", perderebbe più di un miliardo di dollari di fondi per la ricostruzione che verrebbero bloccati dall'amministrazione Bush-Cheney. L'acquisizione militare aperta delle risorse petrolifere di una nazione mediorientale è una ricetta sicura per alimentare il terrorismo permanente nel mondo e la guerra permanente in Medio Oriente per molto tempo a venire.

E se gli americani eleggeranno un presidente repubblicano per un terzo mandato nel novembre 2008, votando per il presunto candidato repubblicano alla presidenza, il senatore John McCain, questo è ciò che accadrà, dato che questo politico è già impegnato in una guerra di 100 anni in quella parte del mondo. Secondo i sondaggi, un'ampia maggioranza di iracheni si oppone alla privatizzazione dell'industria petrolifera. Tuttavia, la privatizzazione del petrolio iracheno è uno dei principali "criteri" che l'amministrazione Bush-Cheney sta imponendo al governo iracheno.

Hanno installato un governo fantoccio nell'Iraq occupato che sta consegnando i prodotti, anche se è stata necessaria una certa pressione. Il 3 luglio 2007, ad esempio, il gabinetto Al-Maliki, controllato dagli Stati Uniti, in assenza di ministri sunniti, ha approvato una legge sul petrolio sostenuta dagli Stati Uniti che distribuirà le ricchezze petrolifere dell'Iraq tra i tre gruppi principali del Paese, ma soprattutto consentirà alle compagnie petrolifere statunitensi e straniere di entrare nel settore petrolifero iracheno e di attuare la privatizzazione nell'ambito dei cosiddetti accordi di condivisione della produzione. Si tratta di un obiettivo politico chiave e persino di un "benchmark" fissato dalla Casa Bianca di Bush-Cheney, ma finora il Parlamento iracheno è stato riluttante ad approvare la controversa legislazione richiesta, a causa delle diffuse proteste, in quanto molti iracheni sono molto riluttanti ad adottare una politica di condivisione della produzione e dei ricavi petroliferi con le compagnie petrolifere straniere, soprattutto quando questi sono stati loro sottratti "sotto la minaccia delle armi".

L'industria petrolifera irachena è stata nazionalizzata dal 1975, circa trentatré anni fa. In effetti, prima dell'invasione e dell'occupazione militare americana dell'Iraq, i giacimenti petroliferi iracheni erano controllati dal governo iracheno attraverso una compagnia di proprietà statale. Questo è stato alla base di un tenore di vita relativamente alto in Iraq, che aveva uno dei migliori sistemi di assistenza sanitaria della regione e produceva più dottorati pro capite degli Stati Uniti. Con l'occupazione militare dell'Iraq e gli accordi petroliferi proposti, gran parte della produzione e delle entrate petrolifere dell'Iraq passerebbero sotto il controllo di compagnie petrolifere straniere, principalmente le statunitensi e britanniche EXXON/Mobil, Chevron/Texaco, BP/AMOCO e Royal Dutch/Shell.

Una delle due ragioni principali per lanciare l'invasione illegale dell'Iraq sarebbe stata quella di mantenere il petrolio in circolazione, sotto l'occhio vigile delle truppe statunitensi, mentre l'altra sarebbe stata la distruzione di uno dei nemici strategici di Israele. Molti osservatori esperti, come il ministro della Difesa australiano Brendan Nelson, hanno affermato che il mantenimento della "sicurezza delle risorse" in Medio Oriente era una priorità per l'invasione e l'occupazione dell'Iraq. Per questo motivo, quando gli eserciti statunitensi sono arrivati a Baghdad all'inizio di aprile 2003, hanno ricevuto l'ordine di mettere in sicurezza solo un tipo di edifici governativi, quelli del ministero del petrolio iracheno. Tutto il resto era irrilevante.

Infine, va ricordato che l'11 ottobre 2002 il Senato degli Stati Uniti ha votato 77 a 23 per dare a George W. Bush e Dick Cheney l'autorità di lanciare una guerra di aggressione contro l'Iraq. L'attuale candidato alla presidenza John McCain e l'ex candidata alla presidenza Hillary Clinton hanno votato a favore di questa risoluzione. Va inoltre ricordato che dieci giorni prima la Central Intelligence Agency (CIA) aveva rilasciato una versione confidenziale di 90 pagine del National Intelligence Estimate, che conteneva un lungo elenco di conseguenze disastrose se gli Stati Uniti avessero invaso l'Iraq. Il rapporto è stato messo a disposizione di 100 senatori, ma solo sei si sono presi la briga di leggerlo. Grazie a queste conoscenze, ora si può capire come venivano prese le decisioni a Washington D.C. prima dell'inizio della guerra. Anche su questioni di vita o di morte, l'improvvisazione ha prevalso su larga scala. E ora sono stati gettati i semi per occupazioni militari permanenti, guerre permanenti e terrorismo permanente in Medio Oriente e nel mondo. In realtà, stiamo combattendo per il petrolio.

Il prezzo di questa politica sbagliata sarà alto e persisterà per anni. In effetti, molti americani cominciano a vedere un legame tra la spesa e il deficit legati alla guerra in Iraq e l'attuale recessione e accelerazione dell'inflazione. Questi sprechi e queste spese di guerra riducono la quantità di risorse finanziarie disponibili per finanziare altri programmi governativi nazionali essenziali, dall'istruzione alle infrastrutture. Aumentano il deficit della bilancia dei pagamenti e costringono gli Stati Uniti a chiedere prestiti all'estero. E quando la Federal Reserve abbassa i tassi di interesse per alleviare la crisi bancaria, il dollaro crolla, alimentando ulteriormente l'inflazione con l'aumento dei prezzi del petrolio e di tutti gli altri prezzi legati ai trasporti e alle materie prime scambiate a livello globale. L'attuale stagflazione è una conseguenza diretta dell'eccessiva spesa militare statunitense all'estero. Prima la maggioranza degli americani se ne renderà conto, meglio sarà.

Ma nel 2008, con i prezzi della benzina a livelli record, c'è una via d'uscita: stabilizzare i prezzi della benzina e stabilizzare l'economia statunitense. Che il governo apra tutte le riserve strategiche di petrolio e crei una propria raffineria per produrre benzina a un prezzo leggermente superiore al costo, utilizzando un'organizzazione senza scopo di lucro istituita da un atto del Congresso. Eliminare la tassa sulle trivellazioni selvagge, che consentirebbe a un numero sempre maggiore di piccoli trivellatori di tornare all'attività di esplorazione petrolifera negli Stati Uniti. Questo ridurrebbe l'avidità delle compagnie petrolifere e contribuirebbe a fermare il loro insaziabile appetito per profitti sempre maggiori.

Gli Stati Uniti non possono continuare indefinitamente a fare guerre per il petrolio, anche con la scusa di "combattere il terrorismo". Per quanto potente, l'America non può continuare a esaurire le sue risorse all'infinito in guerre senza fine, ed è per questo che la Costituzione è stata scritta per evitare che ciò accada. Ma calpestando la Costituzione e ignorando la più alta legge del Paese, l'amministrazione Bush-Cheney ha avviato gli Stati Uniti su un percorso così disastroso. Il finale è prevedibile.

Nel frattempo, la guerra in Iraq continua, nonostante l'87% degli americani si opponga ad essa, e i Democratici alla Camera e al Senato sembrano impotenti a fermarla immediatamente, in conformità con il mandato conferito loro nelle elezioni del novembre 2007.

Cosa riserva il futuro all'Iraq? La guerra si trascinerà in violazione della Costituzione o la nuova amministrazione che entrerà in carica nel 2009 sarà in grado di porre fine a questo disastro totale? Questo è ancora da vedere.

Già pubblicato

OMNIA VERITAS LTD PRESENTA:

JOHN COLEMAN

**LA GERARCHIA DEI COSPIRATORI
STORIA DEL COMITATO DEI 300**

Questa aperta cospirazione contro Dio e l'uomo include la schiavitù della maggior parte degli esseri umani...

OMNIA VERITAS LTD PRESENTA:

JOHN COLEMAN

LA DIPLOMAZIA DELL'INGANNO
UN RESOCONTO DEL TRADIMENTO DEI GOVERNI
DI INGHILTERRA E STATI UNITI

La storia della creazione delle Nazioni Unite è un classico caso di diplomazia dell'inganno

OMNIA VERITAS LTD PRESENTA:

JOHN COLEMAN
LA MASSONERIA
dalla A alla Z

LA MASSONERIA

dalla A alla Z

John Coleman

Nel XXI secolo, la Massoneria è diventata non tanto una società segreta quanto una "società di segreti".

Questo libro spiega cos'è la Massoneria

OMNIA VERITAS. OMNIA VERITAS LTD PRESENTA:

LA DINASTIA ROTHSCHILD

di John Coleman

Gli eventi storici sono spesso causati da una "mano nascosta"...

OMNIA VERITAS. OMNIA VERITAS LTD PRESENTA:

L'ISTITUTO TAVISTOCK
di RELAZIONI UMANE

Dare forma al declino morale, spirituale, culturale, politico ed economico degli Stati Uniti d'America

Senza Tavistock, non ci sarebbero state la Prima e la Seconda guerra mondiale...

di John Coleman

I segreti dell'Istituto Tavistock per le relazioni umane

OMNIA VERITAS

Omnia Veritas Ltd presente:

Complotto contro la Chiesa

de
MAURICE PINAY

La cospirazione che la Sinagoga di Satana hanno tramato con riguardo al Concilio Vaticano II

I trionfi del comunismo e della massoneria e la natura del potere occulto che li dirige

www.ingramcontent.com/pod-product-compliance
Lightning Source LLC
Chambersburg PA
CBHW070800270326
41927CB00010B/2228